索·恩 历史图书馆

003

冷战 的 终结

Robert Service

1985~1991

〔英〕罗伯特·瑟维斯 —— 著　　　周方茹 —— 译

2015 年英国《泰晤士报》年度图书

冷战的结局已广为人知，并且被像点彩派画家那样细致地讲述出来……一部令人钦佩的客观记录，它为读者提供了一份白宫和克里姆林宫之间陈年秘密的概要。

　　——《华尔街日报》(*Wall Street Journal*)

《冷战的终结》是一部对苏联帝国最后岁月的厚重的新研究……英国历史学家罗伯特·瑟维斯细查了最新公开的政治局会议记录、近期才可见的被出版的日记，以及详细的谈判记录。

　　——《波士顿环球报》(*Boston Globe*)

《冷战的终结：1985—1991》详细、权威且有启发性地记录了那场长达四十多年、定义了世界政治的竞争的结束过程。

　　——《基督教科学箴言报》(*Christian Science Monitor*)

《冷战的终结：1985—1991》提醒我们，鹰派对里根对苏外交的记忆是有选择性的，而且终究是不准确的……瑟维斯给读者们提供了一份关于苏联解体前几年会议和讨论的全面记录。

　　——《华盛顿邮报》(*Washington Post*)

瑟维斯使用了关于冷战结束的大量文献，增添了新近可得的档案资料，并将它们融合成一部关于"华盛顿和莫斯科如何将不可能的和平变为现实"的厚重历史……为了涵盖如此多的内容，瑟维斯的写作非常紧凑，即便是这样一本大部头：因此，与其说本书的每一段文字，不如说是每一句都饱含深意。

——《外交事务》（*Foreign Affairs*）

年度最佳非虚构图书……一次对塑造世界的大事件的严肃而迷人的探索，无可挑剔。

——贾斯汀·韦伯（Justin Webb），英国《泰晤士报》（*The Times*）

权威、学术造诣高……《冷战的终结》正确回答了所有重大问题。这个世界很幸运，那些领导人以和平的方式结束了半个世纪的噩梦，读者们感激罗伯特·瑟维斯清楚解释了这如何和为何发生。

——《克莱蒙特书评》（*Claremont Review of Books*）

罗伯特·瑟维斯的著作是一项伟大的调查性成就……在细节上，这本书不可能被超越……

——《图书论坛》（Bookforum）

一次引人入胜的阅读。

——英国《电讯报》（*The Telegraph*）

一部史料丰富、组织严密的著作。

——玛丽·杰耶夫斯基（Mary Dejevsky），《独立报》（*Independent*）

文笔流畅、发人深省。

——克里斯托弗·安德鲁（Christopher Andrew），《文学评论》（Literary Review）

一部关于人物和思想的大师级编年史……1991年12月苏联和冷战一同终结。写过列宁、斯大林和托洛茨基的著名传记作者写出了一部关于这一令人意想不到的终结如何和为何发生的绝佳著作。

——弗拉基米尔·蒂斯默内亚努（Vladimir Tismaneanu），《泰晤士高等教育增刊》（*Times Higher Education Supplement*）

引人入胜，史料的运用令人敬佩，本书注定会成为冷战历史著作中的经典。

——《国际事务》（*International Affairs*）

本书既有重要的学术价值，又给人极佳的阅读体验。篇幅很长但不会让人感觉疲倦，是一本内容紧凑、没有一句废话的好书。

——《BBC历史杂志》（*BBC History Magazine*）

瑟维斯以其关于列宁、斯大林和托洛茨基的内容翔实的传记而为人所知，因此，在这段复杂的历史中，他把对结束冷战起了关键作用的"四巨头"写得如此立体鲜活，也就不足为怪了。

——《星期日电讯报》（*Sunday Telegraph*）

一部记录现代史转折点的权威著作，其学术上的严谨性让它无可挑剔。

——谢拉德·考珀－科尔斯（Sherard Cowper-Coles），
《旁观者》（*Spectator*）

细节翔实、清晰……他的优势在于挑战了西方的冷战必胜信念所依据的陈词滥调和神话迷思……瑟维斯提出了具有权威性、更细致的观点。

——维克托·塞巴斯蒂安（Victor Sebestyen），《星期日泰晤士报》（*Sunday Times*）

献给奥斯卡和卡拉

Contents /

Contents /

Contents /

前　言

现在，人们可以在无数的美国个人文件、影印资料和网络资源中找到关于冷战结束的内容。这一主题的很多方面才刚刚为人们知晓并加以探索。来自俄罗斯档案馆的苏联资料也仿佛开辟了一片丰饶的研究宝地，尽管其中很大一部分只能通过国外图书馆查阅到。日记、会议和谈话记录让世界政治中这一关键时期更加具体化地呈像于我们的脑海之中。比如，追踪罗纳德·里根发表于 1987 年的关于"柏林墙"演讲稿的修改过程，回溯苏联领导人在确认中央委员会会议记录之前的字斟句酌，[1] 这些都已经成为可能。使用苏联档案时需要谨慎一些，因为政治家们会过滤并仅留下那些被允许记录的内容。然而，档案材料终归是越多越好，它们所提供的深刻见解正是构建本书的基石。

对于苏联一方，苏共中央政治局会议记录在苏共中央总务部（General Department of the Secretariat）归档的"工作笔记"中被发现。其中很多笔记被保存在胡佛研究所的俄罗斯国家社会政治史档案馆（RGASPI）89 号文件，以及德米特里·沃尔科戈诺夫（Dmitri Volkogonov）的个人文件中。沃尔科戈诺夫在 20 世纪 90 年代从总统档案中复制了这些笔记。此外，戈尔巴乔夫的几位朋友——阿纳托利·切尔尼亚耶夫（Anatoli Chernyaev）、格奥尔基·沙赫纳扎罗夫（Georgi Shakhnazarov）和瓦季姆·梅德韦杰夫（Vadim Medvedev）——罔顾对记录他们的亲身经历的禁令。他们的作品以印刷品的形式出现，就切尔尼亚耶夫来说，我曾在牛津大学圣安东尼学院的俄罗斯图书馆查阅过他的文件。同样很重要的是在斯坦福大学搜集的苏联共产党中央会议记录，包括连续的会议议程草案，以及准备好但没有发表的演讲稿。

胡佛研究所收藏的苏联重要人物文件提供了关于冷战最后几年最为翔实、丰富的信息。其中有三位人物十分突出。外交部部长爱德华·谢瓦尔德纳泽（Eduard Shevardnadze）让助手泰穆拉兹·斯捷潘诺夫－马马拉泽（Teimuraz Stepanov-Mamaladze）定期记录他所参加的会议和进行的对话，因而留下了关于审议和决定苏联外交政策的无可比拟的记录；我很高兴将它们首次带入公众视野。[2] 苏共中央国防部的维塔利·卡塔耶夫（Vitali Kataev）尽职尽责地记录苏联领导人内部关于裁减军备的讨论，这些资料对于理解政治家与军工综合体之间的关系大有帮助。阿纳托利·阿达米申（Anatoli Adamishin）在担任外交部副部长之前，领导着外交部第一欧洲处。他在整个 20 世纪 80 年代及以后一直写日记，其观察为我们了解苏联的国内政治和国际关系提供了几乎未经审查的、引人入胜的资料。

对于美国一方，我查阅了位于加利福尼亚州西米谷市罗纳德·里根总统图书馆的馆藏资料。胡佛研究所档案馆同样包含了丰富的研究资料，包括应对当前危机委员会（Committee on the Present Danger）的资料，以及中央情报局局长威廉·J. 凯西（William J. Casey）和总统国家安全事务助理理查德·V. 艾伦（Richard V. Allen）的私人文件。而这些资料的关键是查尔斯·希尔（Charles Hill）在与国务卿乔治·舒尔茨（George Shultz）共事期间所做的大量记录。我十分感谢相关人员允许我引用这些珍贵的资料。另外，在乔治·华盛顿大学的国家安全档案馆，我也发现了很多影印版和电子版资料。我还使用了乔治·H.W. 布什总统图书馆收藏的资料，以及依据《信息自由法案》可获得的网络出版物。斯坦福大学的戴维·霍洛威（David Holloway）友好地与我分享了他复印的中央情报局文件。教堂山北卡罗来纳大学的莫莉·沃森（Molly Worthen）则为我提供了部分查尔斯·希尔日记。我对在1988~1991年先后担任英国驻苏联和俄罗斯联邦大使的罗德里克·布雷思韦特爵士（Sir Rodric Braithwaite）充满了感激，他让我读到了他写于那段时期的日记。同样需要示以谢意的还有罗德里克·莱恩爵士（Sir Roderic Lyne），他在苏联经济改革期间任职于英国大使馆，之后成为驻俄罗斯大使，他向我回忆了彼时彼地的情景。

胡佛研究所档案馆的工作人员慷慨大方，为我提供了很多帮助。完成此书，我尤其受益于罗拉·索洛卡（Lora Soroka）、卡罗尔·莱德纳姆（Carol Leadenham）、戴维·雅各布斯（David Jacobs）和琳达·伯纳德（Linda Bernard）的意见和建议。与档案馆和图书馆的工作人员相处真是一件愉悦之事。在里根图书馆，雷·威尔逊（Ray Wilson）提供了非常优秀的馆藏资料指导。在国家安全档案馆，汤姆·布兰顿（Tom Blanton）和斯维特拉娜·萨维兰斯卡娅（Svetlana Savranskaya）引导我找到了馆藏中的重要文件。牛津大学圣安东尼学院的理查德·拉梅奇（Richard Ramage）为我在俄罗斯图书馆查阅图书和文章提供了帮助。

感谢前国务卿乔治·舒尔茨与我详细聊了他在国务院的时光。同样感谢在那些年中担任舒尔茨行政助理的查尔斯·希尔，在与他的几次交谈中，我获得了丰富的信息。依据我的分析，乔治·舒尔茨——连同爱德华·谢瓦尔德纳泽——是开启和平进程的决定性人物之一，因此舒尔茨的口述内容是十分宝贵的证词。我深深受惠于哈里·罗恩（Harry Rowen）对往事的回忆，以及杰克·马特洛克（Jack Matlock）和理查德·派普斯

（Richard Pipes）友善地用写信的方式回答我的询问。至于苏联方面，我很享受过去几年与米哈伊尔·戈尔巴乔夫的助手阿纳托利·切尔尼亚耶夫和安德烈·格拉乔夫（Andrei Grachëv）的交流，外交部前副部长阿纳托利·阿达米申也十分愉悦地回答了我关于其日记的问题，并对我的研究提出了一些想法。更近的几年，时任英国国防大臣的德斯·布朗勋爵（Lord Des Browne）和致力于"减少核威胁倡议"（Nuclear Threat Initiative）的史蒂夫·安德烈亚森（Steve Andreasan）则让我对后冷战世界挥之不去的核武器危险有了更清晰的理解。

在胡佛研究所，我常常与罗伯特·康奎斯特（Robert Conquest）、彼得·罗宾逊（Peter Robinson）和迈克尔·伯恩斯坦（Michael Bernstam）一同讨论。他们都针对那段时期中的重大事件写出了有影响力的著作。他们乐于向我解释美国政治制度的特质及其与苏联的来往之道，使我获益匪浅。此外，我还要感谢约尔格·巴贝罗夫斯基（Joerg Baberowski）、蒂姆·加顿·阿什（Tim Garton Ash）、保罗·格雷戈里（Paul Gregory）、马克·哈里森（Mark Harrison）、乔纳森·哈斯拉姆（Jonathan Haslam）、汤姆·亨德里克森（Tom Hendriksen）、戴维·霍洛威、斯蒂芬·科特金（Stephen Kotkin）、诺曼·奈马克（Norman Naimark）、西尔维奥·彭斯（Silvio Pons）、尤里·斯廖兹金（Yuri Slezkine）和阿米尔·韦纳（Amir Weiner），我们齐聚旧金山湾区时，进行了很多关于冷战的讨论与交流。胡佛研究所所长约翰·雷西亚（John Raisian）多年来对冷战及其他研究项目给予了热心而持久的支持，莎拉·斯卡夫基金会（Sarah Scaife Foundation）则提供了资金赞助。对此，我不胜感激。

在牛津大学圣安东尼学院的俄罗斯中心，与罗伊·贾尔斯（Roy Giles）的谈话让我对 20 世纪 80 年代后期美国的军事思想有了宝贵的崭新认识。我同样十分感谢劳琳·克朗普（Laurien Crump），她在与我们共事时，为我提供了华沙条约组织的起源方面的建议。在参考文献方面，我还受益于阿奇·布朗（Archie Brown）、朱莉·牛顿（Julie Newton）、亚历克斯·普拉达（Alex Pravda）和亚当·罗伯茨爵士（Sir Adam Roberts）的建议。理查德·戴维（Richard Davy）提供了对欧洲安全历史的看法。多年以来，诺曼·戴维斯（Norman Davies）关于俄罗斯和欧洲的评论，也使我们在伦敦和牛津的合作更有生气。

我吸取了读完全部书稿的同事——戴维·霍洛威、杰弗里·霍斯金（Geoffrey Hosking）、博博·罗（Bobo Lo）和西尔维奥·彭斯——的宝贵意见。承蒙帮助，感激不尽。与此同时，我也要向审读部分章节的同事表示感谢，他们是安妮·戴顿（Anne Deighton）、保罗·格雷戈里、安德鲁·赫里尔（Andrew Hurrel）、罗德里克·莱恩爵士、梅尔文·莱福勒（Melvyn Leffler）和雨果·瑟维斯（Hugo Service）。在我从加利福尼亚州返回，对胡佛档案馆里的资料感到兴奋不已时，我的文学经纪人大卫·戈德温（David Godwin）与我一同探讨了写作本书的想法，感谢他对我的鼓励和支持。在麦克米伦出版社，乔治娜·莫雷（Georgina Morley）同样为本书写作提供了很多帮助。至此，我要把最真挚的感谢给我的妻子阿黛尔，她两次通读草稿并提出了难以计数的改进意见。我可以想象到，书中的一些发现将引起争论，但想毫无波澜地研究冷战是不可能的。这本书已经成为我研究和写作的乐趣所在。书中的错误、误判和不当均是我一人造成的，并由我独自承担责任。

罗伯特·瑟维斯
伦敦 N16
2015 年 6 月

冷战是指第二次世界大战结束后的几十年中，美国和苏联之间非战非和的状态。1945 年日本和德国的失败让美国和苏联成为全球超级大国，而接下来的美苏对峙让核"热"战随时可能爆发。一旦爆发核战，地球万物将无一幸存。无论在美国还是在苏联，政客和公众都迅速认识到两国对峙局面的危险。然而，虽然人人都想避免第三次世界大战，但随着更具毁灭性的核武库逐步建立起来，美苏之间的斗争似乎将没完没了。

在这场意识形态较量中，一方是维护资本主义的美国，另一方则是捍卫共产主义的苏联。摧毁纳粹德国之后，苏联将马克思列宁主义的国家和社会模式向外输出到了东欧。随后革命又迅速席卷了中国和其他地区，约瑟夫·斯大林宣告全球的力量平衡正在向共产主义倾斜。而对于各大洲任何愿意抵抗共产主义影响蔓延的政府，美国均给予支持。因此，两个超级大国分别建立了庞大的军事联盟，即北大西洋公约组织和华沙条约组织。华盛顿谴责克里姆林宫践踏人权；莫斯科则斥责美国限制福利救济。它们无休止地指责对方是掠夺成性的帝国主义者。它们为全世界的颠覆与反颠覆、革命与反革命提供资金，为了自己的利益，资助并试图控制附庸国。每每设想竞争对手必然消亡，它们就会预言，在那充满欢声笑语的一天，所有的恶魔将从地球上彻底消失。

然而在相互较量的同时，它们也对彼此了然于胸——斯坦利·库布里克（Stanley Kubrick）1964 年的影片《奇爱博士》（*Dr. Strangelove*）将这一点表现得淋漓尽致——任何细微的误算都会导致核战争的爆发，带来全球性灾难。尽管科技快速发展，但是监控链条上的错误依然容易发生、无法避免。对战争与和平负有责任的政治领导人，依赖反间谍机构和预警系统，来获取对手是否会首先发起报复行动的信息。因而，错误警报将产生毁灭性的后果。

　　美国和苏联斗争不断。1950年6月，朝鲜战争爆发，战争持续了三年时间。1962年10月，当苏联领导人尼基塔·赫鲁晓夫开始在古巴部署战略弹道导弹来挑战美国的权力时，两个超级大国挣扎在全球战争的边缘，如履薄冰。仅在约翰·肯尼迪总统威胁用武力终止导弹部署进程之后，赫鲁晓夫才妥协退让。这场导弹危机让美苏领导层深受震动，因而双方均对防止此类紧急事件再次发生的战略表示赞同。此外，他们还就如何限制核武库规模进行磋商。在理查德·尼克松总统和列昂尼德·勃列日涅夫总书记的领导下，美苏关系转变为一种和平的竞争，又被称为"美苏缓和"，同时争夺对第三世界的影响力。但是，吉米·卡特总统在1979年12月停止了缓和政策，以此作为对苏联出兵阿富汗的回应。1981年11月罗纳德·里根赢得总统选举之后，超级大国之间的对峙走向尖锐化。1983年末，苏联领导人接到情报，认为美国人以北约代号为"神箭手"（Able Archer）的军事演习为幌子，正在准备一次先发制人的核进攻。最终在华盛顿方面对此次演习的和平目的做出保证之后，核战阴云才得以消散。

　　美苏之所以能够避免"热"战——不仅是在20世纪80年代初，而且是整个冷战时期——是因为双方都确切地知道，对方拥有足以发起一场毁灭性反攻的武器。在克里姆林宫和白宫，只有愚蠢的人才会期望在任何核弹道导弹冲突中保全自己，让己方安然无恙。然而，即便如此，双方也并没有认真尝试结束冷战。政治领导人充其量是尽力降低危险。他们的政策受有势力的游说集团的长期影响，而这些游说集团往往致力于维护国防工业的利益。数十年来，苏联的军工综合体一直将自身的发展重点强加于国家经济政策之上，而紧随 1973 年石油价格上涨而至的西方经济衰退，也让美国政府以签订改良军事技术方面的合同来刺激经济复苏。[1] 因此，冷战似乎成为全球政治的永恒特征，和平主义者和反核活动家似乎完全缺乏现实主义态度。

事情在 1985 年 3 月发生了急剧变化，此时米哈伊尔·戈尔巴乔夫成为苏共中央总书记，并且与罗纳德·里根建立了和平伙伴关系。在 1981 年 1 月成为总统前不久，里根听闻美国无力防御一场核进攻时，深感震惊。因此以结束军备竞赛为目的，他呼吁两个超级大国对所持有的核武器库存进行削减，戈尔巴乔夫响应了里根关于消除所有核武器的呼声，另外，1986 年 4 月发生的切尔诺贝利核电站灾难甚至让他对民用核能的危险也提高了警觉。在指导各自的政府就削减陆海空核导弹数量进行合作方面，总书记和总统达成了一致意见。随着美苏关系日益修好，里根及其继任者乔治·布什惊讶地关注着苏联的变化——逐步采取措施促进公民自由，深化经济改革……因此，仅在 1987~1990 年，两个超级大国出乎意料地在中程导弹和战略性核武器、阿富汗、常规军事力量以及德国统一等问题上签订了协议。1989 年，东欧发生剧变，全球政治格局发生了不可逆转的变化，布什总统宣布冷战结束。

这一巨大的改变是如何发生的又为何会发生呢？在 20 世纪 80 年代初，莫斯科和华盛顿之间尖锐对峙，火药味十足；然而到了 80 年代末，苏联和美国却达成了历史性的和解。如此和平的关系转变实在是一项巨大的成就，因为冷战原本可以轻而易举地以毁灭性的灾难告终。

冷战的终结是一个不容忽视的话题，这方面的文献已经浩如烟海。政治领导人及政府官员纷纷挥洒笔墨，写成一部部回忆录，史料文件也如洪水般涌入今人的视野，更不用说学者的文章著述了。对于冷战的终结，不同的学派有不同的解释。戈尔巴乔夫的仰慕者将盛赞的光环仅悬于他的头顶之上，他们认为正是戈尔巴乔夫促成了两大国的和解，给了和平一个机会。这种认知在戈尔巴乔夫掌权期间为东西方世界所广泛接受，甚至连戈尔巴乔夫的批评者也长久地这样认为。人们认为，苏共中央总书记以决心和领导魅力为工具，让自己对苏联和全球政治的理想化设想成为现实。[2] 然而，相反的观点认为，是里根的反共产主义政策将戈尔巴乔夫"拽"到了谈判桌上。总统凭借其对美国军事现代化矢志不移的追求实现了自己的目标，他的战略防御计划（Strategic Defense Initiative，又称星球大战计划）则被视为压倒骆驼的最后一根稻草。人们称赞里根总统在与苏联领导人建立融洽关系的同时，仍然坚守着自己的国家目标，没有妥协退让。[3]

戈尔巴乔夫和里根在非常年代通力合作，的确算得上杰出的政治家。[4] 但即便戈尔巴乔夫的贡献被举世公认，问题依然存在：他是自告奋勇还是被迫无奈地改革苏联政治？此外，虽然人们越来越认可里根对结束冷战发挥了决定性作用，但是他的裁减核武器计划究竟有多重要，尚未盖棺论定，仍需评估。在应对戈尔巴乔夫方面，起初人们一致认为布什没有他的前任灵活。然而，公平来讲，布什是在东欧和其他地区政局风云变幻之时登上了美国的最高权位。[5] 思考政治领导人之间如何互动、他们为何改变了主意之类的问题是合情合理的、有意义的。要想解答它们，我们需要给予美苏双方同等的重视程度。事实上，如果总书记和总统在制定外交政策时不考虑对方可能的回应，两国的外交关系也不会发生什么实质性的改变，因而将本书中所有事件紧密联系在一起的，正是进行这样一种真正的双向分析的意愿。

美国和苏联领导人将很多实用主义和即兴发挥的因素带入了他们的交往过程中，并且苏联和东欧地区令人震惊的统治秩序崩溃，也要求他们自身具备很高的适应性。[6]白宫和克里姆林宫将这种特质表现得淋漓尽致。里根、戈尔巴乔夫和布什炉火纯青地处理着每天放在办公桌上、等待他们迅速做出决策的未知因素。

理念的重要性也需要一些新的思考和认识。苏联改革者宣布他们要在社会主义和资本主义之间寻求一条中间道路。他们自视为价值体系冲突中的现役先锋。美国政府同样在拥护民主选择和市场经济、维护西方利益上表现出了战斗精神。[7]双方都在发动"十字军之战"，里根和戈尔巴乔夫充满热情地捍卫作战的正义性。很快，里根总统就明确表示以实现无核化为目标，却无法说服自己的主要官员接受这一目标，尽管戈尔巴乔夫声称赞同里根的裁减军备目标，并推动尽快签署协议。不论戈尔巴乔夫是否真的对全面消除核武器深信不疑，从行动上看，他的确如此；并且苏联内部的政治和经济困难日积月累，也越来越强烈地逼迫他去深化与美国的友好关系。因此，现实压力和理念坚信之间的平衡问题值得我们深思。

在华盛顿和莫斯科之间建立持久的信任，从来就不是一件容易的事情。布什总统满腹疑虑，以至于1989年1月上台后的第一件事就是下令全面审查美国外交政策。美苏领导层继续以眼还眼、以牙还牙。两国的新闻媒体始终以怀疑的笔调——如果说不再是侵略性的话——描述彼此。据说，戈尔巴乔夫依据苏联研究机构较为积极乐观的研究成果形成了自己早期的分析。[8]但是，他后续思想所受的影响则需要根据他对学者和克格勃（KGB，苏联国家安全委员会）报告的不屑评论加以审视。至于里根和布什，他们手下的许多官员都恳求他们视戈尔巴乔夫为骗子，因为他正试图哄骗美国人做出让步。我们从不缺少专家报告，但现在的任务是弄清楚每一位总统是如何对待这些报告的，他们在多大程度上依赖自己的直觉和面对面观察。里根对戈尔巴乔夫的信任随着 1985 年日内瓦峰会、1986 年雷克雅未克峰会、1987 年华盛顿峰会和 1988 年莫斯科峰会逐渐增加。布什自 1989 年的马耳他峰会起，与戈尔巴乔夫成为朋友。

莫斯科和华盛顿的领导人不得不想尽办法获得各自政治机构的支持。在 20 世纪 80 年代中期之前的许多年里，人们就认为美国的军工综合体对促进全球和平不感兴趣，同样，苏联的重工业各部和军方高层也被认为永远依附于军国主义目标。[9]

里根和布什都意识到美国保守派对与克里姆林宫达成最终协议充满了怀疑。对于戈尔巴乔夫在追求美苏修好过程中对白宫所做的让步，苏联共产主义保守派也越来越不安。里根成功打消了自己的政治选民的疑虑；戈尔巴乔夫同样如此，至少在 20 世纪 80 年代末之前是这样。其中，戈尔巴乔夫面对的处境更加棘手，因为很明显，他所放弃的东西远多于从美国人那里得到的东西。里根从前任那里接手了一种稳定的政治和经济秩序，相反，戈尔巴乔夫却疯狂地推翻几十年来的共产主义思想和实践。但是，为什么两国的军备游说集团都默不作声了——或者说，两国领导人如何在质问声音出现之前重建了平稳的秩序？答案一部分在于里根通过大量签署科研和生产合同，满足了军火制造商和武装部队的要求。但是戈尔巴乔夫及其改革者却不是这样，国防已经不再是他们国家财政预算上的优先项，因此，1991 年 8 月，苏联共产党的高层官员、克格勃和国防部联合起来反对戈尔巴乔夫。但问题依然存在，他们为什么这么久之后才开始发起反抗？

这一问题背后还存在另一个少有人思考的问题：苏联政治局在多大程度上知晓自身的经济困境，即使是在戈尔巴乔夫成为总书记之前？评论者们在 20 世纪 80 年代初就认识到苏联在预算方面的经济压力。[10] 尽管苏共中央政治局知道它的东欧盟友深陷对西方银行的债务困境，但也绝不会帮助它们摆脱困境或者为它们提供一条通往科技重生的发展道路。波兰长期处于政治危机之中。苏联入侵阿富汗也付出了高昂的人力和财力代价。莫斯科对古巴、越南、埃塞俄比亚和非洲南部的游击运动均给予支持和援助，这无疑又加重了苏联的资金消耗。与此同时，由新信息技术开启的经济转型也正将苏联甩在后面。自 20 世纪 40 年代末起，美国及其盟国开始禁止对苏联出售可用于军事领域的先进设备，并将这一禁运范围定义得十分宽泛，许多民用工业设备的基础部件也被包含在内，导致美苏之间在生产力方面的差距越来越大。另外，勃列日涅夫总书记与福特总统，连同东欧、西欧和加拿大等国领导人，于 1975 年共同签署了《赫尔辛基最后文件》（Helsinki Final Act），鉴于文件中的人权义务约束，苏联政治局对于国际外交压力也束手无策。

苏联的困难本身并不足以证明苏联领导人当时认识到了他们的处境。幸运的是，我们现在能够通过档案得知克里姆林宫在 1985 年之前究竟作何考虑。戈尔巴乔夫称直到他开启改革计划之时，政治局才意识到这个国家的真实处境。我们不禁要问，戈尔巴乔夫所说的克里姆林宫政治是对真实情况的描述，还是只是一幅自我佐证的夸张漫画？这个问题还无法回答。如果他说的是可以信赖的，那么他当时的确冲破了一扇上了闩的门；反之，则只能说他只是推开了一扇半遮半掩的门。虽然研究这一问题非常重要，但它并不能解释所有关于戈尔巴乔夫在多大程度上促成了改革的谜团。另外，这一问题也带来了另一个问题，即戈尔巴乔夫在开启外交政策改革之后，是如何维持苏联其他政治官员对自己的支持的。

当然，戈尔巴乔夫和里根也需要将时间和精力用于处理其他事务。尽管他们凭借各自的外交政策成果而被世人称赞，但很少有人注意到他们对这一外交进程的把控和管理。戈尔巴乔夫选择爱德华·谢瓦尔德纳泽作为自己的外交部部长的原因，也同样没有得到足够的重视。谢瓦尔德纳泽推行激进的外交政策，在1989年之前，他与戈尔巴乔夫也一直维持着总体上和谐的伙伴关系。里根将领导国务院的重任交给了乔治·舒尔茨，舒尔茨对在达成武器削减协议方面出现的机会感到欣喜万分。谢瓦尔德纳泽起初获得了政治局成员的一致支持，然而舒尔茨却不得不与里根政府内几名反对与莫斯科达成任何和解的高级官员周旋。直到1987年，里根才明确要站在舒尔茨一边。谢瓦尔德纳泽和舒尔茨都是富有想象力的规划者，是制定出他们各自领导人能够签署的裁军协议的不可或缺的战略推动者。本书将会仔细审视这些政治家——里根、戈尔巴乔夫、舒尔茨和谢瓦尔德纳泽，笔者将他们称为四巨头——如何在促成美苏和解上做出了关键的集体贡献。

两个超级大国为终结冷战的进程提供了至关重要的推动力。它们都明白争取盟国和朋友的支持的必要性。在之后的几年里，西欧的总统和首相们将排着队证明，他们与美国人通力协作，结束了与苏联之间的敌对状态。英国首相撒切尔夫人、法国总统弗朗索瓦·密特朗、德国总理赫尔穆特·科尔和意大利外交部部长朱利奥·安德烈奥蒂，都声称对此做出了决定性的有益贡献（然而，与他们同级别的加拿大、日本和澳大利亚官员却在回忆时表现出了更多的谦逊和谨慎）。这就需要我们再次审查 20 世纪 80 年代美国的北约盟友们——以撒切尔夫人为代表——私底下指责里根的成堆证据，他们认为里根对克里姆林宫过度信任。[11] 科尔及其在 1989 年 11 月提出的关于德国统一的"十点计划"（Ten Points）很明显影响了局势的发展。但问题是，假如无法得到美国的支持，他是否依然能够维持自己的政治运动？除此之外，像西欧的"和平运动"以及大多数共产主义和社会主义政党这类支持戈尔巴乔夫的政治力量，它们对终结冷战究竟产生了多大的影响力？

相比美国总统与北约的关系，戈尔巴乔夫与华约的关系要更融洽一些。尽管东欧政党领袖对他改革苏联的尝试感到不安，但他们中的绝大多数还是支持了其缓和与美国关系的政策。然而，当 20 世纪 80 年代维持统治秩序越发困难时，他们开始变得迷茫、困惑。[12] 但是他们没有自愿主动地移交权力，导致他们垮台的关键因素是政治活动者和走上街头的群众的勇气。戈尔巴乔夫拒绝批准以军事干预来挽救统治。很少有人会否认他的政策鼓励了人们奋起捍卫自己的权利，并让革命颠覆了旧的领导层。但是问题依然存在，为什么他对 1989 年发生的事件感到如此意外？这些事件又对立陶宛和其他波罗的海苏维埃共和国产生了怎样的影响？[13] 毫无疑问，他的整个全球战略让人们疑问重重。尽管苏联一直反对美国的全球性主张，但他们决定放弃苏联在第三世界几乎所有的据点。[14] 没有人会去质疑这一举措的重要意义，但是，还需要进行更深入的调查。世界政治瞬息万变，牵一发而动全身。几乎未经任何人察觉，苏联就失去了它的超级大国地位。

冷战的结束并没有预定的程序，但是大多数评论都或多或少地认为，美国和苏联在任何时间都存在退回之前对抗态势的可能性。里根如果足够果断和坚决，那他本应该拒绝与苏联的一切建设性往来。作为一名保守派人士，他有足够大的空间和余地去指责苏联所实施的政策。戈尔巴乔夫也本能够决定停止或逆转他所发起的改革。许多曾支持他成为总书记的人想要停止改革——最终他的几位重要属下在1991年8月的政变中倒戈。足够多的共产主义制度存续下来，这本应成为一个切实可行的替代性选项。然而，戈尔巴乔夫——在改革同道者的支持下，在里根和布什的推动下——选择反其道而行，一步一步地为冷战画上了一个和平的句号。

美国在与苏联的较量中成为赢家，苏联则被湮没在历史长河之中。戈尔巴乔夫认为，苏联的改革者同样取得了胜利，因为他们积极推动了两个超级大国之间的和解和苏联内部的政治民主化进程。这里，一个谜题在等着人们解答。美国领导层无意去掩饰和伪装他们对克里姆林宫的持续施压。里根和布什明确要求如果苏联想要与美国恢复友好关系，仅从阿富汗撤军和对东欧放松控制是远远不够的，戈尔巴乔夫还需要改变他的待民之道。美国人在无线电干扰、离境签证、波罗的海地区的自由、政治囚犯和诋毁性政治宣传等方面均提出了要求。在1985年之前，美国毫不留情地给克里姆林宫施加压力；在戈尔巴乔夫任期内，这种压力也一直存在。[15] 但是，随着1989年以来苏联的经济困境日益加深，戈尔巴乔夫发现越来越难以对美国说"不"。然而，至今悬而未决的是，他的妥协意愿究竟有多少是源自美国人的压力，又有多少是苏联当时和长期以来的经济困难所造成的？

一系列的追问充斥着这一世界历史中的重要时期。冷战最后几年的描述在很大程度上依赖的是领导人和官员的回忆和谈话。在华盛顿和莫斯科的档案库中，有一些文献资料让当时最高层领导人的决策变得更加清楚。相关档案的开放使查阅当时记录下里根、戈尔巴乔夫和布什所说所写的原始资料成为可能。丰富的资料分散于世界的各个角落：俄罗斯、欧洲其他地区、美国，以及互联网。但是，苏联和西方官员的未出版日记和文件也是非同寻常的资料，他们接近国家的至高权力，包括阿纳托利·阿达米申、罗德里克·布雷思韦特、阿纳托利·切尔尼亚耶夫、查尔斯·希尔、维塔利·卡塔耶夫、杰克·马特洛克、泰穆拉兹·斯捷潘诺夫－马马拉泽。他们一直留存的个人记录赋予了那些他们亲身经历的、激动人心的历史事件一种无与伦比的判断和理解。

　　本书的最后是要论证关于冷战终结的另外一种解释，即平等地看待苏联、美国和它们彼此在一个旋涡般的变革世界中的往来。这种变革涉及政治、经济、个体选择、制度机会、意识形态、认知发展和地缘政治挑战。冷战本可以轻而易举地走向一个完全不同的结局，让我们所有人都承受着恶毒的后果，但是事情最终不可抗拒地向好的方向发展。接下来，就开始讲述华盛顿和莫斯科是如何又为何实现了它们之间不可能实现的和平。

第一部分

1981 年 1 月 20 日入主白宫的那个人让全世界许多人感到焦虑。罗纳德·威尔逊·里根拥有"赤色分子迫害者"的名声。少有人称赞他的才智，大多数人将他在前一年的 11 月与时任总统吉米·卡特的竞选中获胜更多地归因于民众对近期外交政策的不安，而不是相信里根是一位称职的领导人。

作为前好莱坞演员，里根常被认为是生于 1911 年的幸运儿。但事实上，因为他的推销员父亲常常喝得烂醉如泥，里根在伊利诺伊州度过了一个紧张不安的童年。他的母亲，一位虔诚的基督徒，担起了稳固家庭的重任。求学期间，里根在表演、运动和演讲方面表现出众，还在假期里从事救生员的工作。之后，他到尤里卡学院（Eureka College）主修经济学和社会学，毕业后找到了广播员的工作。在加利福尼亚州参加华纳兄弟的一次试镜后，里根成了一名电影演员；尽管他从未跻身于国际影星的圈层，但的确曾与亨弗莱·鲍嘉（Humphrey Bogart）和埃罗尔·弗林（Errol Flynn）一同出演。1940 年，里根与电影演员简·惠曼（Jane Wyman）结婚，组建了自己的家庭。第二次世界大战期间被征召入伍，他在第一制片单位（First Motion Picture Unit）继续拍摄电影，并在 1947 年成为美国演员工会主席。两年后，他与简·惠曼离婚，之后又与同为电影演员的南希·戴维斯结合。随着他在电影方面的角色越来越少，里根开始效力于通用电气公司，主持它的每周戏剧秀节目。第二段婚姻成了里根个人生活的基石，他讨厌与南希分开，即便只是一小会儿，并常常与她讨论公共事务。

青年时期，他支持 F.D. 罗斯福，支持民主党，但是慢慢地，他在政治上逐渐脱离了民主党人，并在 1966 年以共和党人的身份当选加利福尼亚州州长。1968 年，他争取赢得党内总统候选人提名的努力失败，1976 年则败给了时任总统杰拉德·福特，但毫无疑问，里根已经成为美国政治中不可忽视的右翼力量。1980 年，没有了强有力的共和党对手，里根终于在 11 月的大选中将时任总统吉米·卡特拉下了最高权位。

从杜鲁门到卡特，第二次世界大战结束后，世人皆认为对待苏联，西方应仅限于对其进行牵制；没有一位美国总统真正努力去逆转苏联影响力在全球范围内的扩张。罗纳德·威尔逊·里根决心改变这一局面。在他看来，美国在遭遇越南战争的失败后，已经失去了自信。他计划提高美国军事预算，并将苏联经济置于军备竞赛的压力之下。他将在全世界范围内对克里姆林宫发起挑战，并打算抨击一切形式的共产主义；1979 年 12 月苏联入侵阿富汗作为其论证苏联扩张性的证据而出现在他的每一次演讲中。里根希望美国能够挺直腰板，捍卫自己的价值观和利益。作为总统，他有意拉拢北约和其他盟友、友好国家。里根的价值观属于美国保守派。对基督教的信仰也让他在演讲中时常提及上帝。对他而言，宗教信仰已与其对美国的信任、个人自由和市场经济构成了缺一不可的整体。

苏联政界将里根视为瞬时恐惧和嫌恶的对象。他被认为是"冷战分子"，苏共中央机关报《真理报》（*Pravda*）则时常谴责他为"战争贩子"。莫斯科的评论者对吉米·卡特也是口诛笔伐，不曾多一分和气。他们对卡特在苏联进军阿富汗一事上的反应震惊不已，因而声称对其与里根的总统之争持漠然态度。苏联媒体一如既往地将两位候选人描述为"反苏分子"。

在华盛顿，自 1962 年开始领导驻美使馆的苏联大使阿纳托利·多勃雷宁（Anatoli Dobrynin）向其克里姆林宫的主人保证，他正尽一切努力警告里根政府当下世界和平所面临的危险。他关注着格斯·霍尔（Gus Hall）的政治宣传和美国共产党。[1]对于使馆举行的列宁诞辰110周年庆祝活动，他也做了夸大事实的汇报。然而实际上，多勃雷宁清楚霍尔在美国政治中无足轻重，且大多数美国人对列宁也兴味索然。他仅仅报告上级希望从他那里听到的东西。现实主义还未曾写入涌向政治局的官方报告中。政治局委员安德烈·葛罗米柯（Andrei Gromyko）在1943年至1948年曾担任苏联驻华盛顿和纽约大使，并且凭借常驻美国的经验，他本可以尝试打破苏联官方愚昧的循环。但是，他对此毫无兴趣。毫无疑问，他的眼界经过了同一种意识形态的塑造。莫斯科的每一位政治高官都理所当然地认为里根将延续"保守反动的"和"帝国主义的"政策。苏联发言人则表示，一位能力不足的鲁莽之人入主了白宫。事实上，美国民主党人，甚至一些共和党人，对此分析所持的赞同态度也强化了苏联的这种感觉。

里根不喜欢不分场合和时机地与苏共中央总书记会面，除非在他可以确保能够取得符合其目标的成果的峰会上。在勃列日涅夫于1982年11月去世时，里根亲自前往华盛顿的苏联大使馆，在吊唁簿上签了字。但他拒绝参加葬礼。在时任国务卿乔治·舒尔茨看来，这样做是一个错误。然而总统始终坚持己见。[2]

只有与里根关系密切的人才知道他是多么真切地希望让核武器威胁成为历史。[3]1979年在吉米·卡特为他安排的一次简报会上，他开始将这一想法清楚地告知众人。之后不论何时谈及冷战，里根总会无视限制军备的要求：他想要的是裁减军备。[4]的确，他希望废止所有的核武器。之后他写到了自己在总统任期内所拥有的令人畏惧的权力：

> 作为总统，我无须携带钱包、金钱、驾照和钥匙——只有能够摧毁我们已知世界绝大部分的密码。
>
> 在就职典礼那天，就在我被简单告知当需要启动美国核武器之时，我将要做些什么的几天之后，我承担起了自己一生中——也是任何人的一生中——最重大的责任。[5]

他渴望一个更强大的美国。然而在决心为美国军事力量的扩张提供财力支持之时，他也不遗余力地避免末日决战的发生。

在竞选总统期间，他曾到访位于科罗拉多州夏延山的核武器地下基地。与其大多数美国同胞一样，里根也认为美国人拥有一套能够抵御苏联导弹攻击的牢靠的系统。他的国家安全事务助理——理查德·艾伦、弗雷德·伊克尔（Fred Iklé）和威廉·范·克利夫（William Van Cleave）——一直明白事实并非如此。他们的话此前从未得到领导人的重视，直至里根开始自己盘问这个问题。[6]他惊恐地了解到美国无力阻止苏联的第一轮核打击。美国人能做的只有报复性回击，将莫斯科炸成碎片：这就是"相互确保摧毁"战略的逻辑。然而问题在于，整个星球将遭受冲击波、大火、辐射和浓烟的摧残，数以亿计甚至十亿计的平民将死于非命，美国将哀鸿遍野、满目疮痍。届时苏联的同等厄运并不能让里根得到丝毫宽慰。第一次世界大战刚刚开始时，英国外交大臣格雷伯爵（Earl Grey）评论道，欧洲所有的明灯都在熄灭。假如第三次世界大战爆发，里根预见到的则是全球一片黑暗。直觉告诉他，要试着做点什么——某些过火的事情——来避免这样的战争发生。

他要证明自己是一位有能力的领导人。以69岁的年龄迈入白宫时，他需要表现出对于出任这份工作，他还不是太老。尽管在听力上需要助听器辅助，但他的身体依然健朗。[7]他喜欢户外，享受骑马和砍伐其在加利福尼亚庄园中的树木。有一次当白宫工作人员在南草坪砍伐木材时，他告诉肯尼斯·阿德尔曼（Kenneth Adelman）："真希望我干着那些人正在干的活儿，而不是去参加这些持续几个小时的愚蠢的会议。"阿德尔曼注意到很多护林员都向往成为美国总统，里根却是唯一渴望成为护林员的美国总统。[8]演员生涯让他对公众生活非常熟悉，但也让人们失之偏颇地认为，他缺少一位总统所需的思想上的严谨。他本人讨厌被他人认为是睿智的——或者的确是睿智的。相反，他散发着平凡的魅力，喜欢以普通人的面目示人。在分歧严重的时候，他会用一则爱尔兰笑话来消除紧张氛围。他讲话朴素简洁，避免长篇大论。

围绕在里根身边的人知道事实总是不同于表象。米尔顿·弗里德曼（Milton Friedman），芝加哥经济学派的奠基人，觉得与里根来往和交谈是一种享受。[9]他的发言人迈克·迪弗（Mike Deaver）回忆道，里根在远离公众视线时，非常喜欢阅读"外交政策、经济、社会问题"方面的严肃书籍。[10]作为顾问的皮特·汉纳福德（Pete Hannaford）在里根成为总统之前，亲眼见过他埋头于《国家评论》（*National Review*）、《美国观察者》（*The American Spectator*）和《人类事件》（*Human Events*）等杂志，因而对他的勤勉好学也毫不怀疑。当上总统后，里根依然坚持阅读，并逐渐迷上了汤姆·克兰西（Tom Clancy）的冷战小说，甚至通宵读完了他的《猎杀红色十月号》（*Hunt for Red October*）。一位英国牧师曾送给他艾莉娜·拉图辛斯卡娅（Irina Ratushinskaya）的一本诗作，他读完后对这位持不同政见的苏联诗人钦佩不已。除此之外，他还阅读了叛变的苏联大使阿尔卡季·舍甫琴科（Arkadi Shevchenko）的回忆录。[11]尽管涉猎甚广，但里根极力维护自己直率而平凡的形象。一些同僚感觉到里根在要弄懂复杂的事物时，总是认为与专家学者们一起讨论是最省事的方法，而不是独自研究。[12]1974年在媒体曝光尼克松闯入民主党总部的谎言并致使其引咎辞职之后，里根仍对尼克松十分敬重。同为美国政治派别中的右翼分子，里根每当产生尚未告知其同僚的试验性想法时，时常会先和尼克松探讨。[13]

在与美国驻莫斯科大使阿瑟·哈特曼（Arthur Hartman）交流之后，里根更加肯定了自己的直觉：苏联经济举步维艰，苏联人民对当局及其理念也充满疑虑。[14]另外，他与英国反共产主义运动记者布莱恩·克罗泽（Brian Crozier）也通了信。[15]消息四处传开，里根正在忽视明智的苏联问题专家的建议。的确，他与美国政治科学格格不入。《华盛顿邮报》的一位编辑暗示这就是他刚愎自用、顽固不化的佐证。相反，罗伯特·康奎斯特并不这么认为，他引用葛罗米柯关于"世界大变革进程"的话语，嘲笑那些假定苏联有一种"多元化"政治体系的西方"专家"。[16]总统国家安全事务助理理查德·艾伦复印了康奎斯特的信并将其转寄给了《华盛顿邮报》。[17]康奎斯特在卡特时期就对里根略知一二，对他当时如饥似渴地询问关于苏联的问题和认真聆听解答记忆犹新。[18]里根真的在努力去理解大西洋对岸的那个超级大国。他尽管有难以消除的总体偏见，但他总是想要知道更多。

里根在写作方面孜孜不倦。他可以理直气壮地宣称自己更擅长于写演讲稿，尽管他承认自己的顾问皮特·汉纳福德在写报纸文章上更胜一筹。[19]他很快就能写完草稿，然后用数个小时的时间进行打磨和修饰，以便在麦克风前充分发挥自己的演员技能。[20]借助好莱坞的经验，里根可以不费功夫地决定怎样演讲、怎样传达自己的意图。[21]他知道怎样安排自己白天的工作节奏，但是他睡午觉的偏好吸引了喜剧演员和讽刺作家的注意，他因此被指责好逸恶劳。除此之外，他的头发颜色也引来了纷纷议论。与其他古稀老人不同，里根既没有秃顶，也没有白发，这致使对他染发的猜测不绝于耳。他的发言人迈克·迪弗则声称是百利发乳（Brylcreem）给了他一头乌亮黑发。[22]

即使是里根任期内的高层官员，对他的最终目标也是听之藐藐。为了改变这一局面，理查德·艾伦四处散布消息说，总统对彻底消除核战争可能性持严肃而坚决的态度。[23]自1973年起，里根就一直在谈论"防御性概念"。由于讨厌"相互确保摧毁"的理念，他找到了一种让美国免于核毁灭的方法。了解他的想法的人包括理论物理学家爱德华·泰勒（Edward Teller）、尼克松总统任期内的国家管理与预算局主任卡斯帕·温伯格（Caspar Weinberger）；入主白宫后，除了上述两位，他还与埃德·米斯（Ed Meese）、马丁·安德森（Martin Anderson）和理查德·艾伦探讨这种方法的可行性。[24]米斯举行了一些探究性会议，里根在1982年初指示国家安全委员会工作人员去探索超越传统防御战略的措施。泰勒鼓励这种做法，里根在日记里回忆道："他在积极推进一种让人兴奋的想法，那就是除了被用于拦截和摧毁敌人发射到地球上空的导弹之外，核武器可以与激光器相连，使其不具有破坏性。"[25]参谋长联席会议立即对此表示了支持。[26]

尽管没有人再去怀疑其保守性的政治资历，但里根依然让自己周遭的同僚感到困惑。他在心理上始终与其他人保持着距离；在与他们交往时也似乎总是有所隐瞒。即使曾与他过从甚密的小威廉·F.巴克利（William F. Buckley Jr）也感到"这段友谊在思想上一直只有90%”。[27]

如果说政府官员难于理解里根，那么外界民众对他就有着更大的疑惑。在里根看来，他自己的执政方式是简单明了的，并且他这样对乔治·舒尔茨说："我认为我是十分强硬的，也从不会让步和安抚，但我的确想要试着让他们看到一个更好的世界，只要他们在行动上表现出他们想要与这个自由世界和平相处。"[28]但是问题在于，他过于吵闹而刺耳地演奏着自己的反共产主义曲调。他一次又一次地宣称苏联在军事能力上已经赶超美国。勃列日涅夫口中实现"均势"的声明也被称为障眼法，以便掩饰苏联在大规模建设进攻性军事力量。总统用充满憎恨的语言来描述关于苏联的一切。他从不会放过任何一个强调自己对列宁主义信条和实践的厌恶的机会。与厌恶相伴随的是里根对提高美国在发展和生产军事装备上的财务支出的承诺，以及为了使美国武装力量获得决定性优势而促请美国国会的支持。他让西方关于"苏联威胁"争论中的那些"鹰派"进入政府机构。因此，大多数人只看到和听到了里根反苏的一面，对他内心不希望发生第三次世界大战的真正的基本渴求却置若罔闻。

里根总统准许美国军费开支大幅增长，这项早期措施似乎证实了上述分析。由于坚信美国在军备竞赛中已经落在苏联后面，因而又批准扩大核武库的规模。此外，他还为研究新式武器装备配备人力和物力。他积极推进"战略性现代化"，希望在致命性打击能力上，美国人能远超苏联人。在1973年以沙特阿拉伯为首的中东国家大幅提高世界市场的石油价格而引发的经济衰退结束之后，福特和卡特领导下的美国政府均批准了发展陆海空新式武器的计划。他们之所以这么做，在很大程度上是希望借此辅助工业复兴。在进行竞选活动时，里根受益于制造型企业的支持和资助，这些企业都渴望大量增加发展武装力量所需要的研发和生产合同。因此，不需要外界说服，里根就会去兑现自己的承诺。[29]

里根的总统任期差点儿就在 1981 年 3 月——就职仪式两个月后戛然而止。那时约翰·欣克利（John Hinckley）在华盛顿希尔顿酒店门外开枪射伤了他。他被匆忙地送往医院，一度接近死亡。他的坦然淡定给众人留下了深刻的印象。当他被推进手术室时，他在给南希的电话中说："亲爱的，我忘记躲开了。"[30] 尽管他依靠绝大多数选民的支持赢得了总统选举，但民意调查表明反对的民众对他持有极大的怀疑态度。这次的暗杀企图和里根的勇敢应对帮助他提高了民众支持率。他后来回忆了自己在返回白宫之后想要怎样处理事务，以及如何实现降低爆发世界性战争可能性的雄心壮志。他绝不会放弃实现军事现代化的目标，同时却有意落实缓和与苏联紧张关系的措施。他意识到世事难料，在还没确定苏共中央政治局是否同意进行严肃会谈时，自己就差点儿死掉了。他想清晰明了、毫不含糊地迈出第一步。他还没有确切的方案设计，只渴望先做些尝试。

/ 020

躺在病榻上写信给勃列日涅夫，里根提议两人共同努力维护世界和平。莫斯科官员传阅着这份信件并发表着各自的看法，每个人都对信中的情感基调感到震惊。但它是真心实意的吗？政治局最终将其定性为华盛顿政治宣传游戏中的又一步棋。当一位副官为政治局委员米哈伊尔·索洛缅采夫（Mikhail Solomentsev）提供建议时，索洛缅采夫突然打断说："这都是废话。这是在哗众取宠、蛊惑人心。难道你真的没看到他的煽动伎俩吗？他只是想欺骗我们。"[31] 里根请求将阿纳托利·夏兰斯基（Anatoli Shcharanski）从劳改营中释放出来，他承诺不会公开释放结果；同时还表示这将有助于重启与苏联的武器谈判。[32] 翌日，里根废止了前总统卡特的谷物禁运政策。他这是在兑现 1980 年总统竞选期间为了保住美国中西部农民的支持而做出的承诺。他认为小麦出口禁令从来不是扭转克里姆林宫里政客们行为方式的有效手段，并补充说近期苏联解除对波兰的施压让他做出了这个决定。与此同时，他也警告莫斯科领导人，美国将"对任何侵略行径做出强硬回应，不论它们发生在哪里"。如果波兰被侵占，后果将不堪设想。[33]

1981 年 11 月 18 日，里根试图通过宣布撤出整片欧洲大陆上所有中程核导弹这一目标来表明自己的真心，这后来被称为"零点方案"（zero option）。总统提议，美国撤出和销毁潘兴 -2 弹道导弹和陆基巡航导弹，作为交换，苏联应同意撤出和销毁其中程武器。[34] 以前，两大超级力量都是依赖于洲际（或"战略性"）军事武器。为了应对苏联在东欧部署 SS-20 核导弹，美国人部署了新式火箭。这种局面造成的结果就是如果一方突然发起攻击，决定开战的时间将被大幅度缩短。已经危机四伏的欧洲安全态势将更加恶化。几分钟之内就能点火发射的苏联导弹可以打击西欧任何一个首都城市，一枚美国导弹则能够袭击莫斯科。

里根对勃列日涅夫政府以合作的精神进行回应并没有多大信心。在他的提议中，英国和法国的武器被排除在外，而且让苏联政治局同意这样一份使苏联更容易受到西欧攻击的军事协议也是不可能的。没有一位克里姆林宫领导人赞成大幅度削减任何类别的军事装备。[35] 自从希特勒对苏联的入侵让斯大林措手不及以来，所谓的"1941 年综合征"就在政治官员和军事指挥官的思绪中蔓延开来。接下来的几代领导人下定决心避免任何可能使苏联更容易受到一场突然的军事猛攻的行动。建立坚不可摧的防御系统成为首要工作；它已经渗透到每个人的思想之中。政治局和总参谋部一致认为大量储备各种类别的现代武器对保障苏联安全是必不可少的；事实上，在克里姆林宫，没有人信任里根，所有人都怀疑"零点方案"只是蒙蔽全球舆论的政治宣传。

莫斯科与华盛顿之间的关系在1981年12月13日从冷淡降至冰点，这一天波兰总理沃伊切赫·雅鲁泽尔斯基（Wojciech Jaruzelski）将军宣布实施军事管制。自1980年8月以来，波兰的共产主义统治一直遭受由电工莱赫·瓦文萨（Lech Walesa）领导的非官方的团结工会的挑战。罢工和抗议从格但斯克（Gdańsk）北部港口的列宁造船厂开始。工人阶级运动迅速席卷了全国，并吸引了反体制的知识分子。几个月的时间里一直存在勃列日涅夫派遣苏联军队占领波兰的可能性。雅鲁泽尔斯基的行动一方面让勃列日涅夫不必这样做，另一方面也破坏了发起任何旨在推动美苏和解的运动的绝佳机会。里根与国家安全委员会召开紧急会议。情况不容乐观，正如他匆忙在日记中记录的那样，"我们的情报表明，雅鲁泽尔斯基的军事行动得到了苏联的策划和指令。如果真是这样——我相信事实就是如此——那么我们所面临的局面是严峻而黯淡的。有一件事可以肯定——他们不会拿到价值1亿美元的粮食"。中央情报局还不知道勃列日涅夫及其政治局到底施加了什么样的影响，但是整个政府系统都决定让苏联领导人为这些事件的发生付出高昂的代价。里根联络了教宗约翰·保罗二世（Pope John Paul Ⅱ）和梵蒂冈国务卿卡萨罗利枢机主教（Cardinal Casaroli）；他最终推断雅鲁泽尔斯基的行动事先经过了几个月的谋划。[36]

里根总统应对苏联的理念在其签署于1983年1月的第75号国家安全决策指示（National Security Decision Directive No. 75）中有所阐释。几十年来的外交政策被丢到了历史中，里根想要把苏联击倒在地。他要"遏制和全力逆转苏联的扩张主义"。与此同时，他还打算"在我们可利用的有限范围内，推动将苏联转变为一种更加多元化的政治和经济体制的进程"。虽然他希望与莫斯科谈判，但这只能以"严格的互惠和共同的利益"为基础。他旨在让莫斯科明白"令人无法接受的行为将招致远超任何收益的代价"。[37] 美国将使它的武装力量现代化，这就需要在很长的时间内保持国防开支的增长。美国政府也将避免实施可能会不适当地缓解苏联经济困难的举措。尽管华盛顿方面将取消谷物出口禁令，但禁止出口的工业品名单大大加长了。对于任何可能被用于军事方面的技术转移，里根均坚决制止。[38]

美国政策应抓住主动权："苏联帝国内部存在很多重要的弱点和缺陷，美国应该利用它们。"在那份指示文件的设想中，这一"帝国"囊括了东欧、阿富汗和古巴。美国应不加区别地支持任何拒绝莫斯科对其外交政策的控制和实施内部自由化的东欧国家。对于阿富汗，美国人应致力于使苏联代价最大化，并促成一场军事撤退。支持与援助同样也应给予拉丁美洲、加勒比地区和南部非洲，以清除古巴的干涉主义力量。[39] 中国和南斯拉夫已经明确表态反对苏联的扩张主义，所以美国应继续向中国出售军事装备，并提高对南斯拉夫的金融贷款。[40] 虽然这会促使美国政府采取一种不那么武断的姿态，但仍然可能无法取得"与苏双边关系上的快速突破"："因此，美国人民理解并支持美国政府的政策是必要的。"西方国家需要在如何一致行动上达成共识。里根想要表明自己希望一种"建立于稳定的和建设性的长期基础之上的美苏关系"，而不是一种"与莫斯科无限制、无结果地对抗"的关系。[41]

里根没有让自己无路可退。如果苏联的国际行为恶化，比如入侵波兰，"我们将需要考虑采取极端的措施"。[42] 然而，这并不是一种消除苏联共产主义的大战略。[43] 他制定了一些有时会自相矛盾的指导路线。他希望能够挑战苏联的全球性权力和不可一世的姿态；但与此同时，他也寻求世界的和平。他不顾前方道路上的重重困难，希望在自己的总统任期内发挥决定性的作用。

苏联的军事信条是苏联可以在一场核战争中打败美国。这是众所周知的事情，没什么秘密可言。总参谋长尼古拉·奥加尔科夫（Nikolai Ogarkov）在他的一本小册子中写道：

> 苏联军事战略的出发点是如果苏联不得不打一场核大战，那么苏联人民及其武装力量需要为应对最严峻且持久的磨难做充分的准备。苏联及其兄弟般的社会主义国家在这种情况下，相较于帝国主义国家，拥有明显的优势：既定的正义目标，以及社会和国家制度的先进性。这些为它们赢得胜利创造了客观的可能性。[1]

作为华约的领导者，苏联极力倡导共产主义，宣称它的传播是势不可挡的。对于在"世界共产主义运动"中接受其领导地位的盟国，以及参与"反帝国主义斗争"的势力和党派，苏联均提供援助。它将美国描述为无论在意识上还是在行动上都是军国主义的和帝国主义的。与此同时，它声称自身恪守和平承诺，认为苏联军事力量和政治影响力在全球范围内的增强能够降低爆发世界大战的可能性。但是奥加尔科夫强调，如果将要爆发这样一场战争，那么苏联有能力成为胜利的一方。

尽管在公共视野中，他赞同打一场能取得成功的战役的理念，并为"有限的"核冲突做准备，但是在私底下，他摒弃了所有这些在他看来不切实际的想法。他认为苏联别无选择，只能做好与美国全面开战的准备。他的副手谢尔盖·阿赫罗梅耶夫（Sergei Akhromeev）则不这样认为，他希望按局部冲突的程度备战——他研究了莫斯科如何在紧急情况下使用SS-20导弹。政治局委员、国防部部长德米特里·乌斯季诺夫（Dmitri Ustinov），在斯大林时期任苏联武器装备人民委员（People's Commissar of Armaments），开始对他人的反对意见越来越不耐烦。因此可以理解，他更喜欢与阿赫罗梅耶夫而不是奥加尔科夫探讨战略问题。[2]虽然阿赫罗梅耶夫会将谈话内容告知奥加尔科夫，但是奥加尔科夫和乌斯季诺夫之间的关系依然剑拔弩张。[3]

奥加尔科夫和阿赫罗梅耶夫均认同任何形式的核战争都将是灾难性的这一理念。在整个20世纪70年代，古巴领导人菲德尔·卡斯特罗（Fidel Castro）曾力劝苏联领导人用更坚决、更严厉的方式与美国人打交道。他呼吁莫斯科做好准备，对美国进行先发制人的直接攻击。总参谋部驳回了他的提议，主要考虑到核辐射将给他的小岛带来毁灭性的生态后果。因此，卡斯特罗才不情愿地安静了下来。[4]然而，奥加尔科夫和乌斯季诺夫的关系却持续恶化，1984年9月，乌斯季诺夫提请政治局让奥加尔科夫退休，并提拔阿赫罗梅耶夫为总参谋长。阿赫罗梅耶夫立即做出了一项具有重大意义的基本决策。苏联军事技术人员当时正在设计"死手系统"（Dead Hand system），这一系统将在美国准备开战并消灭掉苏联政治和军事领导人的情况下，自动发射苏联的洲际导弹。感觉探测器将对光、地震运动和辐射做出反应。当奥列格·巴克拉诺夫（Oleg Baklanov）在苏共中央国防部批准这一项目时，阿赫罗梅耶夫介入进来并推翻了它：他认为消除人在军事指挥上的主观性，将整片国土和全世界暴露于可能因电子装置失灵而爆发战争的危险之下，是十分恐怖的。因此，"死手系统"触发机制"从来没有完全实现"。[5]

20世纪80年代早期，北约基于华约可能在欧洲"部署至少

90个师",其中包括13000辆坦克(以T-64s和T-62s为主)的假想进行战略规划。[6]这给了苏联及其盟国巨大的数量优势,欧洲盟军最高司令伯纳德·罗杰斯(Bernard Rogers)私下承认,他的部队只有能力在短时间内,使用常规武器进行成功的防御。[7]在与华约开战的情况下,北约军队的军火弹药只能够维持30天。为了弥补缺口,人们设想新的补给可以从美国12家大的军需品工厂订购,但是罗杰斯意识到,它们从生产到运输都将耗费时间。[8]美苏军方都有指挥官认识到正在实施的方案的不可实践性。没有人去考虑在遭受战争破坏的国土上进行物资、人力运输的困难,难民将无处不在,多雪的冬季、潮湿泥泞的春秋两季都会让高速运输成为不可能。[9]在任何可能的紧急情况下,让局面更糟糕的往往是在发动战争之前,北约需要耗费很长时间来与其成员国协商。

计划不得不停了下来,因为大批东方军备在质量上远远落后于西方军备,数量无法决定一切,西德国防部有关这一方面的秘密报告在1983年为众人所知。[10]北约的技术情报旨在评估武器的设计和能力,计算军队数量和对它们在各区域的调遣进行追踪。可以理解,最高指挥部都希望避免出现措手不及的情况。但问题是,苏联总书记可能会自己一时心血来潮或者被他人说服——发动一次突然攻击。尽管华约的军事装备情况已经被揭露了很多,但即便是西德的报告,也低估了处于战备状态中的苏联军队的劣势。回到苏联本土,正如总参谋部无奈地了解到的那样,它的很大一部分要塞都缺乏基本的必要装备。虽然大量资金已拨付用于增强武装力量,但对于达到打赢当代常规战争的要求而言,资金永远是不够用的。这些军事指挥官还透露出他们没有足够数量的训练有素的士兵。[11]

在这种情况下，几乎可以肯定的是，双方都将迅速地转为依靠各自的核武器。北约是这样做的，华约同样如此。西德将领利奥波德·夏卢帕（Leopold Chalupa）直截了当地说：西方国家在常规军事力量的数量上处于劣势，而且不具备生物武器，因而在军队指挥方面，就必然需要部署处于美国控制之下的导弹。[12]在20世纪70年代中期，美苏均在欧洲部署了中程火箭，以这样一种危险的方式实现并稳定了军事力量上的均势。苏联通过部署它的SS-20导弹开启了这一进程。即使被置于苏联领土之上，它们也能够在几分钟之内到达西欧。作为回应，美国人说服他们的盟友接受潘兴-2导弹，以对苏联构成适当的威慑。英国和西德则允许在本国内设立美国军事基地。中央情报局的威廉·奥多姆（William Odom）告诉总统国家安全事务助理布热津斯基（Brzezinski），如果将它们设在更远一些的地方，如葡萄牙或者设得兰群岛，它们会发挥更好的作用。[13]莫斯科和华盛顿所做出的决策都带有些许宿命论的意味。政治家们似乎发现，一旦武器被生产出来，就很难不去部署和应用它们，不论要面对对手怎样的反应。[14]

苏联政治领导人已经对搞清楚他们到底将预算用于何处感到麻木了。勃列日涅夫和苏联部长会议主席阿列克谢·柯西金（Alexei Kosygin）在1972年共同出席了一场苏联军事演习，了解到了苏联遭受美国的第一次打击后可能面临的后果。总参谋部的设想是，届时能够展开行动的武装力量将只有和平时期的千分之一。八千万平民百姓将惨遭核武器的荼毒。苏联将仅能保有其15%的工业能力，其领土的欧洲部分也将遭受毁灭性水平的核辐射污染。当苏联的洲际导弹开始实施报复时，结果将是美国遭受更大范围的攻击。作为尊贵的主宾，发射这些导弹的设备被转交到勃列日涅夫手中，尽管他知道他们只有仿真的弹头，但一想到要按下发射按钮，还是觉得不寒而栗。他的手颤抖着，反复地去寻求安德烈·格列奇科（Andrei Grechko）元帅对这一程序是完全安全的保证："安德烈·格列奇科，你确定这只是一次演习吗？" 15

总参谋部对勃列日涅夫的反应十分担忧，因此用和缓的措辞向政治局的各位领导人做了汇报，以便将他们的不安降到最低。16 对他们而言，这群政治家是不喜欢被试探的，他们不希望听到任何令人过于心烦意乱的东西。

根据上将安德里安·丹尼列维奇（Andrian Danilevich）的说法，整个政治局，从勃列日涅夫到戈尔巴乔夫，都不加干涉地让总参谋部独自起草并制定可行的方案："他们从来没有真正过问我们在做什么"。结果就是，政治官员们对在紧急情况下可采用的行动激活计划所知甚少。17 即使是国防部部长乌斯季诺夫，对于可能遭遇的毁灭性程度也仅仅是略知一二。18 别的不说，苏联的政治领导人希望能够避免搅动起民众对战争惨烈后果的焦虑，公共舆论被牢牢地控制在党的领导之下。因而，对于战争后果的讨论被限制为针对"文明的毁灭"的泛泛之谈。没有任何关于伤亡人数或城镇攻击目标的预测性言论出现，也没有出版物或者文章着墨于广大民众的战后医疗、食物供给以及农业或者交通情况，但是保障国家精英们的秘密安排已经开始推行。根据美国中央情报局的秘密报告，苏联计划到 20 世纪 80 年代中期为中央及地区的领导人们建立 1500 处避难设施。专门为最高领导人修建的地下避难所则位于沙拉波沃（Sharapovo）和契诃夫（Chekhov）。19

苏联的总参谋部和最高指挥部将一份来自总参谋部情报总局

格鲁乌（GRU）的报告作为机密隐瞒起来，报告内容主要涉及战时环境污染将会给整个地球带来灾难。华约国家将遭受毁灭性打击，不论它们对美国和其他西方国家施以怎样的报复和伤害。这些信息太让人不安了，所以不让大多数将军和统帅知道这些信息被认为是谨慎而明智的做法。最重要的是让他们保持自信心。华约武装力量总司令库利科夫元帅（Marshal Kulikov）威胁着要让首席研究员陆军中校维塔利·齐吉奇科（Vitali Tsygichko）退休，除非他同意柔化自己的研究结果。尽管齐吉奇科坚持自己的立场，但是他并没有强行宣传和散播其研究成果的权力。他的结论是最高指挥部在应对修改传统军事信条的挑战上畏缩不前，惧怕任何缩减军事力量预算的可能性，他们死守着僵化的保守主义。在安排军事演习方面，他们坚持认为华约军队能够敏捷地规避核辐射的气圈状区域。军事指挥官们将武装部队——从顶层官员到底层士兵——训练得足以"对雷鸣般的核打击进行攻击"，这真是与等着天上掉馅饼一样天真的想法。[20]

华沙条约组织的计划只对与北约开战后的初期行动做了细节说明。根据雅鲁泽尔斯基的说法，东德的防御得到了很多关注。计划中允许北约国家在发起攻势后，它们的传统武装力量顺利推进40英里。这可能需要三四天的时间，在这段时间，波兰军队将与苏联军队会合，共同阻止进攻。北约同时发动针对更南地区——比如始于希腊或者穿越高加索——的行动的可能性并没有被排除在外。华约国家的反制计划是派遣军队一路打到莱茵河，这一行动预估需要10天到15天的时间。任何抵抗都将被碾碎，苏联军队及其盟友的坦克将击退并打败进攻者。雅鲁泽尔斯基认为，这样一场战争毫无疑问将不再局限于只使用传统武器的范围之内。他总是对从苏联最高指挥部那边得到的消息持怀疑态度：

"仔细考虑一下，我们就会意识到即使是在那时，这也是不现实的！毋庸置疑，北约将使用核武器，我们也会如此。预计在这片有限的地域内将发生数百次的核爆炸。这真是太荒谬了！"[21]

波兰的塔德乌什·皮乌罗（Tadeusz Pióro）将军赞同这种分析，他将华约内部的军事准备描述为"科幻小说"。[22]每一位敏感的指挥官都可以看到这份战争计划所暗含的灾难。但是鉴于雅鲁泽尔斯基在与苏联合作时将这些计划抛之脑后，塔德乌什·图查普斯基（Tadeusz Tuczapski）将军认为需要找到替代计划，让波兰民族存续下来。他知道即使是小数目的核爆炸，也会彻底摧毁波兰境内的所有人。

深思熟虑之后，他提出了一项人口学上的措施，除了让人感觉极其怪诞，再无其他特点：

> 在总参谋部的一次培训会上，我因钱被退还给政府一事而怒不可遏。我站起来对雅鲁泽尔斯基说："将军，应该将更多的钱划拨给民防部门，这样我们才能建设精良的、坚固的掩体。将一百名波兰男人——一些真正的性高手——和两百名女人关在那个掩体中，这样我们就能再造波兰民族。将一些钱用于这些事吧。"当然，雅鲁泽尔斯基听完十分生气，反驳道："你到底在讲些什么？"
>
> 我们要现实地看待这些事情。我们知道将会发生什么，面对的威胁是什么。我们也意识到核战争对波兰意味着什么。那么，我们在一切发生之后是不会继续生存的。无论是美国人还是俄国人都不会对此感到后悔和遗憾。我们本应该——我不知道——准备好一些东西。真的，应该备好一个坚固的掩体，以此我们才能够最终重造波兰民族。[23]

雅鲁泽尔斯基为什么对塔德乌什感到生气，我们并不清楚。可能对他而言，这关乎品位和体面；或者可能他认为塔德乌什表现得轻率无礼了。

雅鲁泽尔斯基相信，地理因素和军事权力的绝对分布让波兰领导人与"大俄罗斯"达成谅解变成明智之举。与莫斯科对抗无异于国家的自我终结。在成为党的总书记之后，他直白地对密特朗总统说："我要么谴责我的人民寄于苏联篱下，要么尝试着从这种境况中得到我所能得到的东西。你在西方愿意为了波兰的利益而开战吗？不会的。那么，除了我现在走的路，再无其他选择。"[24]

陆军上校理夏德·库克林斯基（Ryszard Kukliński）对这一问题提出了不同的看法。作为一名波兰爱国者，库克林斯基为美国中央情报局效劳，他看到了当美苏之间发生军事冲突时，华约预计实施的战争计划。在性格方面，他是热情洋溢、无拘无束的，但是在理性方面，他是冷静客观的。考虑到无论在这场冲突中会发生什么，波兰必然会遭遇美国核导弹的轰炸这一事实，他只感觉到恐惧和震惊。作为一名高级指挥官，他深谙华约的战略假设。他知道并痛恨波兰甚至不能左右自己是否要走向战争的最初决定。苏联垄断了所有的重大决策。库克林斯基冷静地得出结论，让美国人知道他所了解的苏联进攻性计划是对他的祖国最大的帮助。他推断，美国如果在预测苏联行动方面拥有领导权，它将采取预防性措施来避免战争的爆发——波兰也将免于核毁灭的命运。

/ 030

苏联高级指挥部在军队是否真的能够在遭到核辐射污染的领土上前进以获得实际优势这一问题上存在意见分歧。根据维塔利·齐吉奇科的说法，只有极少数性情急躁的人认为这是完全可以实现的。[25] 然而，华约的基本假设是它的地面力量一天可以挺进 60 公里。显然，前 30 天将实施一种计划——下一个 30 天又将实施另一种计划。[26]

不论是华约国家还是北约成员，都不得不在预测战争时思考一些无法接受的情况。西德指挥官们从英国驻（联邦德国）莱茵军队总司令和北约北方军团指挥官奈杰尔·巴格诺尔（Nigel Bagnall）将军那里了解到一项计划——预防性摧毁西德的一座作为通信中心的边境城镇。当时的中欧盟军总司令夏卢帕问了巴格诺尔一个问题：如果要在纽卡斯尔和卡莱尔之间的区域进行这样的战斗，他会作何感想？[27] 西德人对于保全他们的全部国土免遭毁灭的偏向，是可以理解的。最终，各方达成了一致意见，实施"前沿防御计划"（forward defence planning）。存放北约军队补给物资的仓库位于与华约成员国接壤的边境地区，这样的安排就向西德保证：它的盟友并没有将其视为可牺牲之物。[28] 美国人和西欧人，除了法国人，都坚决遵守着北约的军事安排。当然，也有一些国家做出了怪异的行为。荷兰人希望每周的五个工作日打仗，周末时让他们的部队回家。其他的北约成员国则祈祷华约不要总是盯着日历看。[29]

美国国防部副部长弗雷德·伊克尔（Fred Ikle）并不是美国政府内部唯一担心北约联盟内部存在利益冲突的官员。他自己设想了一个情景：美国人认为需要对苏联发动先发制人的攻击，但是西欧人极力阻挠。毫无疑问，英国、法国和西德能够预测到，苏联的反击报复将导致它们的完全毁灭。这种预测反过来就将西欧置于"核讹诈"的威胁之中。[30]

1982 年，马克斯·普朗克研究所的保罗·J. 克鲁岑（Paul J. Crutzen）和科罗拉多大学的约翰·W. 伯克斯（John W.

Birks）在瑞典科学院的《人类环境杂志》（Ambio）上发表了一篇关于核爆炸大火对地球的潜在后果的文章，进而引发了一场针对第三次世界大战的全球物理影响的大争论。他们以一场涉及14700枚弹头和5700兆吨级爆炸威力的军事冲突为辩论出发点。他们认为大多数拥有10万人口以上的城市都将受到攻击。根据他们的分析，大约有7.5亿人口将在顷刻之间丧命于爆炸之中。[31]然而，他们的文章的主要关注点在于仅由烟雾、爆炸之后的灰烬和烟灰就能引发的全世界灾难。日光将被大幅度地遮蔽掉。各种动植物的生命将受到威胁。[32]这一假说马上就被美国的科学家们采纳，一些科学家赞同他们的论证，并于1983年10月31日在华盛顿举行了研讨会。卡尔·萨根（Carl Sagan）博士在1983年至1984年冬天，在《外交事务》（Foreign Affairs）杂志上发表了《核战争与气候灾难》（Nuclear War and Climatic Catastrophe）一文。他认为任何动用核武器的战争冲突都将造成整个地球的环境灾难。即使战争过程中仅发生几次核爆炸，最终结果也不会有丝毫改变。萨根质疑道，如果里根真心渴望和平，那么他拨给国防部的财政支持为什么比给军备控制和裁军署的资金高出1万多倍。[33]

当爱德华·泰勒（Edward Teller）鄙夷地讽刺他是不知自己口出何言的"政治鼓吹者"时，萨根写了一封信，谴责泰勒本人笔下关于"核冬天"是核导弹战争的唯一可能后果的观点，并反对泰勒发起针对其个人的论战。[34]

对于苏联领导人和政治宣传者而言，萨根的文章简直是上天的恩赐。早在1980年3月，一份来自654位美国科学家的请愿就被送到了卡特总统和勃列日涅夫的手中，标题为"危险——核战争"，呼吁国家领导人禁止使用所有核武器。这份呼吁得到

/ 032

了勃列日涅夫的注意，他代表政治局表达了赞许。他称赞所有签署人"人道而高尚的行为"——《真理报》还注意到西方新闻机构在报道这一新闻时均持建设性的态度。[35] 萨根为他们的立场提供了学术基础。萨根本人与莫斯科的科学家们保持着良好的关系，比如叶夫根尼·韦利霍夫（Yevgeni Velikhov）——他对韦利霍夫及其同事在试验和证实这一假说上所付出的努力表示感谢。萨根单纯天真又充满热情，在指出韦利霍夫正进行此类试验之前，对苏联的情况可以说是一无所知。苏联卫生部部长叶夫根尼·恰佐夫（Yevgeni Chazov）的小册子《核战争：医学和生物学后果》（*Nuclear War: The Medical and Biological Consequences*）也远不及韦利霍夫的研究直观明了。恰佐夫严重依赖西方的数据，基本没有提供苏联的实验数据。[36]

韦利霍夫继续主张将核能用于民用生产益处良多，但是私下里他对此有着深深的顾虑，后来他对外交部副部长阿纳托利·阿达米申说，如果对核能的发现能推迟到下一个百年，世界将成为更安全的居住之地。没有哪一个国家对核能的发现和使用是做好准备了的，尤其是苏联。韦利霍夫回忆，当第一座核电站在奥布宁斯克（Obninsk）建成时，附近的集体农庄仍在用木犁耕地；并且他认为苏联计算机产业的发展状况也令人担忧。[37] 这样的观点是绝不允许出现在大众媒体上的。党的领导人坚持让公众和媒体接受以下说法：苏联在外交和安全政策上只追求和平目的，在民用核电站的开发和使用上执行示范性安全标准。然而，现实却总是不尽如人意。1979 年，仍是克格勃主席的尤里·安德罗波夫（Yuri Andropov）就汇报说，在乌克兰中部的切尔诺贝利建设一系列核反应器时，并没有采取关键的防护措施以应不测。[38] 能源部也承认事情的进展并不尽如人意，但是它向政治局保证，现场检查已经解决了所有困难。[39]毫无疑问，韦利霍夫一直将军事和工业危险记在心里。他担心这个国家的领导人不能恰当地监督和管理使用核能的巨大权力；有许多人与韦利霍夫有着相同的担忧，而且和他一样，被禁止以书面形式表达出来。

1981年，来自罗马教宗的一份报告被送到里根手中，它意在表明不论在一场核大战中会发生什么，救治设施对于届时大规模的伤员而言简直是杯水车薪。[40]总统对此深有共鸣：梵蒂冈的表述重点与他自己要不计任何代价避免核大战的想法不谋而合。在与枢机主教卡萨罗利（Casaroli）会面时，里根强调自己对核战争的痛恨。[41]但困难在于他无法让全世界的人相信他是真心诚意的，很多人仍然将他视为战争贩子。

/ 第三章　里根支持者

每一位由里根任命的政府官员都希望避免对苏联做出不恰当的让步。他们对遏制政策不以为意。他们赞同总统对缓和与苏关系持蔑视的态度，支持他要在军备竞赛中赶超苏联的决心。这些里根支持者——有时他们会被这样称呼——期望美国呈现出一种崭新的面貌，全方位地挑战苏联的领导权。里根政府的官员都认为，只有当美国军事实力取得绝对优势之时，莫斯科才会与华盛顿达成相互可以接受的协议。这一观点成了白宫的信条之一，并不断地被总统及其属下官员提及。因此，在里根宣布希望避免世界大战爆发、废弃所有核武器时，克里姆林宫仍然选择持怀疑态度也就不足为奇了。事实是，每一位里根支持者都相信，自1945年以来，原子弹的恐怖性对于维护和平是有帮助的。假如核武器被禁止使用，全球性的不安全感就会立即出现，并将很快导致世界大战的爆发。美国军备控制官员无疑对里根消除全部核武器的目标兴趣寥寥。在里根成功连任之前，国务卿乔治·舒尔茨甚至没有听到任何一位白宫官员谈论过这一话题。[1]

苏联领导人根据个人威胁、行为及其提拔的高官来判断这位美国总统。里根在竞选总统期间对苏联大加批判，难怪政治局不再将他视为和平使者了。

1976年，就在他与民主党竞争者吉米·卡特展开角逐之前，时任总统杰拉德·福特已经批准了审查美国的对苏政策。他和当时的中央情报局局长乔治·布什（George Bush）采取了一种不同寻常的审查方式，他们要求提交两份立场对立的报告：一份由A组完成，另一份由B组完成。A组成员包括中央情报局的专家和赞同他们的分析的人士，B组则由哈佛大学俄罗斯史教授理查德·派普斯领衔，挑战中央情报局关于苏联经济的衰落让莫斯科无法与美国在军事实力上相匹敌的假设。[2] 派普斯本人认为努力与克里姆林宫里的高级官员取得对话是不值当的。在他看来，任何限制战略性武器的条约只会让勃列日涅夫及其政治局推迟末日危机的到来。美国政策应该以"苏联政权的本性"为中心。除非苏联领导人开始进行激进的内部权力制度改革，否则美国不可能在国际关系方面与苏联取得任何成果。派普斯警告说，苏联领导人可能会决定与其放弃共产主义，不如与美国大战一场。因此，改革不会成为苏联的必然之选。B 组的论证让里根印象深刻，因而他将派普斯纳入国家安全委员会，负责苏联和东欧事务。派普斯很不愿意失去他在哈佛大学的终身教职，所以只答应在里根总统任期的前两年为政府效劳。[3] 总统国家安全事务助理理查德·艾伦欣赏他的好战倾向，接受了他所提的所有任职条件。[4]

入主白宫之后，里根一直依靠着坚决反对在军备对话中对苏联做出不明智让步的群体的支持。其中组织最完善的要数"应对当前危机委员会"，它的主要人物有惠普公司的戴维·帕卡德（David Packard）、美国劳工联合会和产业工会联合会的莱恩·柯克兰（Lane Kirkland），还有一位正是里根的国家安全事务助理理查德·艾伦。他们强调他们眼中的美国与苏联之间的军事失衡，声称美国正受到克里姆林宫的愚弄。还有许多组织与应对当前危机委员会的地位和作用相仿，比如麦迪逊集团和美国传统基金会。里根任命的政府官员很大一部分是来自这些群体组织，并且没有人对共产主义心慈手软。只有一次，美国在日内瓦军备谈判中的首席谈判代表保罗·尼采（Paul Nitze），透露出美国人民希望与苏联人民"和平共存"的想法。这对于《华尔街日报》保守派评论员欧文·克里斯托（Irving Kristol）而言太难以接受了，他质问里根政府内部到底发生了什么。[5]

里根任命的官员中最有名的当属亚历山大·黑格（Alexander Haig）。尽管卡斯帕·温伯格、威廉·凯西和乔治·舒尔茨均在考虑的范围之内，但最终是黑格登上了国务卿之位。黑格曾任尼克松总统的白宫办公厅主任，后来又被任命去统领北约军队。[6]与其他几位高级官员不同的是，黑格在与苏联打交道时慎之又慎。其敏锐的才智在众多国际和国内问题的处理上得到了充分体现。健壮的体魄加上军人雷厉风行的行事风格，让他在每一个职位上都表现得如军事指挥官一般。

里根没过多久就发现黑格难以掌控。他欣赏黑格在分析复杂的国际环境方面的卓越能力，并且黑格在私下里也赞成缓和与苏关系，然而他的华丽言辞却常常有悖于这一倾向。他坚决反对苏联，并让莫斯科认识到：苏联在安哥拉、埃塞俄比亚、柬埔寨、阿富汗、古巴和利比亚的所作所为阻断了任何与华盛顿改善关系的可能性。[7]此外，他专横傲慢的坏脾气也减损了其在国务院的办公效力。黑格无法与任何白宫官员和谐相处让里根困扰不已，他经常性的长篇大论、愤怒声讨也让里根感觉他似乎是一个"妄想偏执狂"。[8]黑格暗中想要掌控所有的外交政策。他低估了外表迷人但内心强大的里根。当黑格拒绝了他的想法时，这位总统会斩钉截铁地告诉他："我们并不打算改用其他方法。"然后便匆匆命令黑格："你只要去做就行了。"[9]

在里根因一次未遂的暗杀行动住院疗养期间，黑格的不当行为让政府内部的紧张关系达到顶点。一听闻暗杀的消息，黑格就鲁莽而无礼地宣称由他掌管全局。他想要美国人民知道仍有一只强壮的大手在把持着权力杠杆；他在全国电视媒体上发表演说，并宣布："这里由我主宰。"政府里的其他人认为这是疯狂、渴求权力的表现。里根已经慢慢恢复了健康，对黑格的言行也持相同的看法。下属们建议他将黑格解职，以免造成更多的损害。然而，对总统而言，这并非轻而易举之事。他不喜欢发生个人冲突。但他不再对黑格表现得太过热情，而这就足以挫伤这位国务卿的自尊心。1982 年 6 月 5 日，黑格辞职。里根对此刻薄地回应道："其实唯一的分歧就在于到底是我制定政策，还是国务卿制定政策。"[10]

经历了与黑格的冲突，里根在任命国务卿的继任者时变得小心谨慎。他最终选择了曾在理查德·尼克松时期担任财政部部长的乔治·舒尔茨。舒尔茨接受了任命邀请。他的朋友亨利·基辛格对这一人事安排颇为不满："乔治对外交政策丝毫不了解，一丁点儿的外交知识也没有；更糟糕的是，他对外交毫无感觉。"[11]但与黑格不同的是，舒尔茨知道那个制定政策的人就是美国总统。这位新国务卿可能有些粗鲁和直率，这种行事方式掩盖了一个事实：他曾是一位在芝加哥大学研究生院教授经济学的有思想的知识分子，在商业和政府事务上，都堪称专家。舒尔茨在政府里喜欢用问"我是否可以在芝加哥大学的研讨课上成功为它辩护"的方式来检验其政策的可行性。[12]他是一位出色的公务员；与那些随里根蜂拥至首都的加利福尼亚人相比较，他更了解华盛顿的权力生态。作为一名曾亲历二战的前美国海军陆战队队员，舒尔茨意志坚强、态度坚决。此时的他已经具备了承受国务卿一职工作压力的能力。此外，他还具备另一项亨利·基辛格和亚历山大·黑格都不具有的优势，那就是他并没有过度在意国务卿的头衔，在他看来，离开国务院并不见得是多么糟糕的事情。他坚持着自己的价值理念，也十分清楚自己的价值在哪里、是什么，而这种价值往往与大多数总统的目标是相契合的。

/ 037

在里根政府里，舒尔茨几乎是唯一具有与苏联领导人谈判经验的官员，作为尼克松总统的财政部部长，他曾在1973年到莫斯科与苏方讨论金融问题。[13]他对依靠自己的能力抓住时机、努力实现总统所阐述的目标感到信心十足。在世界政治和全球经济方面，他拥有广阔的思维视角，而且有米尔顿·弗里德曼（Milton Friedman）这样一位朋友兼顾问。[14]弗里德曼尽量避免谈论冷战，但从经济的角度看，他认为一味地纵容苏联是没有意义的：他告诉舒尔茨，世界性的大银行，尤其以西德境内的为代表，因为放款给低效的苏联经济而使世界的"资本总库"日益减少。全球范围内的资本量是有限的，而且正在被苏联浪费掉。[15]舒尔茨认同弗里德曼对全球经济及其当前扩张前景的担忧。[16]

舒尔茨同样知道，在里根政府内部维持一定程度的外交政策共识是不可缺少的。黑格领导下的国务院就好像一个充满了易燃气体的房间：没有人知道下一次爆炸会是什么时候。鉴于此，这位新国务卿设立了一个星期日定期团体，讨论当下商业问题；他还邀请了副总统乔治·布什、司法部部长埃德·米斯，以及国家安全委员会、国防部和中央情报局的领导。[17]他每周与温伯格共进一次早餐，此时里根已经任命温伯格为他的国防部部长。[18]此外，舒尔茨对与布什打交道也没有感觉到任何困难。里根之所以选择布什为1980年的副总统竞选伙伴，是因为他在共和党内部政治中处于中间位置。布什赞同关于开放与苏联对话的提议。然而，其他政府官员并不这样认为，舒尔茨知道自己需要战胜他们的抵制，消除分歧。他也同样清楚地认识到像温伯格这样的官员是不会轻易让步的。他曾和温伯格在旧金山的贝克特尔公司共事，但相处得并不融洽。在舒尔茨看来，温伯格在商业上不知变通；温伯格则认为舒尔茨太容易对争强好胜的投诉者做出妥协。[19]

尽管温伯格对消除核武器没什么兴趣，但里根对这位国防部部长仍然十分信任。[20] 他们自里根初登加利福尼亚州政治舞台以来就一直是朋友关系，温伯格知道什么想法对这位总统最有吸引力。同时，他也会谨慎避免在总统的闲暇时间不适当地打扰他。温伯格希望苏联领导人明白一位真正的勇士正在指引着美国国防部。他的确曾于二战期间在军队中服役，但在尼克松和福特总统时期，他的政府工作经验一直局限于民政部门，先是管理与预算办公室主任，之后又担任卫生、教育与福利部部长。温伯格身材矮小、穿着整洁干练，虽然行事谦恭有礼，但脾气暴躁、缺乏幽默感。[21] 他不知道如何去争取那些并不认同他的人的支持。他可以在电视台晚间新闻的采访中表现得温文尔雅，却对记者招待会上那些令人烦恼的提问手足无措。[22] 媒体专家视他为战争贩子，对他有些反感。在《纽约时报》的一次采访中，他试图纠正这一印象："我们没有计划发动任何战争，除非战争本身就是可以被规避的。我们计划的是去阻止战争……我们并不认为核战争是有胜算的。"[23]

实现美国的绝对军事优势是温伯格的目标，在他看来，这可能需要十年时间。美国军事力量需要完成现代化。温伯格曾以夸张的口吻说道："在我离开加利福尼亚的时候……我期待着在华盛顿发现一些问题。但是坦率地讲，我惊讶地发现事实上情况十分糟糕。国防部提醒美国国防事业已经被忽视太长时间了。"[24] 他计划要停止美国武装力量所造成的财政浪费，并满怀热情地着手开展节约成本的演练。在努力达成这一目标的同时，温伯格也在强调自己决心要让美国的进攻能力赶上苏联。[25] 基于这一点，他极力争取提高国防部的年度预算。对此举动，即使是参议院军事委员会中的共和党人，也议论纷纷，弗吉尼亚州参议员约翰·

W.沃纳在 1985 年成了温伯格这一诉求的主要反对者。[26] 在里根第一届总统任期及之后的时间里，人们日渐担忧军费开支可能就像把钱倒进了下水道里。[27]

国防部长助理是理查德·珀尔（Richard Perle）。后来，亨利·基辛格说他是"一个害人的狗娘养的"。[28] 苏联外交官泰穆拉兹·斯捷潘诺夫－马马拉泽则认为他长得像"一个梯弗里斯－亚美尼亚人"。作为半个格鲁吉亚人，这算不上一种赞美。梯弗里斯（Tiflis）是俄国人在前革命时期对第比利斯（Tbilisi）的旧称，在那个久远的年代里，格鲁吉亚的这座首都一直在经济上受制于大的亚美尼亚商人阶级。格鲁吉亚人与亚美尼亚人之间的关系极度恶化，以至于在 20 世纪 20 年代，格鲁吉亚共产党领导人实施了种族大清洗。[29] 珀尔拥有几近出世般的平静，从来不会为了满足自己的意愿而对他人大吼大叫。[30] 但是，他凶猛的反苏主义让他在美国自由主义者中间得到了"黑暗王子"（Prince of Darkness）的绰号。珀尔对此却毫不在意，甚至他可能还喜欢这个名字。

不论是温伯格还是珀尔，都不愿花时间去理会任何希望缓和与苏联政治局之间紧张关系的人。温伯格对国防部前任部长罗伯特·麦克纳马拉（Robert McNamara）怒不可遏，因为他正要求确立新的战争理念。麦克纳马拉及其友人认为需要放弃"首先使用"（first use）核武器来对抗苏联的原则，甚至也要放弃所谓的"匆忙第二次使用"（hasty second use）原则。温伯格不认为这样的政策能够加强国家安全；他推断如果苏联制造事端，却不必面临遭受快速而全面报复的风险，那么它的行为是不会发生任何改观的。里根总统认为，北约国家的冻结核武器运动正在被设法削弱美国的人操纵，温伯格也持一样的看法。在他眼中，美国的军备控制专家本身就是一个问题：延长谈判符合他们的利益；如果美国和苏联成功签订一份决定性合约，那么他们就可能面临失业的风险。所谓当局者迷，他们在谈判中可能都没有意识到自身存在这种偏向。[31] 温伯格希望苏联领导人明白，如果他们挑起了战争，美国将战斗到彻底打败敌人为止。这表明国防部已经有了专门针对持久战的应急计划。[32]

/ 040

每当有人提到把先进技术卖给苏联时，温伯格都会害怕得汗毛竖起。在一次国家安全会议上，他将关于北约国家的不安全感的讨论搁置一边：

> 我们必须考虑我们盟友的立场，但是我们也必须思考我们是否想要援助苏联，我们绝对不能抱着即便我们不卖给他们别人也会卖的态度。这种情况在某些时候是真实存在的，但是我们的政策应该是限制性的。几乎所有的东西都会对提高苏联的军事力量和经济实力有所帮助。我们知道他们只有在成为世界的主宰时才会心满意足，因此我们一味让步是无法让他们满足的。[33]

当商务部部长波多里奇（Baldrige）发言支持对外出口在美国零售店里可以自由买到的一切商品时，中央情报局局长凯西加入温伯格的阵营："通过出口苏联人所需要的物品来达到帮助苏联的目的，是错误的。"他提醒所有人注意，在二战爆发之前不久，美国还在向日本出售废铁。[34]

与温伯格的立场一致，凯西相信与苏联谈判不会得到任何好处。在他看来，美国应将克里姆林宫置于美国的直接压力之下。里根总统的任期一开始，凯西就被任命为中央情报局局长，他算得上情报界的老手了。二战期间，他在"狂野比尔"·多诺万（"Wild Bill" Donovan）领导下的战略情报局服役，后来成为其欧洲秘密情报分支机构的领导人。在战后岁月里，凯西则扮演了难以驯服的冷战斗士的角色。他坚信克里姆林宫是世界上最肥沃的培育魔鬼之地，天主教信仰更是坚定了他遏制无神论共产主义扩张的决心。作为一名法学研究生，他在为大公司工作期间就活跃于共和党内部。尼克松总统任命他为证券交易委员会主席，自 1971 年起开始担任。凯西一直希望出现一位能够与苏联对抗的总统；他对与苏关系缓和究竟能带来多少好处有着深深的疑虑。在里根总统身上，他相信找到了自己希望看到的东西，于是在 1980 年他成了里根的总统竞选经理人。在他看来，苏联的领导阶层就是全球革命阴谋的中心，策划了大多数针对美国及其盟友的恐怖主义暴行。他希望将中央情报局转变为一个有能力摧毁莫斯科的组织。[35]他总是及时向里根汇报他为"重振情报事业"所做出的努力，并推荐他所信赖的人员。[36]

  并不是所有的北约官员都用与温伯格和凯西一样的眼光去看待与苏联的交流与贸易。温伯格和凯西对正在建设的、从西伯利亚通往西德的油气管道也采取了一样的反对态度，他们都忽视了黑格关于美国的西欧盟友不会拒绝商业交易的观点。黑格这样总结说：

> 我们取消了粮食禁运，就相当于取消了对四分之三的美苏贸易的控制。我们自身正在放松管控，却对盟国施加压力，这是相互矛盾的。[37]

温伯格坚决不退让：

我们非常明确地赞成终止修建油气管道。领导人不会把我们盟友的意见都叠加起来，然后得出结论说你被多数人的意见打败了。你决定需要什么，然后就去做。欧洲人应该清楚这一点。你决定需要什么，然后就去做。[38]

1981 年 7 月 9 日的这次会议无果而终。[39]

凯西还暗示总统因为取消粮食禁运而错失了一次良机：

由美国、加拿大、澳大利亚和阿根廷组成的垄断联盟将控制全世界78%的小麦贸易、87%的玉米贸易和90%的大豆贸易。相较而言，13个石油输出国组织（OPEC）成员也仅仅控制了全世界71%的石油交易。按照当前价格，用大约200亿美元——不及国防预算的1/10——美国可以在世界市场上购买到大量谷物。而采取措施让美国和阿根廷的农民免受禁止向苏联出口谷物政策的不利影响，也只需花费这200亿美元中的一小部分。的确，这将是十分强有力的手段，但也是不能草率尝试的非常之举。除非用于某一十分明确而重要的目的，否则它的合理性将不会得到世界舆论的肯定。[40]

尽管里根拒绝了这个主意，但他很明显在任由凯西充当国家安全委员会里"有团队精神之人"（team player）——一个多少有些古怪的词组，用来描述那种一觉得船偏离了正确方向就要制造些风浪的人。[41]

被任命为美国军备控制和裁军署署长的尤金·罗斯托（Eugene Rostow）同样对与苏联领导阶层取得进展持有悲观的

态度。作为一名耶鲁大学法学教授和民主党执政时期的资深官员，罗斯托是一名有天赋的辩论者；另外，他曾告诉阿纳托利·多勃雷宁，除非苏联允许美国人监督执行情况，否则美国政府将不会签署任何条约。他强调说，美国人掌握了关于苏联违背其国际承诺的大量资料，其中包括苏联发展生物武器的计划。[42] 罗斯托领导了日内瓦武器谈判；陆军中将埃德·罗尼（Ed Rowny）代表美国参谋长联席会议出席谈判会议，他曾在卡特执政时期宁愿辞去职务，也不愿意在《第二阶段限制战略武器条约》上签字。[43]

根据温伯格的说法，白宫里真正的里根支持者是非常少的。除了他本人，他点名的还有埃德·米斯、珍妮·柯派翠克（Jeane Kirkpatrick）、比尔·凯西（Bill Casey）、威廉·克拉克（William Clark）、理查德·艾伦和乔治·舒尔茨。引人注意的是，他将自己的对手舒尔茨也列进名单中。温伯格称，舒尔茨上任后就令人不悦地准备好恪守国务院里的"成规旧矩"（the received wisdom）。尽管在温伯格眼中是如此，但舒尔茨最终转到了里根的外交政策立场上。晚年时，温伯格承认在60%~70%的公共事务上他和舒尔茨的立场都是一致的；另外，他还坦承，对任何人而言，国务院里的专业人员都是难以管理的。他对舒尔茨在战略防御计划（Strategic Defense Initiative，又称星球大战计划）中所给予的长期支持也表示了认同。[44] 不可否认，美国政府内部存在深刻的政策分歧，但是在对抗和挑战苏联的事情上，大家的意见是一致的。里根支持者上任时意图是明确的，即丢弃仅仅同苏联缓和的想法。之前的吉米·卡特时期，美国外交已经沿着这样的方向前进了很长一段路，里根的官员们则决心要更进一步。他们准备对苏联发起对抗和挑战。

里根及其官员们并没有形成一种非常明确、清晰的颠覆莫斯科或者瓦解苏联的观念。[1] 他们知道苏联的领导人们是世界上一种可怕而强大的力量。珍妮·柯派翠克回忆说，里根希望的是"把他们耗到死"。[2] 这的确是他的主要目标之一，而且中央情报局的报告也表明已经取得了一些成果。报告还时常强调克里姆林宫因对别国所做的承诺而导致自己的财政预算不断吃紧。此时，除了古巴、越南和各非洲附庸国，阿富汗和波兰成了苏联财政的新负担。[3]

在其总统任期的头两年中，里根有两次演讲得到了全世界的关注。1981年3月8日，在奥兰多的全美福音派协会上，他谴责苏联是一个"邪恶帝国"。[4] 他解释说：

> 在作为总统的第一次记者招待会上，我在回答一个直率的问题时指出，作为良善的马克思列宁主义者，苏联领导人已经开诚布公地宣布他们所认可的唯一美德就是向前推进他们的事业，也就是世界革命。我想应该说明的是，我在这里只是引用他们的精神导师列宁的话，他在1920年说过，他们拒绝一切源于超自然观念的道德——这是他们给宗教下的定义——或者与阶级学说无关的理念。道德完全服务于阶级斗争的需要。一个东西是否道德，取决于它是否为消灭旧的、剥削的社会秩序和团结无产阶级的事业所必需。
>
> 是的，我认为众多有影响力之人拒绝接受苏联主义的这个基本观点。我们在20世纪30年代目睹了这种抗拒。今天这种抗拒依然到处可见。[5]

他再次呼吁削减50%的战略核导弹，以及消除全部的中程武器。[6]

各国媒体忽略了演讲中思想上和神学上的内容。它们更愿意突出美国总统反共产主义的军事意味，里根的反对者则感到他们最恐惧的事情已经被证实了。在入主白宫之前，里根就激烈地抨击过苏联。在奥兰多的这篇演讲正是他多年言论的一个缩影。

1983年3月23日，经过了两个星期的争论之后，里根向全国民众发表了电视讲话，介绍了他的新项目外太空反导防御系统——也就是战略防御计划——将让美国人有能力击落进攻性导弹。温伯格仅在几天之前才将它告知北约各成员国的国防部部长们。[7]里根没有给自己的行政官员们留下多少讨论的时间，或许他感觉他们会反对这个计划。当总统国家安全事务副助理罗伯特·麦克法兰（Robert McFarlane）听说总统的相关想法时，他告诫自己的上司威廉·克拉克："你必须去阻止他。他还不能发表演讲。这个计划甚至还没有被审议。"[8]舒尔茨仍然对此犹豫不决，即使已经听了这个项目的带头人亚伯拉罕森将军（General Abrahamson）的简单汇报。这位国务卿总结说："我要么是被骗了，要么就是它一无是处！"[9]里根是在与"整个美国防御智力体系"作对。[10]然而，尽管如此，他还是坚持自己的想法，而且将它置于其外交政策的核心位置。他坚称在让美国变得坚不可摧的同时，他一直怀抱着实现和平的目的。这个防御计划旨在确保在苏联用核导弹挑起战争的情况下，美国人有能力在核导弹造成任何破坏之前拦截并摧毁它们。

虽然里根强调自己的防御性意图，但他从来没有抹去人们的疑虑：这个项目将使美国获得技术优势，因而证明里根正在启动又一轮的军备竞赛。在外太空建立武器系统的主意让人们想起乔治·卢卡斯自 1977 年以来执导的"星球大战"系列电影，其主要讲述发生在外太空的善恶较量，影片中出现的武器包括激光棒。里根的战略防御计划随后迅速地以"星球大战计划"的叫法进入公共舆论之中。

一从惊讶不解中恢复过来，美国主要的政府官员就转而去发现战略防御计划的迷人之处。安德罗波夫和他的政治局立刻谴责了美国的军国主义行径；他们斥责这一计划将让军备竞赛走向更高阶段。毫无疑问，里根的演讲激怒了他们，而且也没有里根支持者对他们的不安表示遗憾。温伯格喜欢这个防御计划，但仅仅是因为——正如他向其下属吐露的那样——它将增加苏联的经济压力，把美国变成"一座核避难所"。他主张在推进战略防御计划的同时，继续加强美国的战略进攻性能力。[11] 爱德华·泰勒是激发里根宣布开始实施这一研究计划的主要科学家之一，他知道怎样去捕获总统的想象力。他一直在进行游说；1983 年 7 月 23 日，他写信给里根说，苏联可能已经在这一领域处于领先位置，因此美国需要采取紧急行动。[12] 里根并不需要被劝服。这个防御计划给了他希望，让他感到他可以保护自己的国家免遭核弹道导弹的侵袭。而让克里姆林宫陷入困境的事实则完全是一个让人满意的额外收获。

在面对美国军备施压的同时，苏联在阿富汗深陷战争泥潭。美国政府部署向反共产主义力量——"圣战者"（the mujahidin）——运送军事物资，这一组织的大部分成员是为伊斯兰教、国家主权和驱逐外国异教徒而斗争的超传统主义的非正规军。美国人忽视了宗教极端主义运动所具备的长期的国际危害性。他们的主导思想就是要为苏联的敌人提供援助。"圣战者"则是为了将他们的国家从受苏联军队支持的共产主义政权中解放出来。他们雄心勃勃、意志坚定，但武器匮乏。里根希望助他们一臂之力，并谨慎地决定隐蔽地进行支援活动。早在1981年，他就策划借助在加拿大注册的一家民用货物运输公司，经阿曼到达目的地巴基斯坦，并在伊斯兰堡获得总统齐亚·哈克（Zia-ul-Haq）的许可，让20架小型赛斯纳飞机入境并定期从巴基斯坦飞往阿富汗。"圣战者"对武器的需求一直不减。[13] 温伯格于是亲自前往伊斯兰堡看看战争到底进行得如何。1983年10月，他与巴基斯坦开伯尔普赫图赫瓦省（原名西北边境省）省长法兹勒·哈克（Fazl-e-Haq）见面，一同讨论了阿富汗难民的大规模流入问题。[14]

在外界看来，苏联领导层对待阿富汗一直非常冷静沉着。但是即使在苏联外交部内部，在葛罗米柯的"铁棒"之下，反对者们也一直在表达着自己的不满。外交官阿纳托利·科瓦廖夫（Anatoli Kovalëv）拒绝接管近东和中东事务，因为他不想让自己涉入阿富汗纷乱。当葛罗米柯劝说到美国人正专注于在阿富汗建立军事基地时，科瓦廖夫依然不改初衷。[15] 科瓦廖夫保住了官位，但对于其他对当权者说真话的官员而言，这并不总是容易的事情。军方情报机构格鲁乌的专家们起草了一份报告，指出前方的一些重大问题。苏联似乎正在重蹈英国在19世纪的覆辙。格鲁乌的领导却从政治局领受了一顿训斥，他对自己的手下说："你们这群家伙给我惹了麻烦！"[16] 然而，事实上，葛罗米柯本人不久后就对进军阿富汗感到后悔了。1982年，东方研究所（Oriental Studies Institute）所长叶夫根尼·普里马科夫（Yevgeni Primakov）在莫斯科给外交部的官员们做了一次报告，表示期待让阿富汗成功发生"革命性改变"是徒劳的。出乎所有人意料的是，葛罗米柯居然对普里马科夫的批评表示了赞同。[17]

1983 年 8 月 18 日，安德罗波夫在莫斯科为迎接到访的美国参议员们举办的招待会上说，如果美国继续推进战略防御计划，他将重启苏联的反卫星武器试验。[18]他在向美国发起挑战，与此同时，他知道苏联专家们对美国取得成功在科学上的可能性持怀疑态度，也明白每个人都可以看到苏联财政将承担"天文数额的开销"。[19]里根丢掉了卡特的拘谨，开始充分利用中国这张牌。1981 年 7 月，五角大楼宣布美国愿意考虑中国购买先进武器的要求，但要具体情况具体分析地逐一做出决定。[20]美国公司渴望在不用担心技术转移的情况下建立合资企业。里根政府则表达了在以和平为目的发展中国核能方面的合作意愿，以期用中国的崛起来帮助美国制约苏联。国务院想见的是中国人在全世界扩展他们的影响力，盘算着如果中国介入非洲，那么苏联就不能那么轻易地制造事端。[21]美国人将中国视为在东南亚抵御苏联影响的壁垒；他们也欣赏北京有将苏联几十个师束缚在中苏延绵的边境线上的能力。[22]因而，美国政府对向中国出售先进军事技术并没有多少担忧——官员们都确信中国人永远不会将秘密告诉他们的"敌人"——苏联和华约。1983 年 6 月，里根正式承认中华人民共和国是一个"友好的、非同盟的国家"，并致力于进一步放松针对中国商业的贸易限制。[23]

/ 047

与此同时，里根及其下属们在努力阻止将任何有潜在的军事用途的设备卖给苏联。美国和它的盟国自 1949 年以来，就已经通过多边出口统筹委员会（Coordinating Committee for Export Controls，简称 CoCom，又称巴黎统筹委员会）运行着一种贸易禁运体制。用先进技术制造的货物会被定期监测。在 1975 年所谓的"杰克逊—瓦尼克修正案"（Jackson-

Vanik amendment）经由福特总统签署成为法律后，美国的限制条件被进一步强化了。参议员亨利·"勺子"·杰克逊（Henry "Scoop" Jackson）和国会议员查尔斯·瓦尼克（Charles Vanik）正力图惩罚否认其居民具有自由移民权利的国家。苏联因拒绝准许犹太人离开这个国家，而成了他们的主要目标。美国公司一般而言都会遵守多边出口统筹委员会所列出的禁运产品类别清单，但在 1980 年，日本东芝集团却暗中同意把能够让潜艇在水下无声前进的螺旋桨卖给了莫斯科。这是对禁运规定的公然违背，也侵害了日本人的国防利益。不出所料，美国的政治家威胁要全面禁止东芝集团在美国进行自由贸易。[24] 美国国防部强调这一事件的破坏性影响，双方因此争吵了 24 年。即便是美国，也没有权力去强迫一家外国公司撕毁已经正式签订的合同。但是，它的盟国吸取了教训，它们明白里根领导下的白宫对违反贸易禁运规定的行为是不会心慈手软的。

然而，美国政府自身在将贸易用作遏制克里姆林宫的一种手段上是前后矛盾的。1981 年 4 月 1 日，美国取消粮食出口禁令缓解了苏联的经济困境。几周之前，受到粮食歉收的影响，苏共中央领导层颁布法令，取消了对集体农庄里私人自留地大小的限制。同样，阻止私人购买牲畜的规定也被撤销，而且国有银行将进行适当放贷。毋庸置疑，卡特的农业禁运政策对这一局面的出现发挥了作用。因此，在里根取消禁运令之时，苏联的这些法令也旋即被撤销掉了。[25]

一个由 250 位企业家组成的美国贸易代表团在 1982 年 11 月访问了莫斯科，尽管此时苏联正在举国哀悼勃列日涅夫逝世。商业联系正被建立起来——而且 40 名苏联贸易官员将于 1984 年 7 月前往纽约进行回访。这段时期正是美国的全球贸易逆差日益引发人们关注的时期。1983 年，美国贸易赤字已经达到历史最高纪录 694 亿美元，有人预测在接下来的一年，赤字会在这个基础上翻倍增长。一些大公司希望政府能够帮助它们，取消与共产主义国家的贸易限制。美国与苏联的商业活动总量从 1979 年的 45 亿美元陡跌到 1983 年的 23 亿美元。美国游说集团指出，西欧已经在把握来自莫斯科的机遇了。[26] 1983 年 7 月 28 日，美国政府准许苏联购买的美国粮食总量比上一年增加了 50%，并且把这一粮食进口总量再延长五年。国务卿舒尔茨和商务部部长波多里奇都认为，这是实现取消天然气和石油技术贸易禁令的第一步。[27]

舒尔茨和波多里奇都遵循着共和党的传统，支持贸易自由而不受意识形态纷争的影响，即使是与由极权主义政府掌权的国家进行贸易活动。温伯格一向坚决反对这种观点：他希望用除战争之外的一切手段给克里姆林宫施加压力，即便苏联的对外贸易部门请求获得美国的先进技术，美国也绝不允许将它卖给苏联。对苏联经济而言，石油和天然气是至关重要的出口物资。没有了它们，苏联财政预算将土崩瓦解。[28]

1983 年 12 月，里根驳回了温伯格的建议。[29] 近海钻探设备并没有出现在多边出口统筹委员会的禁止出口产品清单上。国务院担心美国与北约盟国之间的关系再度紧张起来，之前美国制裁帮助苏联建设西伯利亚管道的公司时就发生过这样的情况；[30] 此外，商务部还补充说，如果美国人不卖，其他国家将与苏联达成交易，那么美国就会在经济上遭受损失。与此同时，舒尔茨努力与苏联维持一种危险性较小的关系。科罗拉多州的威廉·L. 阿姆斯特朗（William L. Armstrong）领导了一群对这一形势变化不满的美国参议员，他们公开反对美国政府做出任何提高可能是在苏联古拉格集中营里生产出来的产品进口数额的尝试,并公布了 36 种被认为是由强迫性劳工生产出来的产品。当财政部部长唐纳德·T. 里甘(Donald T. Regan)说他愿意考虑劝说总统引入一项禁令时,舒尔茨和波多里奇则强调与莫斯科关系恶化的危险后果。他们解释说,苏联可能会以拒绝购买美国农场生产的农产品来报复美国。[31] 每个人都知道总统希望保住自己在中西部各农业州的选举人选票。

苏联此时正在铺设从西伯利亚到欧洲的规模庞大的石油和天然气管线,这震惊了华盛顿。密特朗看到了法国情报机构关于苏联工业谍报活动的报告。美国技术正在被大量窃取。克格勃深度渗入美国研究项目和非法购买加拿大计算机设备,都让美国感到气愤和不安。国家安全委员会决定要让苏联领导人为此付出高昂的代价。与其揭露间谍,不如将计就计,把错误的技术给他们。西伯利亚的管线被选为主要目标。因此,西伯利亚的设备一安装好,涡轮、泵和阀门中的压力就超出了正常承受范围,致使管道被炸开。这起爆炸的威力巨大,以致北美防空司令部(North American Aerospace Defense Command)一开始认为是安德罗波夫批准向秘密地点发射了核导弹。只有里根和他的少数几位官员知道到底是什么引发了这场灾难。[32] 目的一达成,中央情报局和联邦调查局就纷纷行动,逮捕了数十名确定在执行窃取技术机密任务的间谍人员。[33]

里根是不折不扣的共产主义之敌,而且有时他过度的言行更能充分暴露他的本意。一次意外事件让很多人印象深刻。1983 年 8 月 11 日,里根正准备发表他的每周电台演讲。在进行麦克风测试时,他开玩笑说:"我的美国同胞们,我很高兴地告诉你们,今天我已经签署了永远判定苏联为非法国家的法律。我们将在 5 分钟后实施轰炸。"这几句话经由当地的广播系统转播。美国媒体得知后，引发了争论。对于里根的批评者而言，这一演讲似乎将里根政府的真正目标不假思索地泄露出来。苏联政治局怒不可遏；塔斯社也发布了愤怒的新闻公告。美国国务院的官员们不得不加班加点地减轻国内和国外对总统亲口说的话的担忧。

在这一年中，美国和苏联在外交和媒体宣传上发生了冲突和碰撞。最受责骂的事件当属苏联在东西伯利亚上空击落一架韩国民用客机。这架班机误入苏联领空，这一地区的防空指挥官们以为其正在执行敌方间谍任务。269 名乘客和 KAL007 机组人员全部遇难。苏联发言人坚持间谍主张，为西伯利亚军事行动开脱罪名。接下来的日子里，世界舆论一片哗然。里根和舒尔茨谴责这一野蛮的国家行为。渐渐地，苏联改变了立场，承认了当时是由于判断失误。这并不是道歉，更多的是在表达政治上的困窘。假如当时安德罗波夫身体健康并出现在决策现场，局面可能就会有所不同。他对击落 KAL007 班机的苏联军事指挥官十分愤怒，这让他在修复与美关系方面所做出的努力付诸东流。[34] 外交部第一副部长格奥尔基·科尔尼延科（Georgi Kornienko）提前告诫过他，不要撒谎说苏联军队对这一事故不负有任何责任。科尔尼延科给住院的安德罗波夫打了电话，强调了这一点。但是安德罗波夫此时身体虚弱，无力应对这场口舌之战，而且尽管科尔尼延科被邀请进入了政治局，但乌斯季诺夫和葛罗米柯自有他们的行事方式和目的。[35]

1983 年 11 月 23 日，潘兴 -2 导弹抵达了西德，巡航导弹也进入了英国。苏联很明显在阻止部署它们的较量中失败了，对于政治局而言，失败的后果必然是严峻的，因为它将进一步提高军事预算。《真理报》谴责美国白宫开启了一场针对社会主义的

/ 050

讨伐。[36] 苏联的 SS-20 弹道导弹无法覆盖到美国本土，但是每一个欧洲国家都在它的攻击范围之内，苏联政治局没有预料到美国会坚决对此采取反制措施。如果苏联武装部队打算部署中程核导弹，美国就会在其位于西欧的各个军事基地安装巡航导弹。让西欧的国家领导人们一直担惊受怕的是，美国可能会违背此前对北约的承诺。他们害怕美国人会觉得从美国本土发射战略导弹来保卫波恩、罗马或伦敦免遭 SS-20 导弹的攻击是不值当的做法。正是基于这一担忧，这些国家才开始接纳巡航导弹和潘兴 -2 导弹。它们希望将美国牢牢绑缚在一个有效而活跃的联盟之中。科瓦廖夫告诉葛罗米柯，SS-20 导弹的引入没有带来丝毫好处，反而大大增加了苏联的不安全感。[37]

两个超级大国之间的关系从未像现在这般糟糕。安德罗波夫对里根可能的目标感到焦躁不安：他认为里根是完全疯了才会下令对苏联发动一场核闪电战。1983 年 11 月，北约举行了一次演习——神箭手 83（Able Archer 83）——来应对美国及其盟友与华约之间潜在的矛盾"升级"。它涉及试验无声通信的新方法，以及测验西方各国最终可能会选择怎样的方式攻击苏联。当关于演习的报告到达莫斯科时，众人开始担心这场演习是掩饰西方势力正在积聚力量、准备发动一场真正大战的托词。这一年早些时候，美国一系列的声明和行动似乎都在证实这一政治局最恐惧的事情。

安德罗波夫命令他的继任者，克格勃主席维克托·切布里科夫（Viktor Chebrikov），组织一次行动来搜集能够证明美国人在计划发动大战的所有证据。每一位在美国和西欧的苏联情报官员都被告知要优先进行"瑞安行动"（Operation Ryan），苏联驻各国首都的大使也接到了驻地克格勃长官的通知。安德罗波夫不希望自己的国家被别人抓住短柄，正如 1941 年 6 月发生的那样。[38] 总参谋部的退伍老兵们将这一时期回忆为自 1962 年古巴导弹危机以来最令人不安的时期。[39] 但并不是所有人都认为世界真的处于战争边缘，上将安德里安·丹尼列维奇后来解释说："克格勃可能过高估计了事态的紧张程度，因为他们一般在处理军事事务上能力不足，对他们不明白的东西做夸大处理。"[40] 在苏联国防部，如果说不是在总参谋部，官员们都十分重视战争是否会爆发——他们的工作被重新分配，这样夜间几个小时里他们中的一些人能够在原地待命。[41] 苏联正处于高级别警戒状态，一些微不足道的意外事件都可能诱发安德罗波夫做出先于美国人进攻的决定。此时的紧急状态和古巴导弹危机的不同点在于，莫斯科和华盛顿之间在 1983 年几乎没有互动交流——而正是这一不同酿成了更严重的危机。

在事态稍有缓和之前，紧急文件在两国首都之间穿梭。在这一年早些时候，因与苏关系没有任何进展而日感焦虑的里根，曾试着邀请苏联大使多勃雷宁到白宫会面，以防局面变得不可收拾。舒尔茨巧妙安排多勃雷宁从后门进了白宫。所有事情都被严格保密，因为里根希望维持自己勇于与苏联领导层对抗的名声。他与多勃雷宁交谈了数个小时，这是一次成果颇丰、富有成效的会面，如里根记录下的那样："我告诉他我想让乔治（舒尔茨）作为与安德罗波夫直接沟通的渠道——没有其他政府机构和官员涉入其中。乔治告诉我，在他们离开后，大使说了一句'这有可能成为一个历史性时刻'。"[42] 这是里根自成为美国总统以来，第一次与来自苏联的人会面。尽管多勃雷宁仍然对里根的动机困惑不解，但他将这一次会面称赞为苏美关系解冻的序幕。[43] 然而，之后里根却发表了关于"邪恶帝国"的演讲，开启了战略防御计划，以及支持了神箭手军事演习；另一边，苏联军队则打下了韩国民航班机。局势变得比总统会见苏联大使之前更紧张了。

美苏双方都能看到局势中的危险。安德罗波夫在这几周里一直焦虑不安，里根一想到自己的行为可能点燃一场核战也十分害怕。他们知道美苏之间相互信任符合每一方的利益，但是他们未能找到获得这种信任的方法。

作为苏共中央总书记，安德罗波夫行使着无可比拟的个人权力。但是这里有一个悖论，尽管没有比党中央总书记更高的职位，但这一掌权者实际上受到整个苏维埃秩序框架的制约。苏联是个一党制国家，共产党实际上承担着全部的政府职能。自1917年十月革命以来，意识形态以弗拉基米尔·列宁的理念——马克思列宁主义为基础。宪法结构数十年来一直没有发生变化。经济依赖于国家所有制和优先发展重工业，军事工业是重中之重。最大的政府部门、秘密警察和军队受依据地理划分的国、区、州等各级党委的直接领导和控制。约瑟夫·斯大林在20世纪30年代通过残暴地推行党和警察的统治而巩固了这一制度。尼基塔·赫鲁晓夫从20世纪50年代开始实施少量的改革和放宽措施，但是他的政策得罪了精英阶层，因此在1964年被列昂尼德·勃列日涅夫取代。随之而来的是一个漫长的政治和经济巩固时期，由于精英阶层致力于捍卫自身利益，因此权力体系就有了一种惯性力。安德罗波夫意识到了这个国家在满足社会阶层需要上的能力缺陷，以及与美国竞赛时的不足。但是，他没有足够的胆量去采取措施整顿和修正局面。

安德罗波夫意识到，他需要让党的领导层官员追随他。苏联共产党全国代表大会每五年举行一次，选举出一个中央委员会，其成员包括党、政府、军队和克格勃的最高领导者。中央委员会的委员们每年会面的次数很少能够超过两次。每两次中央全会之间，中央委员会将其权力委托给一个小规模的内部集团，即所谓的政治局。总书记不能忽视政治局的集体意见。

政治局委员会定期在周四上午11时聚集起来，到克里姆林宫的胡桃厅开会。12 名左右的委员围坐在一个大圆桌旁，在会议议程正式开始之前，会进行初步讨论。官场礼仪是这样的：由总书记带领正式委员走在前面，之后是候补委员，最后是中央书记处书记。总书记坐在胡桃厅的首席位置上。被邀请的演讲者在总书记右边的讲台上做报告。[1] 投票表决时，只有正式委员才有资格进行投票。通常情况下，一位技艺娴熟的总书记会避免发生任何粗鲁的事情，通过试着总结出折中的观点来使各方达成一致。[2] 政治局里的委员们领导着统治整个国家的机构，处于这些机构最前面的是党、克格勃、军队和各工业部门。党统治着一切机构。尽管苏联宪法中没有条款清楚地将一党制国家现状神圣化，但自十月革命那一年以来，它已经成为一种政治现实。党是这个国家在各个方面的最高机构，只不过在名义上没有体现。

1964 年开始掌权的苏共中央总书记勃列日涅夫，在 20 世纪 70 年代后期开始精神衰退，健康状况恶化，因此，他在位于莫斯科郊外的扎维多沃（Zavidovo）别墅度过了数月时间。[3] 同心围护桩和它的田园全景——夏天的青翠欲滴和冬天的白雪皑皑——给这位生病的老人带来了平和与宁静。他曾有一次到这里狩猎，现在他对扎维多沃进行了修缮，用来调养身体。

他的身边围绕着一批政治局委员，他们在将主要的政策方针递交给勃列日涅夫之前就已经在私下里达成了一致看法。他的个人助理康斯坦丁·契尔年科（Konstantin Chernenko）——是他本人将契尔年科提拔进入政治局——也是其中一员。其他委员包括克格勃主席尤里·安德罗波夫、国防部部长德米特里·乌斯季诺夫和外交部部长安德烈·葛罗米柯。为了能够继承大位，安德罗波夫得到了勃列日涅夫的许可，在 1982 年离开克格勃，成为苏共中央书记处书记。当时他和乌斯季诺夫关系不错，这就促成了苏联军事政治部门领导和政治安全部门领导之间的合作轴心。乌斯季诺夫和安德罗波夫都与安德烈·葛罗米柯关系密切。[4] 他们会在许多场合见面敲定政策，然后再把政策告知其他的政治局委员。尽管葛罗米柯倾向于垄断外交政策，但前提条件是他不会做出任何会招致其他人反对的举动。乌斯季诺夫是一个非常努力工作的人，在1976年格列奇科元帅逝世之后，他既担任国防部部长，又担任苏共中央书记处书记。[5]

国际关系在苏联的政治环境中是一种独特的存在。所有其他领域的官方政策都受制于苏共中央书记处强力、定期的管控。有一个例外是书记处的国际部，它无权对外交部进行管理和干涉。总书记和政治局本身就可以责问安德烈·葛罗米柯和外交部。[6] 葛罗米柯的部门位于斯摩棱斯克广场，开车到克里姆林宫只需几分钟，这位外交部部长的办公室在六层706房间。[7]

1982年11月22日，安德罗波夫针对苏联经济困境向中央委员会做了一份鞭辟入里、令人沮丧的报告，其是如此令人沮丧以至于媒体均不得使用里面的文字：

> 同志们，我们现在说的是一种既成的固定模式：从国外购买粮食和其他产品。
>
> 我们在几年前粮食歉收的困难时期开始实施这种措施，我们当时丝毫没有犹豫。第一个在长时间内不赞同这样做的人是我们亲爱的列昂尼德·伊里奇（即勃列日涅夫）："我们怎么可以，作为一个粮食生产大国，突然去美国人那里买粮食！"但是，我们后来就习惯了这种购买行为。它变成了一种自动的程序：我们开始每年从外国购买粮食；而且我们也

/ 056

从其他一些地方获得黄油，从别的地方买肉，牛奶也是从别处购买。[8]

安德罗波夫抨击这一政策：

> 当然，你将明白他们并没有把所有这一切给我们，因为他们认为我们有美丽的眼睛。我们需要钱。我并不是在吓唬任何人，但是我要说，最近这些年，我们在这些昂贵的东西上浪费了数百亿金卢布。[9]

他没有提出能够改变这一常态的方法，但是明确指出一些东西需要改变。

他委派苏共农业部来监管改进工作。这一部门因要求额外的巨额粮食和奶制品投资资金，而在领导层中名声大噪。到1981年，国家预算中列入了所谓的"人类历史上已知的最高粮食和农业补贴"——按照官方汇率计算，合330亿美元。[10]

安德罗波夫要求采取行动制止苏联农村地区衰退所带来的荒废和耻辱：

> 我们如何看待这个问题？据说，我们周围到处都是黄金。但终究，它从来不能喂饱任何人。所以我们提高了食物供给量，我们让人民填饱肚子。但是这不是真的，到处都是黄金不是真的。现在，同志们，金子不是简单地闲置在各地。每一个紧跟国际生活的人都知道，此时此刻，黄金在挣扎，美国人正在发动针对所有人的货币战争，尤其是针对苏联和其他社会主义国家。[11]

他谴责华盛顿将金融用作武器。在他看来，美国人故意让波兰对它俯首称臣，而且已经开始对匈牙利做同样的事情。在波兰和匈牙利的成功，正唆使他们用相同的伎俩对付苏联："里根已经堕落到如此傲慢无礼的地步，以至于说'对，我们把粮食卖给苏联，但我们这样做是要把他们耗尽。难道这样不对吗？对，这样做是正确的'。"[12] 安德罗波夫无法再容忍这样的局面持续下去，他说："我们真的要在必要的程度上发动一场对抗美国人的斗争了，包括一场货币战。"[13] 这一次，他仍旧没有给出具体的解决之道，只是指出事情不能像以前那样持续下去。

与此相反，安德罗波夫在国际关系方面保持着一定程度的乐观态度，坚称缓和并没有彻底结束，只是停滞不前了。在另一份没有被报道出来的评论中，他注意到英国首相撒切尔夫人曾要求冷战中的双方削减各自的核武器库存。他声称，苏联绝不会要求西方单方面削减军备。[14] 他给人一种印象，似乎已故的总书记会批准他的报告的。这是一种转向。他的确想要和过去决裂开来。

在向外交部的官员们阐述政策时，葛罗米柯说，在华盛顿有一种对军备竞赛的狂热。他号召大家相信苏联的计划和行动的正义性。他正在重复一种教义问答，没有哪一位枢机主教会以比葛罗米柯更高的热情去指点他的主教们。[15] 两天后，葛罗米柯在外交部内部党员积极分子的会议上重申他的训诫。他的第一欧洲司司长阿纳托利·阿达米申对部长的分析感到不安。让人沮丧的是，葛罗米柯似乎真的相信自己说的话。阿达米申考虑到部长与政治局里的其他"老人"一样，可能在说一些用来安慰自己和他人的话。如果真的存在伪善和口是心非，那也存在自我欺骗——而这很难成为一种合理有效的外交政策的基础。[16] 葛罗米柯对中央委员会说，苏联军队在阿富汗正发挥着"稳定局势的作用"。

他报告说，阿富汗军队已经控制了军事行动，尽管仍然有理由担心外国武装部队的侵入——葛罗米柯没有具体说明这些武装部队会来自哪里。他嘲笑在西方甚嚣尘上的反对苏联军队行动的"歇斯底里的运动"，在他看来，这种现象证明了苏联战略正在发挥效力。[17]

早在 1980 年 2 月，在紧闭的房门后，政治局就开始研究从阿富汗脱身的方法。[18] 但是这一讨论时断时续，而且苏联统治者普遍认为，紧紧抓住苏联自 1945 年以来的每一份所得是他们的责任和权利。对已经拥有的东西，他们要握紧不放。他们不希望"丢掉"阿富汗、东欧，甚至越南。[19] 在 1983 年 6 月，葛罗米柯又一次在中央委员会全体会议上说，苏联武装力量进展顺利。经过精心设计和安排，摩尔达维亚共产党第一书记伊万·鲍久尔（Ivan Bodyul）走上前讲述古巴人民对苏联有多么热情，并介绍了它的政治和经济制度。[20] 亚历山大·恰科夫斯基（Alexander Chakovski）汇报了保加利亚的一次作家大会，他让中央委员会尽管放心，东欧一切都好；他补充说，出席会议的美国作家厄斯金·考德威尔（Erskine Caldwell）和约翰·奇弗（John Cheever），都对他们国家的好战很愤怒。他引用了英国小说家C.P.斯诺（C. P. Snow）的话说，"我们绝不允许原子弹落在罪犯和疯子的手里"。[21]

苏联领导人都意识到经济现实与官方说辞完全是两码事儿。1983 年 1 月 18 日，在一次由安德罗波夫主持的中央委员会书记会议上，尼古拉·雷日科夫（Nikolai Ryzhkov）说：

> 我们现在已经拿到了中央统计局 1982 年的数据结果。面对这些数据，我们应该说些什么？当然，数据显示我们的

计划已经实现了。但是，那不是真相，因为实现的是修改后的计划，而不是国民经济规划所设想的计划。我们就这样走到了现在这种境地，是我们自己制造了虚假信息。[22]

他所说的是苏联领导层的常识。不同寻常的是，他竟然把这种常识放到桌面上让大家讨论。如果不是自认为得到了安德罗波夫的同意，他是不会这样做的。安德罗波夫从国家计划委员会发现了雷日科夫，并且自己一当上总书记，就将他提拔到苏共中央书记处。雷日科夫加入了弗拉基米尔·多尔吉赫（Vladimir Dolgikh）和米哈伊尔·戈尔巴乔夫的秘密研究组，这是安德罗波夫为了查明苏联经济不景气的根源而创建的——多尔吉赫和戈尔巴乔夫都是苏共中央书记处书记。[23]

许多苏联官员都认为，苏联因为它的军事开支背负了过于沉重的负担，而没有被广泛领会的是军需工业在苏联经济内部的怪异性。在美国，军事科技的进步往往会催生大众消费品生产方面的革新。WD40润滑剂、聚四氟乙烯不黏性涂料、防刮镜头和强大的电脑键盘，这些只是九牛一毛。然而在苏联，基本上不存在这种情况，军备开支并没有产生物质享受或文化设施上的间接效益，"军工综合体"本身就是法则。外交官阿纳托利·阿达米明白长期的经济损失规模到底有多大。[24] 真正大规模的导弹生产过剩发生了，为了防备第三次世界大战爆发时发生持久的核攻击情况，导弹库存量大大增加。在苏共中央国防部内部，有的官员——全是苏联的爱国者——知道无论在军事上还是经济上这都是毫无意义的。[25] 然而，总书记主张的政策，没有哪个政治官员敢于反驳。

/ 059

1983年加入安德罗波夫领导的一个政策规划小组后，阿达米申被自己所接收到的信息震惊了。经济前景黯淡，而且越来越黯淡。有人说，到20世纪90年代，工业产值将每年增长不超过1%。人们忽视了苏联的生产基础。国家预算被浪费在国防、农业、住房供给和对外援助方面。在既有框架内，已经没有采取积极措施的余地了，平均家庭收入下滑实际上只是在掩饰通货膨胀的实质。阿达米申惊骇地说："未来已经被耗尽了！"[26]

早在1979年8月4日，苏联与西方之间的技术鸿沟就被拿到苏共中央书记处的一次会议上坦率地讨论。伊万·弗罗洛夫（Ivan Frolov）汇报说，这个国家在取代手工劳动方面比资本主义社会落后60%。各部委和国家计划委员会的代表人士并没有反驳弗罗洛夫所说的惨淡图景。当安德烈·基里连科（Andrei Kirilenko）指责各部部长时，部长们对其进行了反击；他们告诉基里连科，除非他们被告知应该怎么做，否则各部委没有办法利用现有的资源做得更好。基里连科很明显也是一头雾水：他只是在给予部长们寻常的威胁和训斥，部长们却对自己被像淘气学生那样对待非常生气。[27]苏联正被逼入绝境，它的领导人知道这个国家面临经济竞争，但它没有占得先机，让自己比得上对手。现有的制度和国有工业协调机制正被证明是不完备的，然而没有人提出任何可以带来根本性改变的想法。有太多的批评和指责，却几乎没有人思考应该如何解决问题。政治局里绝大多数的官员早已习惯了既有的组织和意识形态秩序，而这种秩序自斯大林去世之后就几乎没有发生什么改变。

苏联通常用来缓解困难的做法是将更多的石油和天然气卖到国外。然而日益凸显的问题在于苏联的石油工业技术过时，难以实现它的目标。尽管国家规划委员会计划到1984年将石油产量提高到6.5亿吨，但石油部长们汇报说能够实现的只有6.25亿吨——这意味着硬通货利润将几乎消失。[28]

很显然，苏联将不得不依赖向国外出售稀有金属，但是找到充足的矿藏资源不再是一件容易的事情。苏联进军阿富汗之后，卡特总统实施的美国贸易禁令在1980年导致了额外的损失。伏特加酒酿造厂被命令削减出口量，以便为实现其他目标节约谷物库存。化学工厂也同样因美苏贸易减少而遭受损失。[29]苏共中央书记处收到了更多不利的信息。超过2/3的集体农庄在亏损运营，没有比这个更令人沮丧的了。国家计划委员会已经没有资金去提高对它们的补贴额。即使如此，各个农庄也知道银行永远不会收回贷款。这是一个经济死局。[30]全球黄金和钻石价格下跌更是让苏联经济雪上加霜。里根对西方金融信贷的挤压开始起作用，政治局则时刻关注着希望日益渺茫的局势。苏联的处境越来越糟糕，这对它作为超级大国的实力和缓和民众的不满都会产生不利的影响。[31]

戈尔巴乔夫鼓励安德罗波夫进行激进的改革。他们两人都意识到，每年的预算掩盖了制度基础层面上的现实。零售价格之所以能够保持平稳，是因为国家储蓄银行会定期秘密地调动资金，而苏联民众选择将巨额金钱存在国家储蓄银行，主要是因为市场上没有足够的消费品可供购买。虽然安德罗波夫拒绝准许戈尔巴乔夫和雷日科夫不受限制地查看国家预算，但他们依旧看得出来，需要采取新的措施来挽救局面。另外，他们还意识到提高食品和衣物价格是永远不够的。政治局在很多场合讨论了这个问题，了解到民间抱怨的委员们则担心零售价格改革可能不得人心。与此同时，他们希望为推进工业现代化积累资源。安德罗波夫拒绝了戈尔巴乔夫的建议。相反，他选择了在党和克格勃的监督之下发起"一场纪律斗争"。[32]工人们将被催促认真地履行义务；官员们的腐败和不作为行为将面临刑事制裁的威胁。

尽管认识到困难越来越多，安德罗波夫还是下定决心表明苏联有能力与美国的任何威胁对抗。他组织了一支由德米特里·乌斯季诺夫领导的队伍，来准备应对战略防御计划。部长会议副主席尤里·马斯柳科夫（Yuri Maslyukov）和总参谋长谢尔盖·阿赫罗梅耶夫被指派加入其中，另外，主要的科学机构和克格勃也受命为他们提供服务。名义上，这一组织的领导人是政治局委员乌斯季诺夫，但配合行动的人是世界闻名的物理学家叶夫根尼·韦利霍夫。[33] 在接下来的时间里，韦利霍夫变成了苏联批判战略防御计划的代言人。[34]

这个小组——"韦利霍夫小组"——在疯狂程度日益加深的氛围中运行着。苏联的科学和技术利益集团盼望着争取到用于设计和建设与战略防御计划相对应的项目的资金。后来，苏共中央国防部埋怨说这是本末倒置。的确，韦利霍夫及其同事如果从验证美国计划究竟是在现实中可能取得成功的，还是只是总统不切实际的奇思怪想着手，那么这一计划才是有意义的。越来越多的美国科学意见群体——斯坦福大学、康奈尔大学和美国艺术与科学院，以及 IBM 集团——都认为防御计划不可能实现它所宣称的目的。但是，韦利霍夫小组却投入安德罗波夫已经在处理的任务之中。[35] 如果美国人打算开发一个新的武器系统，那么苏联也得有一个。绝不允许"首要之敌"在防御备战工作上比苏联抢先一步。[36]

预算失衡就像压力锅里不断积累的蒸汽一样，愈演愈烈。政治局无法对这一事实坐视不管，安德罗波夫批准上调油气、电力和电话通信价格。[37] 但是他拒绝取消苏联对东欧国家的间接性补贴。当有提案要终止对保加利亚的财政支持时，他坚决反对任何可能削弱"世界共产主义运动"凝聚力的举措。他安静地驳回了关于苏联从保加利亚农业物资获益甚少的观点。他害怕的是假如苏联取消资金支持，中国人将主动填补这一缺口。[38] 自 20 世纪 60 年代以来，这样的情况早已出现过。在保住东欧经济生命线的同时，安德罗波夫决定不再纵容罗马尼亚人了。罗马尼亚总统尼古拉·齐奥塞斯库（Nicolae Ceauşescu）举行了一次政治协商委员会会议，反对安德罗波夫的公报草案，任何说服都无济于事。一位罗马尼亚官员向苏联方面解释说，如果苏联保证提供额外的近 4000 万桶石油，齐奥塞斯库将做出让步。这激怒了安德罗波夫，毫无疑问，他否决了齐奥塞斯库的建议。就这一次，齐奥塞斯库败下阵来，签署了公报。[39]

政治局开会的气氛变了。公开讨论成了常态，委员们可以发表生动的言论。但安德罗波夫依旧是一位未受到任何挑战的领导人，由他来总结最后的决定，再提出来让大家表决。[40] 这并不是说旧的仪式完全消失了，当政治局委员们出现在中央委员会全体会议的台上时，每个人还是要起身像小学生那样鼓掌欢迎。[41] 然而，在政治局和书记处内部，出现了一种新的、务实的目标紧迫感。安德罗波夫喜欢在敲定他的政策之前，听到委员们提一些替代方案，即使这意味着要听一些不舒服的想法。[42] 他的政治局"门徒"米哈伊尔·戈尔巴乔夫告诉他，国家预算严重失衡，他认为迫切需要提高食品和衣物价格。安德罗波夫否决了这个建议——很明显，在他看来，惹恼已经对在售货品不满的苏联市民是很危险的。他认为可接受的改变是有限的，基本上，他选择的是那些能使当前制度更好运转的点子。他将重点放在强化政府、工厂和农庄的纪律上。

政治局正在老化。安德罗波夫和苏联领导层其他几位成员的健康状况都出现了问题。因此，1983 年 3 月 24 日，政治局更新了关于政治局和书记处成员，以及部长会议副主席们的个人日常活动安排。工作日应于上午 9 时开始，下午 5 时结束，午餐后必须有休息时间。工作时间之外的任何工作，包括官方接待，应减到最少。对于 65 岁以上的领导官员，还有额外的限制：他们不应在上午 10 点之前开始工作，每年应有两个半月的假期；他们也被建议每周有一天在家办公。[43] 政治局里有着丰富经验的委员阿维德·佩尔谢（Arvid Pelshe）评论道，最需要照顾好自己的不是别人，正是总书记。[44] 安德罗波夫需要定期进行肾脏透析，他经常被迫将公共事务搁置一边，花一段时间来休息复原。甚至在他接管最高权力之前，他就已经是一个病人了。

他在任时期的秘密记录表明，苏联领导层经常讨论苏联所面临的广泛的外部和内部问题。焦虑并不只发生在 1985 年自我揭露的秘密改革者身上。安德罗波夫领导下的全体政治局委员都在努力应对日益严峻的困境。

但是，对困难有一定的认识是一回事，承认需要采取激进的应对措施却完全是另一回事。和以往一样，领导层的本能就是借助缓和、姑息的手段来寻求改善。它紧紧依靠马克思列宁主义、十月革命和一党制国家作为维护稳定的坚实基础。但是麻烦重重。在与伊斯兰教和基督教的对抗中，情况亦是如此。土库曼斯坦共产党中央委员会第一书记 M. 加普洛夫（M. Gapurov）称，即使是他的苏维埃共和国里的民间婚礼，也总是伴着毛拉主持的宗教仪式，割礼在那里是一种被普遍接受的惯例。克格勃副主席 F.D. 博布科夫（F. D. Bobkov）报告说，土库曼斯坦的市民社会里，反俄罗斯和反共产主义情绪正在发酵；他还指出 85% 的劳动适龄妇女"坐在家里"，就像她们的祖先所做的那样。戈尔巴乔夫和其他书记们对这样的事居然能在十月革命之后流行近 70 年感到不可思议。[45] 向人们灌输马克思列宁主义在俄罗斯本土同样遭遇了很强的阻碍。各地的共产党宣传部门称民众持从漠不关心和愤世嫉俗到彻底敌对的态度。官方说法和现实经验之间的差异是显而易见的，政治局感觉到民众对共产主义政党统治的认同危机正日益加深。[46]

虽然苏联的意识形态和社会出现了裂痕，但安德罗波夫仍然基本上忠于传统。在 20 世纪 60 年代后期，他否决了他的助手格奥尔基·沙赫纳扎罗夫的建议，沙赫纳扎罗夫主张进行基本的政治和经济改革，并怀疑旨在与美国实现全方位的军事"对等"的理念。勃列日涅夫去世之后，安德罗波夫无意采取更加缓和的外交政策；他内心也对斯大林的农业集体化、快速的工业化和在第二次世界大战中取得的胜利充满自豪感。他的目标是在不损毁其根基的基础上修复苏联秩序。他希望以实施影响苏联经济、东欧和美国的措施为起点。[47] 他对从勃列日涅夫那里继承而来的权力体系有着僵化的承诺。随着他的健康状况急转直下，他对自己和其他政治局委员所意识到的问题并没有给出回答。

　　在与美国的全球对抗愈演愈烈的同时，东欧，对苏联政治局及其地区代理统治者而言，也变得越来越棘手。人们说波兰的局势已经无可挽回，但并不严峻。这句玩笑话的要点——如果它真的是一句玩笑话——在于人们已经感觉到，波兰人民共和国似乎永远要被锁在苏联在 1945 年为它"量身打造"的笼子里；而且同样的命运似乎也在等待着大多数其他东欧国家。

　　数以百万计的波兰人厌恶他们的苏联压迫者，即使在统治机构内部，也有人有这种憎恨之感。波兰的生活水平要高于位于其东部边界的超级大国，但是波兰人民，借助大规模地流散各地而获得全球资讯，也知道与先进的资本主义国家相比，他们的生活处境是多么不堪。他们怨恨他们的国家向一个外国政权及其意识形态俯首称臣。他们渴求真正的独立，以及文化和宗教上的自由；他们的历史充满了反抗外国统治的插曲。自 20 世纪 50 年代中期以来，他们在一定程度上缓解了自身的困境。只要对政治现状不造成直接威胁，天主教教堂被允许投入使用，甚至用于欢迎到访这个国家的教宗约翰·保罗二世（Pope John Paul II）——在 1979 年当选罗马教宗之前，其一直担任克拉科夫大主教（Archbishop of Kraków）。爱德华·盖莱克（Eduard Gierek）领导下的共产主义领导层，通过向西欧银行贷款，来支撑起野心勃勃的工业计划。补贴金被用于发放工资和供应食物，这样做为波兰赢得了时间；但是到 1981 年，根据美国参议院外交关系委员会的说法，波兰欠债 270 亿美元（硬通货）——一半是私营银行贷款，另一半是政府贷款。银行停止向华沙放款，并拒绝延期偿还。[1]

　　里根沿袭了其前任们的做法，试着改善与东欧国家的关系。

1981 年 6 月 10 日，助理国务卿劳伦斯·伊格尔伯格（Lawrence Eagleburger）明确指出，只有在这些国家遵守《赫尔辛基最后文件》和帮助缓和欧洲的东西方紧张关系的前提下，美国才会这样做。[2]美国参议院外交关系委员会对此表示赞同。[3]波兰政府并不是这一区域中最差的，事实上，他们在尊重人权方面有着比较不错的记录——但是，如果美国和西欧打算再一次帮助波兰经济摆脱困境，很有可能就是拿钱打水漂。而且无论如何，很多美国政治家都不认同将政策置于这样的理念之上，即一个共产主义政府与另一个之间存在根本性差异。[4]即使美国人选择大力支援波兰，波兰经济恢复也是若干年之后的事情——因此，西方债权人将为此承担巨大的经济压力。而且，如果西方国家的帮助没有发挥作用，苏联将会告诉波兰人民，资本主义国家的甜言蜜语只会局限在口头上。另外，还有人担心西方政府在挽救波兰经济危机的同时，会以波兰人民为代价，变相帮助一个高压的政府。[5]

在克里米亚休假期间，勃列日涅夫与东欧的共产主义领导人开了几次让人不安的会议。捷克斯洛伐克的古斯塔夫·胡萨克（Gustáv Husák）一再强烈要求对波兰进行军事干预，但勃列日涅夫对此并没有提出任何意见。罗马尼亚的尼古拉·齐奥塞斯库要求苏联不要只是口头说说，要有实际行动。勃列日涅夫反驳道："你为什么总是重复'去做，去做！'？因为波兰，我们每天都要面对让人头疼的事情。而你就只会说'行动起来！'"保加利亚共产主义领导人托多尔·日夫科夫（Todor Zhivkov）站在了勃列日涅夫一边，说齐奥塞斯库只会夸夸其谈。[6]

但是该做些什么呢？苏联领导层更喜欢用波兰人来压制波兰人。勃列日涅夫的健康状况很糟糕，无法持续地监督华约国家的形势。他的"摄政王们"——苏斯洛夫（Suslov）、葛罗米柯、安德罗波夫、乌斯季诺夫和契尔年科——在上一年已经震慑了波兰领导人，他们命令三个装甲师和一个摩托化步兵师做好准备，应对波兰可能发动的进攻。波罗的海、白俄罗斯和喀尔巴阡山军事区域都处于永久的战备状态。如果任何波兰武装力量显露出一丝造反的迹象，就有必要提高动员规模。[7]政治局想要保持波兰人焦虑不安的状态，以帮助雅鲁泽尔斯基进行安抚和平定。1981年9月9日，政治局批准了由国防部部长德米特里·乌斯季诺夫和元帅谢尔盖·索科洛夫（Sergei Sokolov）提出的关于在波兰国土上举行华约军事委员会下一次会议的提案。[8]毫无疑问，它将传达的信息是：1968年在捷克斯洛伐克发生的一切可以再发生一遍。

1981年11月16日，苏斯洛夫在中央委员会全体会议上总结了苏联领导层的立场。他谴责了盖莱克的"唯意志论经济政策"，用西方贷款来实现"大跃进"。国家债台高筑，达到灾难性的270亿美元，可是波兰人仍然不得不向西方寻求工业零配件。波兰早已被卷入全球资本主义的掌控之中。波兰当局是天真无知、不负责任的。[9]

在苏斯洛夫看来，"资产阶级意识形态"已经通过1200万名波兰移民涌入了这个国家。他也没有给波兰的共产主义领导人留情面，指责他们不加筛选地吸纳党员，将党员人数提高到了300万名。他反对盖莱克允许小佃农加入党员队伍的做法。苏斯洛夫不再将波兰统一工人党（Polish United Workers Party）视为一个值得尊重的共产主义政党。盖莱克不能称他没有收到警告：勃列日涅夫本人曾多次表达了自己的担忧。[10]苏斯洛夫补充说，西方的"颠覆中心"充分利用了波兰国内的局面，已经渗透到波兰的干部中间，传播理念。[11]苏联政治局曾想让雅鲁泽尔斯基将军取代盖莱克，但是雅鲁泽尔斯基拒绝了这个提议而同意任命斯坦尼斯瓦夫·卡尼亚（Stanisław Kania）。雅鲁泽尔斯基有可能站出来反对罢工运动，但卡尼亚与罢工者达成了协议；苏斯洛夫对未来的事态发展感到悲观。[12] 政治局派遣了密使去强迫卡尼亚按照苏联的要求行动。卡尼亚对自己被告知要更强硬地处置波兰团结工会不以为然。10 月 18 日，受政府高层和安全力量支持的波兰统一工人党中央委员会把卡尼亚排挤到了边缘，转而支持雅鲁泽尔斯基。苏斯洛夫评论说，这是一个"积极的现象"。[13]

他汇报说，勃列日涅夫次日祝贺了雅鲁泽尔斯基，并给了同志般的忠告：

> 我认为你现在需要做的主要事情，是从忠诚的、坚定的共产主义者圈子里为自己挑选一些可靠的助手，把他们团结起来，推动这个政党前进，用斗争精神激励它。这是共产主义取得成功的关键所在。[14]

冷战不能被忘记：

> 帝国主义的侵略性力量，尤其是里根执政时期，会很想在（波兰危机）上凑凑热闹、热热身的。促使波兰的反革命力量做出极端主义行动，他们才能在同一时间公开激怒社会主义国家，期待着我们失去理智。他们正在挑起我们对波兰的直接干预，同时也在试着为谴责苏联和其他社会主义国家有这样的干涉企图寻找证据。[15]

波兰危机需要通过政治途径解决。如果苏联军队进入波兰，西方将在古巴、越南或非洲制造麻烦，还可能对东欧实施经济封锁。苏联要抵制住西方的引诱。[16] 中央委员会批准了苏斯洛夫的报告。[17]

波兰中央银行负有既无法偿还也不能更改偿还日期的外国债务。波兰共产主义领导人已经向政治局申请了紧急援助，但是由于苏联自己的经济状况也在走下坡路，所以它所能提供的物资补助规模也缩小了；而且事实上，莫斯科的经济规划者已经对东欧国家恼怒不堪，不仅仅是波兰，因为它们无力提供换取俄罗斯石油的合同中规定的足够的工业产品。[18]

在 1981 年 12 月 10 日的政治局会议上，安德罗波夫报告说，克格勃至今还不确定雅鲁泽尔斯基是否已经下定决心采取行动，反对团结工会。他承认加大经济援助有困难，但坚决反对进行军事干预。雅鲁泽尔斯基则表明，华约总司令库利科夫（Kulikov）元帅已经承诺提供军事帮助。政治局里没有人知道库利科夫是否说过这样的话，但是委员们都不约而同地拒绝了雅鲁泽尔斯基的想法。[19] 政治局成立了自己的波兰委员会，时刻跟进事态的发展。委员会的第一主席是苏斯洛夫，他控制着自己的情绪，说："我们将和平地平息局势，即使团结工会在波兰掌了

权。"[20] 苏共中央国际部的波诺马廖夫（Ponomarёv）急切地希望从波兰领导层那里得到一些信号，即他们依然致力于共产主义事业。他问道，为什么波兰人在实行共产主义统治几十年后，仍然没有完成农业集体化。苏斯洛夫叫停了他的发言，并指出雅鲁泽尔斯基在团结工会威胁共产主义统治之时，有更紧急的任务要完成。[21]

1981 年 12 月 13 日，雅鲁泽尔斯基实施了军事管制，将团结工会领导人和活动分子扔进了监狱，并查封了他们的印刷设

备。他从未对这样的行为感到后悔，他解释说，如果不采取这样的行动，苏联将会入侵。他宣称在 1981 年 3 月会谈时，勃列日涅夫已经明确地表达了这种意图。[22]

军事管制并没有让波兰的局势平息下来，只是拖延了政治大爆炸的时间。西方势力在决定如何应对这一局面时，陷入了两难境地。前美国驻华沙大使理查德·T. 戴维斯（Richard T. Davies）敦促里根让美国"恢复在自由世界的领导权"。[23] 戴维斯还写信给黑格，建议给波兰的金融贷款应该以波兰承诺改革为条件。[24] 里根不需要被敦促，他在国家安全委员会满怀热情地讲道："我认为这可能是在我们的有生之年最后一个能看到苏联帝国对东欧的殖民政策发生改变的机会。"他倾向于中断与苏联之间的贸易甚至通信，直到苏联取消戒严令、释放政治犯，开始与莱赫·瓦文萨和团结工会对话为止。他希望给所有的北约国家留下这样的印象：它们如果不表现出同样的强硬态度，就会面临与华盛顿失和的风险。[25] 他在起草给美国人民的圣诞节演说时，心里还记挂着波兰："我们不能眼睁睁地看着这场革命失败，不能袖手旁观。"[26] 撒切尔夫人对此表示支持，但是其他北约领导人在他们各自的声明中显得更加谨慎、保守。[27]

甚至连梵蒂冈也采取了小心谨慎的态度。枢机主教卡萨罗利在 1981 年 12 月向里根保证，"东欧发生重大变化的时机还不成熟"。里根解释说，他的总体战略是超越"相互确保摧毁"的约束，转向美苏双方都大幅度削减武器数量。[28] 同一年，卡萨罗利在波兰问题上，与克里姆林宫频繁交涉。[29] 教宗和总书记都不想看到华沙发生暴乱。约翰·保罗二世在 1983 年 8 月第二次到访波兰给了波兰人一定的自信，让他们相信事情最终会好起来。1984 年 12 月，在梵蒂冈接待美国副总统布什时，卡萨罗利要求美国人说服雅鲁泽尔斯基采取不那么具有压迫性的政策。他认为党的统治几乎没有给波兰第一书记留下什么制定策略和灵活操控的余地。只有谨慎地采取措施对其施加压力，才有可能产生效果。教宗建议西方撤销经济制裁机制。[30]

回头看莫斯科，葛罗米柯因雅鲁泽尔斯基所面临的机遇而深受鼓舞。1981年12月23日，他对外交部的官员们说，事情正变得比他想象的更好。他对波兰军队和安保力量很满意。他承认即使有了苏联的帮助，波兰问题也需要耗费多年时间才能解决；但是他十分肯定的是，苏联人民将能够理解付出这样的代价是值得的。葛罗米柯对波兰的了解程度等同于他对阿富汗的了解程度。他宣布反革命已经在华沙被剪掉了翅膀，团结工会已经被打败。多少与他本人所说有些矛盾的是，他又补充说，假如雅鲁泽尔斯基的军事管制失败了，那么社会主义可能会在波兰枯萎，而且他承认"正常化"的过程可能要耗费更多的时间。他坚称波兰人正在没有克里姆林宫口授的情况下，依靠自身处理局面。[31]他的表现并没有提振官员们对政治局的信心。波兰曾经是苏联欧洲强国地位的一个试金石，自18世纪末俄罗斯帝国参与瓜分波兰领土以来就一直如此，俄罗斯人自认为在理解和对待波兰人方面是专家。葛罗米柯的陈词滥调让外交部的官员们心生厌恶，他们感觉到很大的麻烦即将到来。[32]

美国政府在处理东欧问题上也陷入了困境，国防部与国务院起了争执。1982年1月5日，在国家安全委员会开会时，温伯格为针对苏联的经济制裁辩护，他想要阻止国际收割机公司（International Harvester Company）完成将农业设备卖给莫斯科的交易。温伯格要求取消公司的许可证。尽管承认那些设备不可能被转化为武器，但是他称："它帮助他们更有效率地收割——它改善了他们的经济状况。"里根不喜欢温伯格的观点，他不希望让本来就面临财政困难的美国公司雪上加霜；他也担心如果实施了温伯格期望的贸易禁令，其他西方国家就会钻美国的空子。温伯格还要求制定政策收回波兰贷款，如此，莫斯科和华沙的共产主义领导层都会被置于经济压力之下。国务卿黑格不以为然，他告诫说："我们必须小心。美国对眼睁睁看着一个国家像罗马尼亚那样破产完蛋没有任何兴趣。"温伯格没有被说服，他争论道："苏联人不可能接管东欧所有摇摇欲坠的经济体。"里根拒绝接受温伯格的提议，他仍然在设法解决限制苏联的行动自由与危害美国经济利益或者世界和平之间的两难局面。[33]

勃列日涅夫在 1982 年 8 月会见雅鲁泽尔斯基时，强调需要强化措施，反对波兰的"反社会主义和反革命的因素"；与此同时，他承诺苏联将为波兰提供经济援助。[34] 苏联正不惜重金维持它的支配地位。根据国家计划委员会在 1982 年的账目，莫斯科向华沙提供了 6.9 亿美元可自由兑换的硬通货贷款，来减轻波兰对西方银行的还款压力，以及使波兰有能力购买谷物、糖和其他食品。苏联延缓了对波兰政府定期归还莫斯科 18 亿美元债务的要求。苏联领导人让匈牙利、保加利亚、东德和捷克斯洛伐克同意免费向波兰转移价值 4.65 亿美元的苏联石油供应。[35]

东欧其他地区的局势并没有让克里姆林宫感到振奋和欣慰。苏联领导层的核心人群是各成员国的党总书记——按照列昂尼德·舍巴尔申（Lev Shebarshin）的说法，克格勃在东欧并没有设立"联络机构"（agentura）。[36] 克里姆林宫在华约政治协商委员会的多次会议上与他们展开讨论，每一个成员国轮流主持会议，各位领导人被要求汇报各自国家的情况。公开讨论短暂简略，领导人的报告冗长乏味——苏联总参谋部经常派一个发言人出席会议，也并没有让会议氛围变得活跃起来。罗马尼亚人的批判性评论有时候可能会激起争论，但通常情况下，会议都是非常无聊的。曾有一次这种无聊被打破了，原因是当时决定按照酒精饮料生产的标准来安排成员国的座位！捷克斯洛伐克和德意志民主共和国作为啤酒生产者坐在了一起；保加利亚、匈牙利和罗马尼亚因葡萄栽培专长坐到了一块儿；波兰和苏联则凭借伏特加酒厂而挨着彼此。有时候，决定到克里米亚某处度假胜地开会有助于营造轻松的气氛。而关键点在于：一旦各位领导人发表完了强制性的报告，他们彼此之间就会放松起来，在私下里"心对心"地聊天。[37]

1982 年 9 月 9 日，勃列日涅夫在克里米亚逗留期间向政治局做汇报时，喋喋不休地谈论着熟悉的话题。东欧人抱怨苏联工业品交付不足，尽管他们意识到自己仍然深陷对苏联和西方债权人的沉重债务之中。勃列日涅夫称，只有更大范围的区域经济一体化才能改善现状。[38]

当苏联召集 6 个华约国家的中央书记们开会时，他们都坦率地承认，来自西方的贷款是他们最重要的困难。苏联领导人希望保持对东欧的政治和军事控制。他们本想强化经济控制，但是他们自身的财政资源已经被用至最大限度。尽管他们对西方银行的债务风险发出了警告，但他们没有办法挺身而出。[39] 对他们而言，替代性方法可怕得连想都不敢想。罗马尼亚的尼古拉·齐奥塞斯库是一个例外，他牺牲了人民的生活水平，偿还了本国的西方贷款。

1983 年 6 月，在苏共中央委员会全体会议上，安德罗波夫再一次提及推动华约组织内部更大程度的经济一体化，称这将惠及每一个经济体。[40] 至于亚洲、非洲和拉丁美洲的友好国家，他更倾向于终止援助，让它们自力更生，独立对本国经济发展负责。苏联不再拥有能够维持其在东欧乃至世界更广泛范围内活动的资源。由于不希望以一种悲观的调子结束，他仍然宣布，世界资本主义正在经历一场"不断深化的普遍性危机"。[41]

1979 年年中，当在东欧共产党书记会议上提及这一话题时，保加利亚的德米特里·斯塔尼舍夫（Dmitri Stanishev）摒弃了一贯的委婉语气，直白地说道：

> 什么样的合作？……人民需要吃饱、穿暖，生活得像在德意志联邦共和国一样舒适。在这种可能性下，就不存在意识形态合作的必要性。此时此地，比如说，你怨声不断，抱怨我们从西方贷款，陷入债务之中。但是，我们对此能做什么呢？你不给予他们，也没有能力给予他们。我们生产的这种垃圾——［他用手指拉扯着扎格拉金（Zagladin）胸部的衬衫］——的质量比你们生产的还要高出一截，然后你们在莫斯科的特别商店售卖这些衬衫来换得外币。那么，我们能期待什么呢？人民会问我们："为什么我们不能生活得和来我们的黄金海岸旅游的成千上万的西德人、奥地利人或丹麦人一样好，或者比他们更好？而且来我们这边游玩的并不是百万富翁，他们只是普通的工人而已。"[42]

他脱口而出了一个通常没有人敢于表达的真相：在易北河以东的欧洲，没有哪个国家的经济，包括东德，能够像先进资本主义国家那样去满足它的国民的需求。

苏联则埋怨东欧的共产党当局。多年来，保加利亚一直接受苏联的补助来改善它的农业基础设施。这种做法旨在让保加利亚人用这些钱生产出高质量的瓜果蔬菜，来供应苏维埃的商店。保加利亚没有完成这一职责：交付晚，质量也很糟糕，而且索非亚还用高于世界市场水平的价格定价。[43] 苏联就是保加利亚的摇钱树；另外，日夫科夫（Zhivkov）还汇报了保加利亚欠西方债务的重大影响，希望苏联的领导人能够挽救它，使它免于破产。[44]

虽然波兰是共产主义在东欧裂开的伤口，但是其他国家的情况也存在明显的恶化可能性。外交官兼党的官员瓦连京·法林（Valentin Falin）怀疑，德意志民主共和国能否延续到他成为驻西德大使之时。他早在 1971 年就曾发出警告，安德罗波夫非常担心，以至于没有将法林的报告交给政治局，他只告诉了勃列日涅夫一人。法林仍坚守自己"苏联外交政策的预言家"的角色，1980年 8 月，他又一次找到安德罗波夫，并预言说如果埃里希·昂纳克（Erich Honecker）继续担任总书记，那么五年之内，坦克将不得不被派上用场。安德罗波夫没有反驳，只是他认为麻烦可能会来得更早一些。[45] 在法林看来，苏联的最好选择是从同意德国统一上争取到最高的回报。[46] 虽然没有人感谢他的直白和坦诚，但他也没有遭到贬职。苏联党的领导人欣赏法林将注意力集中在一个真正的问题上，尽管他们并不喜欢他所提的实际建议。安德罗波夫喜欢十指交叉，祈祷最好的情况出现。他没有对东德问题做出回答，也没有努力将昂纳克赶下台。

昂纳克借助巴伐利亚保守派领导人弗朗兹－约瑟夫·施特劳斯（Franz-Josef Strauss）秘密筹措的贷款，掩盖了东德的经济萧条。葛罗米柯对此警告过昂纳克，[47] 昂纳克并没有放在心上。失去了苏联的经济补助，他感到自己已经别无选择了。[48] 苏联领导人因为害怕东德变成西德的附属物，打算阻止它们之间贸易和金融联系的深化。[49] 他们对昂纳克的怀疑起因于他的政敌威利·斯多夫（Willi Stoph），斯多夫认为昂纳克已经受到了他的经济秘书"邪恶天才"冈特·米塔格（Günter Mittag）的影响。[50] 虽然莫斯科已经视自己在不与东柏林协商的情况下与波恩达成最终协议为平常之举，但每当东柏林公然以同样的方式行事时，莫斯科都会极力反对。苏联与两德之间的三角关系混乱不清，莫斯科期望东柏林去惩罚波恩，然而莫斯科则出于自身原因，想避免与西德发生论战。东德的党中央书记之一赫尔曼·阿克森（Hermann Axen）谨慎地避免在他人面前提及这个问题，但他让苏联的同志们了解到了他对这种虚伪行径的看法。[51]

昂纳克假装自己没有遭遇任何困难。除了齐奥塞斯库，没有哪位华约领导人做了更充足的准备去与克里姆林宫抗争。在 20 世纪 80 年代早期，莫斯科寻求提高它在世界市场上石油和天然气的售卖份额。昂纳克反对削减对德意志民主共和国的油气供给量，在苏联官员不让步时，他会坚持要求勃列日涅夫本人给他写一封关于这一问题的信。

与此同时，罗马尼亚也在不断地刺激和挑弄政治局的神经。它批评华约在 1968 年进军捷克斯洛伐克的行动，反对苏联统治东欧的主张。因此，罗马尼亚从美国那里获得了"最受喜爱国家"的地位。齐奥塞斯库在正式访问北约国家期间，得到了宴请招待。他从西方银行筹措了贷款。然而与此同时，他通过劳改营、警察监视和个人崇拜建立了最具压迫性的政权之一。他把自己描述为罗马尼亚独立的捍卫者。[52]尽管布加勒斯特言辞粗暴刺耳，但是罗马尼亚仍与苏联保持着一点儿兄弟关系。勃列日涅夫在 1975 年对罗马尼亚进行了一次正式访问，希望与之维持更亲近的关系。苏共中央国际部领导人鲍里斯·波诺马廖夫出现在一次政治局会议上，认为官方声明中不应太过纵容齐奥塞斯库。勃列日涅夫拒绝了他的意见，说道："停止吧，停止吧！就理论和所有理论性问题而言，我们都落在了他的后面。我们应该试着赶上他：他是一个钢铁般的斯大林主义者！"[53] 苏联领导层更愿意让齐奥塞斯库保持安静。但是，只要他待在华约里面，推进某种形式的一党制共产主义国家，他们就不会去干涉他。

然而，阿尔巴尼亚的恩维尔·霍查（Enver Hoxha）在1968年退出了华约，在中国与苏联的论战中站到了中国一边。苏联接受了这一事实。斯大林在1948年华约创立之前，将铁托的南斯拉夫驱逐出了苏维埃阵营，算计着这样做之后不久就会让陷入麻烦的铁托归顺、臣服。然而，事实正好相反，在实行一党制共产主义统治的同时，铁托对斯大林嗤之以鼻，转而向西方寻求金融贷款。他还实施了改革，给了南斯拉夫的工人们很大的自由，让他们能够对公司的管理运营产生影响。作为国际不结盟运动的创始国之一，南斯拉夫拒绝与美国或者苏联结盟。无论是斯大林还是之后的苏联领导人，没有人能够将这个国家纳入自己的控制之下。阿尔巴尼亚同样如此，莫斯科对此采取了冷静客观的态度。阿尔巴尼亚的政府领导人保持着对共产主义的忠诚，永远不可能对苏联的地缘政治利益构成威胁。

苏联在外交政策的大问题上，从来没有将东欧对苏联的认同视为理所当然——而且不仅仅是就罗马尼亚人、南斯拉夫人和阿尔巴尼亚人而言。它思考的重点在于如果核战爆发，这个地区将面临怎样的后果。苏联领导层总是要证明它已经做好准备与美国人谈判。即使是苏联的"和平政策"，也需要常规的防御系统。葛罗米柯发现他甚至不得不去向捷克斯洛伐克的共产主义领导层证明，苏联的外交政策是具有正当性的。胡萨克自1969年开始在布拉格执掌政权，这仅仅是因为苏联选择了他，他从来没有在国际关系问题上公然地反对苏联的目标。但是，克里姆林宫想要的绝不只是其"帝国外层"代理人王国的被动支持。要实现这一点，胡萨克及其同伴们就需要对苏联深信不疑。举例来说，1982 年 3 月 23 日，葛罗米柯试图让捷克斯洛伐克外交部部长博胡斯拉夫·赫努佩克（Bohuslav Chňoupek）相信，苏联已经实现了武器装备的现代化，仅仅在美国人完成现代化之后。苏联的政策是防御性和反应性的。[54]

匈牙利人没有费心去掩饰他们不再将经济互助委员会（Comecon）成员国作为本国对外贸易重心的意愿。他们联系了英国驻布达佩斯大使布莱恩·卡特里奇（Bryan Cartledge），咨询他如何接近欧洲共同体。他们故意将苏联排除在外。在卡达尔·亚诺什（János Kádár）及其之后的领导人看来，匈牙利的独立利益是它自己的事情，与苏联无关。[55]

1982 年 9 月 9 日，里根签署了一份关于东欧的《国家安全决策指令》（National Security Decision Directive）。指令的目的在于为鼓励这一地区向更自由和更亲西方的方向发展提供系统化的指导。美国政府希望为苏联与其他华约国家的联系松绑。美国官方将对那些实施内外政策改革的国家给予经济和外交上的支持。申请加入国际货币基金组织将以自身改革作为评估标准。对于那些没有减轻压迫的国家，美国将撤销对它们的贷款业务。[56] 华盛顿已经意识到，东欧人民对自己的政府充满了不满，对苏联的统治充满了憎恨。它也知道苏联没有足够的经济实力来提高对这一地区的援助。总统和他的整个政府没有忽视莫斯科决定凭借军事力量来强推其意志的可能性，就好像斯大林、赫鲁晓夫和勃列日涅夫实际上已经做的那样——没有人愿意因这样的行动而走向战争。但是里根已经下定决心要给莫斯科加压。他明白苏联正身处困境，但他打算火上浇油。

/ 第七章 苏联封锁

共产主义和资本主义之间的斗争并没有局限在经济领域。美国和苏联在组织和思考政治和社会方面也产生了很多冲突和矛盾。里根及其官员认为，在苏联政治局撤掉丘吉尔所谓的"铁幕"之前，他们是不会信任莫斯科的。而在政治局看来，隔离是一种安全保证。

苏联出境签证是一项令人垂涎的特权。外国记者只有获得许可之后才能够工作，对于任何敢于将见到的事情写得很消极的记者，苏联官方会拒绝给他们电话和电报设备。报刊保密检查总局（Glavlit）推行了一种严格的内部审查制度。

自 1953 年斯大林去世以来，苏联高层放松了对外国文学的禁令，但无论如何，这种政策上的放松从来都没有普遍实行。国家保密总局和党内机构一直在推广古典作家，比如莎士比亚、拜伦和但丁。的确，苏联声称自己是大多数民众能够轻松读到这类艺术作品的唯一国家。在赫鲁晓夫和勃列日涅夫当政时期，允许出版的翻译作品范围扩大了，读者们可以买到拉迪亚德·吉卜林（Rudyard Kipling）、阿瑟·柯南·道尔（Arthur Conan Doyle）和阿加莎·克里斯蒂（Agatha Christie）的书。约翰·斯坦贝克（John Steinbeck）和欧内斯特·海明威（Ernest Hemingway）的小说被广泛出售。很明显，高层相信苏联民众能够领悟到书中对这些作者所描绘的那种制度的批判。[1]

报刊保密检查总局禁止任何颂扬市场经济、宗教和资本主义国家社会等级制度的作品。安全力量用很多的预防措施来落实这一主张。克格勃很早就对异见者用打字机和复写纸复印违法材料有所警觉。这个国家的每一台打字机都必须在官方机构登记。每一台机器都会在页面上压出自己独特的印记，这让安全警察能够查明谁是麻烦的源头。影印机被更加谨慎地使用。[2] 只有少数几台供最高级别的国家机构使用——而且每个人都被严格禁止因私人目的而使用它们。在发达的资本主义西方国家里日益成为家用标配设备的个人电脑，在苏联几乎无人知晓。图书馆里存放西方报纸和杂志的房间只对最受信赖的读者开放。在列宁格勒科学院图书馆，高级物理学家能够查阅在伦敦出版的《自然》（*Nature*）月刊。但是工作人员会把那些被认为可能传播意识形态毒物的广告剪下来，这样做往往非常让人生气，因为研究人员无法阅读到那些印在广告页面反面的科学文章。[3]

据报道，苏联每天会进行 7 万次演讲对抗来自境外的"外国影响"。[4] 政治局意识到，随着民众学会了对夸大的宣传和彻底的歪曲不予理会，官方宣传的影响力正在减弱。在 20 世纪 30 年代，它自认为在人类知识的每一分支都占据最高地位，然而它逐渐地将自己的理论削减为一种基本原则核心。苏联因在第二次世界大战中将世界从希特勒统治下的第三帝国挽救出来而大受赞颂；它被吹捧为抵抗由美国领导的反动主义和帝国主义联盟的全球防御壁垒。官方宣传不再声称苏联的物质条件超过了先进西方国家，但是骄傲和乐观并没有被丢弃。勃列日涅夫、安德罗波夫和契尔年科领导下的政治局坚持认为苏联的"生活方式"比其在国外遇到的任何东西都更优越。就业、住房、教育和医疗都被说成惠及全体人民，而不是小部分富有的精英。集体主义原则已经按照预期证明了自己的价值。[5]

几乎所有较大的苏联城市都拥有干扰西方无线电广播的设备。美国之声、BBC、自由欧洲电台和德国之声的俄语节目都是专门用来吸引苏联全境民众的注意的。乌克兰关于宗教主题的广播越来越引起官方的重视，政府当局开启了一项用以反对乌克兰基督教传统的反宣传运动。对于天主教徒的居住地立陶宛而言，梵蒂冈广播刺激到了官方权威，莫斯科下达指令，指示干扰什么内容和何时进行干扰。这项工作从来没有被彻底地、精确地完成，有时候工作人员会——无意或者有意地——干扰莫斯科广播电台。还有一个问题是，苏联收音机具有接受短波的功能，这就让意志坚定的市民能够转动刻度盘，找到某些国外"资本主义的"频率，住在乡间别墅里的人总是比城镇市民更容易做这件事。苏联的立法表示没有人被禁止听到他想要听到的声音。自1953 年斯大林逝世以来，这已经不再是一个实施逮捕的借口。人们可以写信给外国广播电台，只要他们的信中不涉及"故意捏造的诋毁苏联政治和社会制度的言论"。[6]

苏联官方对进出苏联的信息和包裹实行了系统化的控制。任何人如果想要给国外友人打电话，都要提前一天预订，并且要在一个特殊的公用电话亭打电话，这为克格勃监听人们的谈话提供了便利。同样，国际信件和电报往来也引来了官方的疑虑。针对这类物件进入苏联而制定的管理条例是非常严苛的。美国邮政服务系统不得不通知客户，有几类包裹是无法邮寄到苏联的：照片不行，感光胶片或录像带不行，照相机也不行，带有宗教性质的图片不行，时尚杂志、药品、食物，甚至是内衣都不行。[7]

苏联从来没有对东欧国家产生过足够的信任，因此不允许这些盟友之间自由往来：人员、设备、金融和思想流动都要遵守苛刻的规定。波兰、捷克斯洛伐克、匈牙利和保加利亚之间绵延的东部边境线更是被严加看守。在获准进入苏联之前，境外的共产主义国家人员需要提供本国的官方宣誓书。在签发签证方面，莫斯科甚至对它自己的各加盟共和国都疑神疑鬼。当技术专家需要到立陶宛工作时，例如 1983 年 1 月的 3 名捷克斯洛伐克无线电专家，只有卢比扬卡（Lubyanka，苏联克格勃所在地）可以下发签证。[8] 从工程专家、学者到工人都要服从相同的审查机制。这是一个滴水不漏的过程。1983 年 3 月，爱沙尼亚苏维埃社会主义共和国想要捷克斯洛伐克的 20 名施工人员入境，克格勃领导层就此对其在爱沙尼亚、拉脱维亚、立陶宛、白俄罗斯和靠近爱沙尼亚边境的俄罗斯城市普斯科夫的机构进行了一系列的询问。缺乏警觉被视为对"祖国"苏联的不可原谅的背叛。安全部队设法保证从友好共产主义政权过来的 20 名劳动者不会给苏联带来任何伤害。[9]

此外，苏联还实施了一个全面的监视和逮捕计划。克格勃会时常建议政治局为了清除麻烦做一些额外的工作。[10] 在苏联全境，不断有人匿名写下谴责苏联秩序的文章，例如 1979 年有 2020 名作者，而且苏联安全机构注意到，这比前一年多出 360 人。[11] 当局为了根除这一麻烦，加大了调查力度。到 1983 年，这一数字降至 1325，克格勃为自己的办事效率感到骄傲。[12] 他们也强调了外国情报机构的活动，中央情报局被认为构成了最大的颠覆威胁，中国人和西德人被紧接着排在美国人之后。[13] 在立陶宛，梵蒂冈的影响不容忽视。克格勃注意到，教宗约翰·保罗二世和天主教教廷在努力通过合法或违法的途径，渗入和破坏苏联。[14] 天主教教士和民族主义者在 20 世纪 80 年代早期更加大胆地接触年轻的立陶宛人。非法出版物不断增加。反苏联的立陶宛离散犹太人被认为深度参与了非法出版行为，并且已经得到了里根政府的支持。[15]

苏联在担忧西方干涉上的极端本质在 1980 年 6 月 25 日暴露出来，此时政治局决定将"大赦国际"（Amnesty International）视为一个从事颠覆活动的组织。[16]几乎没有哪一个境外组织不被认为是有损于苏联利益的，苏联当局谨慎到了具有政治妄想症的程度。

"主要敌人"——美国——被推测招募了"国家罪犯"作为代理人，并将他们送到了立陶宛。克格勃指的是那些非法逃离了这个国家的人，他们愿意为中央情报局或其他西方间谍网络效劳。因此，苏联的主要工作之一就是确保与动荡不安的波兰接壤的边境地区的安全。任何没有携带正确文书就跨越苏联国境的人会被视为犯有"背叛祖国"罪。[17]在1981年，立陶宛克格勃加强了对出境旅游的监管。如果一个知晓"国家秘密"的人申请到国外旅行，那么官方就会竭尽全力地安排一个合适的替代者出境，替代者都是没有渠道获知类似秘密的人。[18]某些特定的苏联公民团体被认为是国外尝试进行颠覆活动的特定目标。在立陶宛，犹太人就饱受怀疑，尽管二战大屠杀致使到1970年仅24000名犹太人居住在这个共和国里。到1981年，受移民影响，这一数字下降至14000。克格勃仍然对他们保持警惕，以防离散在外的犹太人与他们取得联系、搬弄是非、制造矛盾。以色列情报机构摩萨德（Mossad）被认为在维尔纽斯和其他城市开展工作。[19]

此外，官方还加强了对合法访问苏联的外国人数量的限制。立陶宛就是一个恰当的例子，在1984年，只有58566名非苏联公民进入了该共和国，其中仅1/4多一点的人是来自资本主义国家，商人更是罕见：只有283人踏上了立陶宛领土。美国公民构成了来自资本主义世界的规模最大的代表团，其次是西德人和法国人。[20]入境旅游业本可以成为苏联收入的一个骄人来源，但对苏联秩序的威胁似乎也是显而易见的：毫无疑问，西方情报机构会试着在这些出国度假者中间安插特工。因此，苏联采取了一项明显相互矛盾的政策。一方面，国际旅游组织（Inturist Organization）在全世界的首都或首府城市建立办事机构，并登广告宣传去苏联旅游的行程和价格。莫斯科和列宁格勒成了重点推广的游览目的地。根据宣传内容，邮轮旅行会到达波罗的海港口城市里加和塔林，团体旅游会前往基辅、维尔纽斯或南高加索地区的城市。但另一方面，政策要求对待游客要像对待羊一样，让他们只能在被谨慎控制的"羊群"里活动。导游们要传达出对苏联所取得的非凡成就的赞美。每一天的行程都被计划得满满当当，这样游客就没有时间去制造麻烦了。

然而，即使如此，立陶宛克格勃人员仍然认为问题没有被解决，仿佛无论何时人们通过陆路、海上和航空交通进入这个国家，它神圣的土地都会被玷污。[21] 维尔纽斯，尽管是欧洲城市建筑和文化的一颗明珠，但在 1983 年仅有 7735 名资本主义国家的游客到此游览。克格勃声称在他们中间发现了许多麻烦制造者：80 人是反苏联侨民组织的成员，20 人是犹太复国主义团体的代表，10 人是信仰基督教的"宗派主义者"，21 人是教士，11 人是修女。[22] 游客数量到 1984 年上升到了 15449 人，但对于这个国土面积有两个比利时大的国家而言，这个数字仍然少得可怜。[23] 警察对此却颇为满意：外国人越少，麻烦就越少。即使是来自其他共产主义国家的游客，也会让克格勃心慌意乱，据称，阻止波兰人"不受控制地横穿"进入立陶宛并不十分成功。[24] 1983 年夏天，华沙军事管制的结束让原本糟糕的局势更加难以控制，更多人离开了波兰，前往其他国家旅行，进而打开了一条危险的颠覆活动"通道"。[25] 安德罗波夫在担任克格勃主席的最后几年中曾说，超过 70 名团结工会积极分子因试图煽动罢工而被驱逐出境。在乌克兰、波罗的海国家和亚美尼亚，30 个反苏联团体被瓦解。爱沙尼亚国内多次受外国鼓动的罢工被镇压。[26]

　　克格勃希望苏联人民在苏联境内尽可能少流动。一个穿越多个苏维埃共和国边境的公路赛车的提议引起了克格勃的担忧和惊慌。反情报机构对于潜在的麻烦都保持着警觉，[27]他们怀疑可能会发生什么，但不会给出解释。

　　至于苏联公民出国旅行，即使是到西方国家进行科学交流，也会被认为是危险的。苏联得到了技术上的好处，但长久以来，其在外国人入境和苏联公民出境的事情上从来没有泰然处之。[28]苏共中央书记处草拟了针对每个人——政治家、外交官，以及普通游客——出入境旅行的"基本行为准则"。国际旅行许可是得到官方完全信任的人才享有的特权。苏联政府总是担心人们可能会叛变，或者以某种方式受到西方情报机构的影响，对人们前往东欧国家更是慎之又慎。政治局希望苏联公民在苏联边界内的酒店或者露营地度假。去"资本主义国家和发展中国家"也被视为具有极大的危险，克格勃尽力保证公民以加入一个由指定的指挥者控制的旅行团的方式前往。通常情况下，一个或更多的克格勃官员将匿名跟随他们游览。旅行者会提前接受严格的课程，以便在行为举止上如国家大使一般。[29]

　　"基本行为准则"告诫每个人，要表露出对政治局的国际国内政策的支持，警惕国外情报机构的设备装置。旅行者要将他们的活动限定在官方允许的范围之内，来尽量降低自己的脆弱性、易受攻击性。他们不得将个人性质的文件带出苏联。一抵达国外目的地，他们就要到最近的苏联大使馆或者领事馆签到。此外，他们要抵抗每一种可能让他们腐败堕落的诱惑，带薪的私人工作是被禁止的，接受昂贵的礼物也是不被允许的行为。没有提前得到团队指挥者的允许，任何人都不能脱离预定行程。无论如何，游览人都不能招致任何债务。此外,还有一项告诫是,不要与异性同处一个火车包间通宵旅行(由于在苏联同性恋是违法的,因而不必发布禁止与任何同性发生暧昧关系的警告)。所有人都穿戴整齐得体,他们的酒店房间也要保持干净整洁。回国两周之内,按照规定,他们应向官方提交书面报告。

如果美国和苏联打算改进两国之间的关系,这样的封锁就必须停止。共产主义领导人为了强化对本国社会的控制和抵御外来入侵实行了这种政策。几十年来的官方实践导致了一种对苏联国界之外的任何事情都持怀疑态度的统治心态。克里姆林宫的因循守旧者和倡导温和改革者都不可能想象以一种完全不同的方式生活,然而美国政府却将此作为两国实现基本和解的条件之一。

/ 第八章　北约和它的朋友们

　　苏联不是唯一与盟友有矛盾的超级大国，美国在北约内部也经常会遇到困难。北约成立于1949年，旨在为西欧国家和加拿大提供保护。此外，美国人也为日本、韩国、澳大利亚和新西兰提供军事保障。所有这些国家都实行市场经济，它们中的大多数践行民主政治。结果就是形成了一种频繁的内部流动。尽管美国拥有世界经济大国的持久的优越性，以及能够为其盟友提供必要的军事保障，但华盛顿仍然需要使用强有力的手段来保证盟友们对其外交和安全政策目标没有异议。西欧内部的共产主义政党、和平运动、骄傲的民族主义和对美国目的的反复怀疑，使得全世界没有哪个区域比它更难应付了。一份英国外交和联邦事务部备忘录在20世纪80年代初就明确写道："为了与美国人团结一致的利益——所有人都认识到这一利益对他们而言至关重要，欧洲人采纳了他们并不信任的政策。'协商'的增加并没有什么帮助。"[1]

　　1979年12月12日，北约理事会（NATO Council）决定抵制苏联在东欧部署SS-20导弹。这个决定甚至是在苏联军队于圣诞节涌入喀布尔之前做出的。与往常一样，北约的计划是在华盛顿规划和阐明的。卡特总统建议将108枚潘兴-2导弹和464枚战斧巡航导弹送到欧洲的北约成员国国内。每一枚潘兴-2导弹都具备在开火10分钟内攻击莫斯科的能力，具有极高精准度的战斧导弹能够打击射程1500英里之内的任何物体。[2]苏联政治局心惊胆战，尽管是它自己不计后果的SS-20计划造成了这一麻烦局面。军备竞赛愈演愈烈，苏联必然承受着巨大的经济压力。过去因两大军事集团在中欧的关系缓和而获得的收益，以及与西德越来越多的金融联系而产生的利益，现在一并被抛弃了。

苏联领导人对卡特总统的目的做出了误判，他并非对对抗没有兴趣，其目的在于让苏联为其最新的军事挑战付出巨大的代价。而且，克里姆林宫在当月晚些时候派遣空中和地面部队加入阿富汗战争的事实，让他更加坚定了信念。

共产主义政党和团体从来没有对卡特抱有好感，里根重申部署潘兴－2和战斧导弹的计划也让它们更加反对美国在欧洲建设军事基地。其他的左翼政党对北约政策持有相似的反对态度。另外，相当大比例的选民支持左翼政党的事实让里根的处境变得更复杂。西欧各国政府希望享有美国核"保护伞"的安全保障，但也想规定总统应该如何把"伞"打在它们头上。

玛格丽特·撒切尔在1979年英国首相选举中大获全胜，是里根总统少数几个亲密的欧洲盟友之一。在他入主白宫之时，社会民主党党员赫尔穆特·施密特（Helmut Schmidt）在波恩担任总理。1981年3月，社会党党员弗朗索瓦·密特朗（François Mitterrand）当选法国总统。在意大利，基督教民主党自第二次世界大战以来就主导了内阁，但是在1983年8月，他们被由贝蒂诺·克拉克西（Bettino Craxi）领导的社会党取代。见到克拉克西时，里根又惊又喜，写道："他是一位与众不同的意大利官员。他是一名社会党党员，却彻头彻尾地反对共产主义。"[3] 在里根看来，当赫尔穆特·科尔（Helmut Kohl）和基督教民主联盟（Christian Democratic Union），再加上自由民主党，于1982年10月在西德赢得大权时，局势多多少少好转了一些。施密特总理是北约联盟的坚定支持者（里根记录道："发现我们在对苏联的未来路线方面志同道合。"[4]），然而，科尔是一名保守主义者，他支持的目标也更加宽泛，里根在1981年10月曾与他会面，并且两人达成了一致意见："（科尔）说在波恩，25万名反美的游行示威者来自欧洲各地，这是苏联精心安排的。"[5]
科尔当上总理，里根很高兴在华盛顿与他会面："我们的确投缘，
我相信我们将建立一种良好的关系。"[6]

然而，即使是撒切尔夫人和科尔，也对美国政策持有保留意
见。美苏双方早期的政策重点在于增加能够穿越大西洋攻击到对
方的战略性武器数量。随着美国和苏联都在"铁幕"附近数百英
里处部署了新的中型弹道导弹，各国开始讨论将一场核战争限制
在欧洲大陆范围内的可能性。西欧领导人害怕这将弱化美国对在
苏联进攻时实施全面报复的保证——另外，里根对其战略防御计
划的强烈支持也加重了这一担忧。

法国成了西欧这群"乌合之众"的核心。自戴高乐
（Charles de Gaulle）在 1959 年担任法国总统以来的十年间，
麻烦就不断发生。1966 年，他甚至让法国退出了北约的联合指
挥体系。另外，他还将北约从位于枫丹白露的总部驱逐出去。戴
高乐之所以这样做，是因为他决心保证法国的行动自由。他推
断，法国军事力量有它们自己的核武器，能够独立威慑苏联的核
打击。经过军事上的冷静思考后，他认为在保卫西方免于东德袭
击一事上，法国并不涉及自身的国家利益。戴高乐对让法国臣服
于外国势力的厌恶被他的后继者们延续了下来，无论他们出自哪
一党派，持何种意识形态。他们设计出一种混合方式来与其他西
方国家打交道。他们公开强调法国的主权国家地位，但与此同
时，保留在联盟政治实体中的成员国身份以及积极加入它们的讨
论中。此外，他们还不顾及美国的意愿，主动与苏联沟通。戴高
乐幻想着实现一个"从大西洋到乌拉尔的欧洲"。私下里，他似
乎迫切想要与苏联关系回暖。然而，不论是他本人还是之后的法
国总统，都没有以牺牲与华盛顿的关系为代价，去改善与苏联的

关系。实际上，戴高乐主义在东西方对峙的严峻时期，更多的是一种表面文章。

东部与一连串共产主义国家接壤的西德，从来没有像法国那样冷落和怠慢美国人。战后安排使得北约基地遍布很多地区，大多数市民都很清楚，没有这些基地，波恩将在苏联发起入侵时孤立无援。SS-20 导弹的威胁甚是严峻，但是，除此之外，幅员辽阔的苏联及其东欧盟国本身就代表着一种危险。自华约实施了进攻性的军事部署以来，西欧的每个北约成员国都惊恐不已。苏联否认对此有任何担心的必要（直到 1988 年，苏联官员才承认西方的抱怨是有道理的）。[7] 西德人心知肚明，如果战争爆发，第一场战役就将在他们的领土上进行。无论多么怨恨美国、英国和法国对他们国土的占领，他们都依然对它们在西德逐渐建立常规军备时所提供的安全保障心存感激。北约成员国的身份让他们得以在商业贸易方面繁荣发展。西德"经济奇迹"自 20 世纪 50 年代开始出现，并在接下来的数十年中延续下来，在欧洲共同体中，没有哪个国家能够在工业实力方面成为西德强有力的竞争对手。

波恩政府试图缓和美苏之间的紧张态势，认为中程武器是一种不必要的矛盾激化因素，而且在两国都持有良好意愿的前提下，中程武器可以被撤销。1981 年 5 月勃列日涅夫与施密特在波恩会面时，西德人大胆提议削减中程核导弹数量。如果苏联将 SS-20 导弹移除，美国人将撤走他们的潘兴 -2 导弹。完全出乎意料，勃列日涅夫低声含糊地说了些什么，随后葛罗米柯插话，坚持说苏联并不打算停止它的军事部署计划。施密特不想就这样被搪塞过去，于是勃列日涅夫同意会认真考虑一下这一提议。葛罗米柯建议在机场进行进一步的讨论，但是他没有亲自参加，而是派了副部长科尔尼延科代表他出席。没有跟进施密特的提议是一个重大的错误，这只会让美国政府中的强硬派如温伯格和卡西更有理由相信，与苏联领导层达成和解是不可能的。[8]

虽然如此，施密特仍然继续寻求与苏联和东欧建立更紧密、更友善的关系。在他的准许下，法兰克福和慕尼黑的银行为波兰、匈牙利、罗马尼亚——最重要的是——东德提供了信用贷款，使它们能够给人以经济尚有活力的印象。此外，他还同意了让苏联的天然气输入西德的计划。1973 年世界市场上石油价格的上涨让各国部长们将目光投向中东以外的地区，寻找石油供应源。另外在美苏关系缓和期，西方国家还做好准备，实行能够振兴苏联经济的合作性计划。阿富汗和波兰危机摧毁了这些计划，原因在于美国人加强了既有的与苏联和波兰的贸易禁运制度。他们禁止销售石油和天然气设备，而且从 1982 年 6 月开始，他们声称有权强迫外国公司和美国公司遵守禁运政策。这注定将破坏施密特和勃列日涅夫近期签署的关于建设将天然气输送至西德的管道的交易。即使是撒切尔夫人，也被美国人的行动惹恼。一家苏格兰公司正抱怨白宫干涉了它的契约自由，首相也公开说道："我觉得我尤其受到了一个朋友的伤害。"[9]

西德使用的天然气越来越多地来自苏联，美国和其他北约政府一想到这有可能削减西德坚持其协约义务的决心就心惊胆战。波恩不愿意放弃帮助苏联进行石油化学设备现代化的机会，这让华盛顿更加担忧。另外，众所周知，不论是施密特，还是他的后继者科尔，都积极推动向昂纳克提供金融援助，来换取东德在出境签证方面的让步。与此同时，科尔还为了罗马尼亚境内德意志民族的市民能够获得移民准许，而付钱给罗马尼亚当局。西德与东欧的往来越来越多，其他北约成员国政府则担心，西德可能在东欧政治局势发生动荡时，不再支持美国人的政策。科尔明白这种担忧，因而对部署潘兴-2导弹和巡航导弹表现出了比施密特更大的热情。很显然，如果能够左右时局发展，他并不打算成为苏联游戏中被任意摆布的棋子，同样，他也不是受美国人操纵的傀儡，他对战略防御计划的怀疑早已人尽皆知，这让美国政府在与他打交道时更加谨慎小心。

意大利是另一个让美国人不放心的盟友。它国内的共产主义政党经常在全国大选中成为具有威胁的竞争对手，并且在几个大的北方城市掌权。而且，连续几届由基督教民主党领导的内阁，也在战略上摇摆不定。阿尔多·莫罗（Aldo Moro）领导着基督教民主党多个派系之一，他倾向于与共产党人达成某种政治谅解。莫罗在1978年被"红色旅"（Red Brigades）绑架并杀害，这一极左的恐怖团体指责意大利的共产主义政党背叛了马克思主义的根本原则。莫罗之死导致基督教民主党与共产党成员达成某种选举交易的势头减弱，但是美国政府仍对意大利作为盟友的可靠性不放心。汽车制造公司菲亚特（Fiat）已经在陶里亚蒂市（Tolyatti）建立了一座大型汽车工厂，陶里亚蒂市是一个依伏尔加河两岸而建的新城市，为纪念已故的意大利共产主义领导人帕尔米罗·陶里亚蒂（Palmiro Togliatti）。与西德人一样，意大利人也严重依赖苏联的天然气供应。意大利前总理朱利奥·安德烈奥蒂（Giulio Andreotti）——自1983年起担任意大利外交部部长，积极寻求与葛罗米柯维持一种良好的工作关系。因此，里根相较于他所熟知的意大利政治家，更喜欢与教宗约翰·保罗二世（Pope John Paul II）打交道。梵蒂冈在这位生于波兰的教宗领导下，坚定地站在苏联、无神论和苏联控制的东欧的对立面。

尽管在关于共产主义的很多重大问题上，教宗与美国总统的意见很接近，但英国首相撒切尔夫人的看法与里根更相近。1975年撒切尔夫人与里根第一次在下议院会面时，他们就结为政治灵魂伴侣。[10] 那时，两人都没有执掌大权，但是他们一直保持联系，并对两人之后均升至国家领导人的地位感到欢喜。撒切尔夫人讨厌西欧的社会主义者，如法国的密特朗和西德的施密特，并且对英国工党中一部分人单方面削减军备的倾向感到震惊。她欢迎里根当选美国总统，视之为美国从其在越南的羞耻经历中恢复信心的标志。她坚决反对西欧所有在与苏联打交道时立场不坚定的人，因而，当《真理报》给她冠以"铁娘子"的称号时，她为自己成功惹恼了克里姆林宫而扬扬自得。

然而，此时即使是撒切尔夫人对里根的忠诚，也处于沉重的压力之下。1982年，阿根廷军政府对马尔维纳斯群岛进行收并，在英国皇家海军抵达南大西洋的几天前，美国在这场即将到来的军事冲突中持何种政策，一直含混不清。与国务卿黑格不同，国防部部长卡斯帕·温伯格希望帮助英国。正是他的介入，美国政府的意见平衡才被打破，向英国一方倾斜，撒切尔夫人对此永远心怀感激，之后皇家海军收到了美国的情报资料，协助他们打赢了阿根廷人。撒切尔夫人与美国政府的一次更严重的龃龉发生在1983年，那时里根下令向加勒比海上的小岛格林纳达进军，以推翻那里新产生的共产主义政府。格林纳达属于英联邦，因此撒切尔夫人认为里根至少应该提前让她知道他的计划。里根在电话里大度地容忍了撒切尔夫人的暴怒。她早已对里根的战略防御计划心存疑虑，并警告总统开启另一轮军备竞赛所要承担的风险。撒切尔夫人称苏联很可能以制造新一代核武器作为回应。而且，里根的计划可能最终只能发挥95%的效力。即使是几枚导弹穿透防御网络，也将让6000万人失去生命。撒切尔夫人是一名战后传统主义者，她推断通过相互威慑，核武器已经让一种力量平衡稳固下来，结果就是欧洲实现了长达40年的和平。里根没有被撒切尔夫人说服，他坚持一种基本立场，正如他解释的那样，"我的终极目标是消除核武器"。[11]

然而，里根很欣赏撒切尔夫人在其他几乎所有世界政治问题上所给予的充足支持。他在日记中写道："玛格丽特·撒切尔是中流砥柱，是美国可靠的朋友。"[12] 随着她越来越自信，撒切尔夫人在与里根见面时，会撇开自己的外交大臣。[13] 美国人通常会就他们的外交政策计划咨询她的意见——占领格林纳达的单方面决定则是一个例外。逐渐地，潘兴-2导弹和巡航导弹开始抵达西欧，它们被部署在英格兰纽伯里附近的格林汉康芒（Greenham Common）和西德法兰克福附近的穆特兰根（Mutlangen）。勃列日涅夫和安德罗波夫发出了挑战，而美国及其盟友都证明自己是愿意接受挑战的。

北约试着团结一致地面向世界，尽管众所周知，成员国之间存在分歧。一种内部协商的秘密机制让美国政府可以避开其他成员国，单独与英国、西德和法国协商。在欧洲事务上，这三个权力政府是华盛顿最为看重的。即使戴高乐退出了联盟的联合军事指挥，美国人也没有将法国排除在敏感的磋商之外。这一机制被称作四国集团（The Quad），其暗中目的就在于将意大利和其他北约成员国排除在讨论之外。它形成于苏联入侵阿富汗数周之后，其早期的首要任务是协调联合行动，包括联合日本和"大洋洲人"的行动。此外，这一机制还将加拿大纳入其中，最高目标是制约苏联的全球权力和抵抗它的扩张野心。尽管西方国家对勃列日涅夫在撒哈拉以南非洲的政策和行动感到遗憾，但几乎都将它视为冷战的自然特征，阿富汗战争对它们而言，则被视为一种不可容忍的苏联影响力的扩张。自1979年起，美国在全世界范围内的盟友和朋友都在努力取得"击退"莫斯科的最新进展。

英国的政策建立在这样一种前提下，即让"苏联势力范围内的国家动荡不安"是一个理想目标。[14]这一目标从来没有被公开陈述过，而且英国的确担心波兰或其他东欧债务国的破产会带来经济危害。全国性暴力反抗共产主义政权同样可能导致不幸的后果，至少从短期来看是如此。如果说伦敦有这种担忧的话，那么波恩的担忧会更加强烈，因为对它而言，东德动荡会导致更加严重的金融影响，而且没有人可以准确预知苏联会在其"外部帝国"对共产主义原则的直接挑战做出怎样的回应。美国和西欧已经目睹了1980~1981年波兰所发生的事件，谁都不会信心十足地说，莫斯科不会将武装部队运送到华约成员国。对于这种紧急状况，北约还没有制定出任何可行的方案，而且毫无疑问，没有哪个西欧国家打算因此而开战。事实上，冷战是一场消耗和备战的竞赛，美苏双方对此都感到疲惫不堪。此外，尽管西欧国家领导人都赞成使东欧非共产主义化的想法，但他们在实践这一想法时蹑手蹑脚，而且在某些基本路径上，反而是在支持他们所憎恨和恐惧的共产主义政权。

与西欧相比，加拿大几乎没有给美国人惹什么麻烦。总理皮埃尔·特鲁多（Pierre Trudeau）虽然时常批评里根的态度，怀疑他的执政能力，但对美国的政策很少说不。与其他盟友一样，加拿大人知道美国的核保障对他们是有利的。作为七国集团的一员，加拿大有着丰富的自然资源，从将它们出口到美国制造商手中赚取利润。令华盛顿恼火的是，加拿大拒绝切断与古巴的一切商业往来，拒绝加大美国的经济封锁力度。美国人在这件事情上多多少少是有一些虚伪的，因为加拿大的公司与古巴人一同开采古巴岛上的镍矿，之后再将金属镍卖给美国，用来制造硬币。

    日本人更有理由去关注美国政府的动向。20世纪70年代，日本开始在先进工业技术方面取得显著成就。它在汽车、照相机、电视和无线电设备制造行业拥有了全球性影响力，而且它的机床工厂也在挑战美国所能制造出来的最好的设备。日本人的公司开始制造加工用于美国海军舰船的军事部件。这并不符合以北约为主导力量、保持北约科技领先地位的国防建设偏好。另外，1980年的东芝丑闻似乎也表明盟国之间的关系出现了不良的松动。日本受益于美国笼罩于其国土之上的、用来对抗苏联威胁的核军事"保护伞"；但是日本人因美国战后数十年的武装存在而产生的民族主义憎恨越来越强烈。不过，韩国民航客机在西伯利亚上空被击落一事让日本公众深受震动，并让民意重新支持与美国结盟。而且随着信息技术革命在加利福尼亚州的"硅谷"蔓延开来，美国人也正在恢复他们的工业活力。

/ 092

    军事、政治和经济问题的出现，让对美国的盟友网络（包括北约）实施动态管理变得很有必要。即使是最遥远的国家也可以搅乱局势。在澳大拉西亚，之前几乎没有发生过争吵，直到1984年以总理戴维·朗伊（David Lange）为首的新当选的新西兰工党政府，颁布法令禁止核动力或装备有核武器的舰船出现在其水域之内。这挑战了美国在全世界范围内抵抗苏联和共产主义的领导地位。朗伊做了任何西欧、北美和亚洲盟国领导人都没有做出的举动。然而，鉴于西南太平洋上的岛国实力都不算强大，惠灵顿又有半个地球之远，还处于苏联的野心范围之外，因此华盛顿对此并没有做出特别愤怒的反应。事已至此，新西兰事件表明"西方"在抵御苏联的任务上变得松散和灵活。

/ 第九章　世界共产主义与和平运动

　　克里姆林宫利用全世界的共产主义政党来努力实现它自己的全球目标。在 1960 年苏联与中华人民共和国关系破裂之后，这变成了一个艰难的过程，此时中国像磁铁一样，吸引着对苏联不满的马克思列宁主义政党。然而事实上，北京只吸引到了一个共产主义国家——阿尔巴尼亚。由于无论在经济资源还是军事实力上，中国都无法与苏联匹敌，因此中国更像是一个刺激因素，而不是一种威胁。但是它缺席偶尔在莫斯科举行的国际会议已经清楚表明，克里姆林宫在"世界共产主义运动"中不再是不可挑战的了。葛罗米柯指责中国人无意与苏联实现关系"正常化"，反而倾向于与美国结盟。莫斯科与北京之间的关系似乎并不存在什么好转的希望。[1] 勃列日涅夫于 1982 年 3 月在塔什干发表了一次演讲，措辞犀利，态度强硬；但它至少承认中国是一个社会主义国家，并接受它对台湾拥有主权。中国人对此感到满意。他们推断在阿富汗战争局势对莫斯科不利的情况下，苏联领导层会寻求与北京缓和关系。[2]

　　邓小平对于里根在 1980 年竞选总统时支持台湾十分愤怒，因而，里根认为有必要派遣他的副总统竞选伙伴乔治·布什去打消北京的顾虑。里根逐步沿袭了尼克松总统于 1972 年访问北京时对中国采取的立场。美国的目标是增强中国的实力，让它能够在亚洲制衡苏联。1984 年 4 月 21 日，里根批准了一份《国家安全决策指令》，将中华人民共和国定位为友好的、不结盟的国家，它旨在保证中国与苏联的离解状态，进行一种"使其制度自由化"的双向努力，释放市场力量。军售将会持续，而且针对出售先进技术的限制也会进一步解除。[3] 美国政府认为，正在实行改革的中国，应该得到美国人的帮助和鼓励。

1984 年 4 月 26 日，里根开始对中国的正式访问。在与中国领导人的会谈上，他强调美国并不想要一种正式的联盟关系，对于中国在世界政治中保持其不结盟地位，他感到很满意。[4] 邓批评了美国对发展中国家实施的政策，以及在削减核武器方面缺乏进展，里根对邓的批评予以回击。然而，两人都避免在台湾问题上发生争吵：他们知道这将不可挽回地毁掉谈话的气氛。[5] 这次访问对中美两国而言总体上都是积极的，在里根离开之前，双方还就美国帮助中国核能项目草签了协定。[6]

里根与邓小平的会晤，让本来就处于压力之下的克里姆林宫更加紧张，此时政治局委员们的神经已经饱受"神箭手"演习紧急情况的折磨。美国人正有意增强苏联在亚洲的竞争对手的经济和军事力量。即使在关系和缓的时期里，也就是苏联入侵阿富汗之前，美国总统也已经向莫斯科清楚表明，他们决心与北京保持友好的关系。在里根任期内，这种友好关系得以强化。政治局敏锐地意识到正在发生什么，对里根政府可能利用中国因素感到不安。苏联在政治宣传中猛烈地抨击中国政府，只有对共产主义的南斯拉夫和阿尔巴尼亚，态度才有轻微的缓和。列宁在 1919 年领导成立了共产国际，但此时苏联已经不再像列宁和斯大林时期那样，可以对别国的共产党行使权威；尽管如此，它的领导人仍然坚信：苏联是"世界共产主义运动"的领导者。对他们而言，这是一种信仰，信仰列宁主义和十月革命是 20 世纪一切进步的、人道的和令人期待之事的奠基石。

负责全世界范围内共产主义运动的人是鲍里斯·波诺马廖夫。他自 1955 年起就开始领导苏共中央国际部。在过去的数十年里，党的领导层已经逐渐学会去相信他的直觉和判断。但是波诺马廖夫徒劳地等待入选政治局，而且人们普遍怀疑他的老战友葛罗米柯因想维持自己在国际关系决策中的主导作用，并不希望他进入政治局。尽管如此，波诺马廖夫仍然是一位重要的党中央官员，其职责范围遍及全世界范围内的所有共产党组织和其他极左的革命组织。对这一全球通用的"处方"而言，不适用的例外是那些由苏共中央社会主义国家共产党和工人党联络部（Department for Links with the Communist and Workers' Parties of the Socialist Countries）部长康斯坦丁·卢萨科夫（Konstantin Rusakov）负责的、由共产党执政的国家。[7] 卢萨科夫同样有着很大的影响力，尽管东欧对苏联利益的重要性意味着当紧急事件发生或发酵时，政治局总是会介入。克里姆林宫不再积极推动在全世界爆发共产主义革命。当革命发生时，它会表示欢迎，但是它自己的日常偏好是将这些政党用作传播苏联影响力的工具。

一种让各国共产党保持合作的传统方式是财政援助。即便是批判苏联的意大利共产党，也能从莫斯科拿到钱。然而，资助的发放是完全保密的，没有哪个国家的共产主义领导人想让国民知道他们自己的党依赖于苏联的恩惠。如果公开的话，结果将会非常具有破坏性。贾尼·切尔韦蒂（Gianni Cervetti）在1979年10月曾代表意大利共产党秘密来到莫斯科。[8] 由于之前在苏联待过一段时间，因此他可以说一口流利的俄语。但他随后声称，苏联的援助早在两年前就停止了。[9]

波诺马廖夫通过共产党和左翼运动援助基金会（Assistance Fund for Communist Parties and Movements of the Left）掌管着财务。虽然基金会里绝大多数的钱是在莫斯科筹集的，但苏联仍然成功将定期出资以补充援助基金的义务强加到东欧的"我们的朋友"身上——除了减轻苏联的预算压力之外，这样做还有一大政治优势，那就是将东欧的国家与克里姆林宫的全球目标捆绑在一起。[10] 波诺马廖夫将他的决定递交给政治局审批。[11] 在海外，他并没有受到广泛的爱戴或尊敬。例如，英国的共产党认为他总是不考虑现实可能性就给出建议。[12] 纵然苏联从来没有揭示其慷慨援助的逻辑道理，但 1980 年的年度决算表明，克里姆林宫依据的是当前的外交与安全政策，而不是希望孵化共产主义革命。他们优先考虑的是维护苏联在所有大陆的影响力和威望，而这不可避免地会卷入与美国的竞争当中。政治局想要以全球"反帝国主义斗争"先锋的姿态示人。[13]

波诺马廖夫给出的最大一笔拨款高达 250 万美元，资助对象是格斯·霍尔和美国共产党。包括霍尔在内的美国共产党候选人，自 1945 年起在每一次的总统选举和州选举上均在选民投票阶段遭遇了失败。[14] 但这并没有让波诺马廖夫感到担心和不安。苏联需要设立一个机构，持续地为其事业进行政治宣传，霍尔正是莫斯科眼中承担这项任务的最佳人选（事实上，霍尔是一名不苟言笑、说话啰唆的演讲者，其机械重复的特点被国际部忽视了）。霍尔对 1956 年入侵匈牙利、1968 年入侵捷克斯洛伐克都持赞同意见。他把苏联人民生活中的种种美好写成狂想诗文。他一边唱着对勃列日涅夫的赞美诗，一边哀叹自他就任美国共产党总书记以来各位美国总统的结局。他通过了克里姆林宫的每一次测试，甚至支持了苏联军队在阿富汗的战争。他和他的党花费很少，当他们于 1982 年向苏联要求减免他们的债务时，中央书记处批准了。[15]

另一大笔经济援助是给法国共产党的 200 万美元。作为苏联"热爱和平"意愿在西欧的发言人，法国共产党领袖乔治·马歇（Georges Marchais）在西欧拥有着卓越的地位。他们也许不能赢得任何一次国家选举，但是他们从来没有被边缘化，而且事实上，他们经常获得大量又达到足够比例的选票，能够影响联合政府的组成。无论如何，对美国而言，法国都是最难以应付的西方国家，尤其是因为它退出了北约军事指挥系统，以及它的几位总统抨击了美国的外交政策。克里姆林宫有充足的理由为法国共产党提供支持，让它尝试加剧莫斯科和巴黎之间的紧张关系。[16]在苏联领导层看来，没有苏联的帮助，法国的同志们是应付不来的。[17] 另外，他们也认为需要给予芬兰共产主义者同样慷慨的支援，因而拨了 135 万美元。[18] 与苏联的共同边界让芬兰成为苏联地缘政治利益的一个核心地带。排在芬兰后面的国家得到的资助金额就大大减少了，这些国家依次是葡萄牙（80 万美元）、希腊（70 万美元）和智利（50 万美元）。南非共产党只拿到了微不足道的 10 万美元。[19] 苏联领导层对乔·斯洛沃（Joe Slovo）及其领导的共产党没有什么好印象，因而集中资源去支持非洲国家议会（African National Congress）了。[20]

克里姆林宫对欧洲的共产党评价不高。尽管马歇个人对莫斯科是忠诚的，但是公众对苏联古拉格恐怖事件的议论日益增多，使其不可能做到对苏联百依百顺。到 20 世纪 70 年代，他开始指责苏联的反民主行径。法国共产主义出版商则出版攻击苏联内政外交的文学作品，这引发了苏共中央书记处不小的怒气。[21]

西欧政党对莫斯科发起的挑战慢慢地被称为"欧洲共产主义"。恩里克·贝林格（Enrico Berlinguer）和意大利共产党就处于这一挑战的中心位置。1972 年贝林格成为意共总书记后，采取了一种"历史妥协"战略，包括主动向基督教民主党示好。他谴责苏联的人权记录，哀叹民主自由的缺失，公开抨击苏联入侵捷克斯洛伐克和阿富汗的举动。他还让意大利的共产主义者去质疑莫斯科教科书上苏联历史的真实性。苏联领导人厌恶他对波兰的团结工会运动示以支持。[22] 他们对欧洲共产主义者的厌恶是强烈的和发自心底的。苏联外交部部长的儿子阿纳托利·葛罗米柯声称贝林格的理念是源自他的"贵族"出身；此外，他还大胆断言杰出的意大利共产主义者乔治·纳波利塔诺（Giorgio Napolitano）是一名中情局特工。尽管没有其他迹象表明整个苏联领导层也和他一样粗鲁，但阿纳托利在其他官员面前随意的说话方式暗示出，他并不认为自己所说的是不同寻常的事情。[23] 波诺马廖夫对意大利共产党却有着一种直觉上的智慧："我并不确定，如果战争爆发他们会对我们保持中立。"[24]

尽管如此，对莫斯科来说，欧洲共产主义者还是有些用处的，主要在于他们坚持不懈地在欧洲发起废除核武器运动。另外，虽然双方对彼此都看不顺眼，但苏联领导层仍然继续与他们保持对话。让政治局感觉越来越重要的是所谓的与 14 个非共产主义国家的"军事技术合作"，它们包括印度、叙利亚、阿富汗、北也门、南也门、伊拉克、阿尔及利亚、利比亚、安哥拉、埃塞俄比亚、莫桑比克、尼日利亚、几内亚和几内亚比绍。尼加拉瓜不久之前成了第 15 个国家。莫斯科向这些国家派遣了武器和专家。政治局的首要工作是寻求苏联的全球地位和影响力，因而援助并没有受到严格的预算限制。多年来，苏联仅仅收回了其供应物资成本的 70%。几个国家被免除了全部债务——或者只被要求偿还全部债务的一部分，通常是用当地生产的商品来偿还。苏联政府就是这样纵容阿富汗、安哥拉、埃塞俄比亚、莫桑比克和尼加拉瓜的。[25] 在私底下，苏联领导人将这些国家称为"客户"。[26]

虽然军事游说对苏联政治有着巨大的影响，但它并不是没有分歧的。1982年，国防部部长乌斯季诺夫支持卡斯特罗对安哥拉总统若泽·爱德华多·多斯桑托斯（José Eduardo dos Santos）反抗南非施以援手。然而，总参谋部不喜欢苏联继续在全世界范围内做出军事承诺，其他领导人也反对苏联在20世纪70年代所做出的承诺无限地延长下去，因而，他们表示已经得到苏方人员指导和训练的安哥拉人应有能力独立完成他们自己的战斗。瓦连尼科夫（Varennikov）——在谢尔盖·索科洛夫当上国防部部长之后，开始统领苏联在阿富汗的军事力量——也在一定程度上坚定地支持这一立场。多斯桑托斯只是在直接求助于政治局之后，才成功得到了苏联的援助。乌斯季诺夫与总参谋长奥加尔科夫（Ogarkov）和总参谋部的瓦连尼科夫之间心存芥蒂，后两者都希望不要增加苏联对南部非洲的军事承诺。[27] 然而，乌斯季诺夫作为政治局委员，拥有将自己的意愿强加到他人身上的权威和性格。他曾任职于勃列日涅夫团队，设计和制定相关政策，通过提供军事建议和金融贷款来扩张苏联的全球影响力。他可以成就也可以毁掉一位军事将领的职业生涯，奥加尔科夫正是在冒险去挑战乌斯季诺夫喜欢的政策方向。

与此同时，美国在西欧部署潘兴-2导弹的计划，搅动着克里姆林宫里每个人的神经，也诱发他们努力寻求能够阻止这一计划成行的帮助。各共产主义政党——甚至是麻烦的意大利人——都可以被指望做到最好。但是，起关键作用的国家是美国、联邦德国和英国，在这三个国家里，共产党人基本上对国内政治产生不了什么影响。因此，政治局积极地鼓励和资助那些开展"和平运动"、反对美国政策的团体。

在瑞典，首相奥洛夫·帕尔梅（Olof Palme）提议在东西德之间建立非军事化走廊。尽管这对美国人来说没有什么吸引力，但苏联一些军事－政治谈判专家认为与之类似的措施是有价值的。维塔利·卡塔耶夫，苏共中央国防部副部长，则建议这一走廊应宽达 150 千米，他希望所有的核武器、坦克和重型火炮都被移出这一区域。在进一步考虑这一问题之前，他寻求并得到了戈尔巴乔夫的同意。阿赫罗梅耶夫气愤地质问卡塔耶夫："你知道我们需要从那个地方撤出多少辆坦克吗？"当卡塔耶夫回答说他知道时，阿赫罗梅耶夫问是多少。按卡塔耶夫的说法，是 2000 辆。[28] 国防部和总参谋部一致表示，只会考虑那些能使苏联在东欧保留其所有导弹的提议。持相反意见的人要么保持沉默，要么被完全忽视掉。实际的政策重点在于给美国人制造困难，让他们完不成部署计划。苏联的决策者们打算恢复自他们引入 SS-20 导弹时形成的军事力量失衡。

站在莫斯科的立场来看，这些都强化了西方"和平运动"的重要性。联邦调查局向国会报告苏联此举的微妙之处——不是试图控制西方组织，而是克格勃和苏共中央国际部秘密地将它们引向有利于苏联外交和安全政策的方向。像往常一样，美国的共产党也参与其中。莫斯科为此准备了充裕的资金。克里姆林宫将世界和平理事会（World Peace Council）设为实现其目标的工具，而且美国共产党人占据着理事会领导层的位置。其他被用于强化政治局目标的全球图景的组织还包括美苏友谊全国委员会（National Council of American-Soviet Friendship）和美苏公民对话（US-USSR Citizens' Dialogue）。[29] 长时间以来，克里姆林宫一直对英国核裁军运动（British Campaign for Nuclear Disarmament）很感兴趣，暗地里为它提供物质援助，由于太过隐秘，以至于英国核裁军运动的领导者都不知道这些资金是从哪里来的。莫斯科发觉这些机构有可能赢得民心，而且能给北约的潘兴-2导弹计划制造障碍，就慷慨大方地提供资金支持。

英国工党是另一个能够使苏联在西欧发挥政治影响力的潜在渠道。1981年10月1日，迈克尔·富特（Michael Foot）和丹尼斯·希利（Denis Healey）在莫斯科与勃列日涅夫会面。富特谦恭有礼，希利却吵闹粗鲁，没等勃列日涅夫讲完一句话，他就插话进来。[30]苏联官员内部讨论着应该如何称呼富特，是"先生"还是"同志"？富特自己为他们解决了这个难题，因为在他热情地与勃列日涅夫握手时，称呼他为"同志"。富特和希利都没有提及阿富汗。[31]下议院议员斯图尔特·霍兰德（Stuart Holland）于三年后代表英国工党领袖尼尔·基诺克（Neil Kinnock）到访莫斯科，基诺克想要在开始既定的苏联之行前，先弄明白苏方在核裁军上的正式立场。克里姆林宫对资助基诺克有强烈的意愿，这可是一个有可能成为首相、宣布英国为"无核区"的人。[32]在基诺克访问莫斯科期间，政治局制定了一项政策：如果英国同意移除一定数量的核武器，苏联领导人将主动削减军械库中相同数量的核弹头，他们也会终止将剩下的核弹头对准英国。另外，在苏联人权保护方面，双方也敷衍、含糊地达成了共识。[33]

苏联领导人设法寻找着破坏西方国家稳定的机会。他们对此十分谨慎，以免恶化与美国及其盟国的紧张关系，然而1984年的英国矿工罢工是一个难以抵抗的诱惑。克里姆林宫通过苏联工会运动（Soviet trade union movement）操作，经由瑞士银行集团（Swiss Bank Corporation）向全国矿工联盟（National Union of Mineworkers）注入大量资金。联盟主席阿瑟·斯卡吉尔（Arthur Scargill）可以预见到撒切尔夫人内阁可能对此小题大做。内尔·海厄特（Nell Hyett）当时是他的政治幕僚，而且在一次与苏联驻伦敦大使馆的官员秘密会面中，斯卡吉尔要求将资金直接汇入海厄特在芝加哥第一国家银行都柏林分行的账户。当斯卡吉尔抱怨英国依然能够从国外购买煤时，参赞帕尔申（Parshin）和一等秘书马祖尔（Mazur）指出，苏联已经停止供应煤或其他任何燃料。斯卡吉尔公开抨击了绝大多数的英国工人运动。在他眼中，工党领袖尼尔·基诺克和罗伊·哈特斯利（Roy Hattersley）就是保守主义政治言论的供应者和传播者。另外，斯卡吉尔还表达了对英国共产主义政党和某些左翼劳工激进分子的偏爱。[34]

克里姆林宫里的领导人在推进这项政策时，并没有考虑到它对安哥拉－苏联关系所造成的伤害。那时，他们感觉不会有什么损失。缓和的局面已经一去不复返，里根领导下的美国比以往任何时候都更加好战。如果共产主义和社会主义左翼或和平运动能够做任何打击北约自信心的事情，对莫斯科而言，都会是百利而无一害的。苏联领导人忽视了西方政府在应对国内反对时的弹性和适应能力。北约不会因工业罢工或街头抗议的压力而有任何动摇和屈服，也不会停止在欧洲部署新型核武器。克里姆林宫可以利用的最后招数失败了，西方的决心已经得到检验，没有任何动摇。然而，政治局委员们唯恐苏联失去超级大国的地位，对美国做出重大妥协对他们而言，是连想都不能想的。政治局到现在还没有回答：苏联的经济是否能够承受它的全球野心。它的资源供应被过度延伸至东欧、阿富汗、越南、古巴和撒哈拉以南的非洲，科技发展输给了美国，本国民众越发不满。

到目前为止，苏联领导人仍然决心与美国人对抗和竞争。他们都不愿也不能直面现实。

里根发现，他对安德罗波夫领导下的苏联领导层施加压力，似乎只是让他们坚定了自己的立场。尽管如此，他决心继续施压。1984 年 1 月，他签署了一份关于将来如何与苏联开展对话的指令。他想要一种包括四个方面的议事安排。美国政府将坚持，如果苏联领导人想要在"军备控制"上达成协议，他们将不得不彻底改变苏联在人权、地区冲突和双边贸易上的行事方式。他并不打算重新回到尼克松、福特和卡特总统领导下的美苏缓和阶段，那时克里姆林宫在讨论中的任一方面做出让步，都会得到美国愿意在其他方面降低要求的回报。这种方法被称为"关联原则"，是与里根的想法完全相悖的。他想要实行自第二次世界大战以来最有野心的对苏政策。与此同时，他也希望给苏联"结束冷战的诱因"。他意志坚定，也满怀希望："如果苏联政府想要和平，那么和平就会到来。"[1]

在他于 1984 年 3 月 27 日设立国家安全规划小组时，舒尔茨和温伯格之间还存在冲突和矛盾。舒尔茨担心华盛顿与莫斯科之间缺乏沟通是一种很危险的状态，他提议恢复在日内瓦举行的军备控制谈判。相反，温伯格则对任何暗示着妥协的提议有一种发自心底的厌恶：

> 我们需要把重点放在协议的内容上，而不是为了达成协议本身。苏联对给总统一次胜利没有什么兴趣，他们只会给他一份他可能不会接受的协议。那么，他们对什么感兴趣呢？一份不会导致军备削减的第二轮限制战略武器谈判协议。为了达成协议，他们将要求我们做出重大的让步。[2]

舒尔茨反驳说，拒绝谈判是没有意义的：唯一的结果就是为苏联提供了政治宣传的免费礼物。凯西和罗尼通常会反对纵容莫斯科的举措，但是这次他们没有参与争论，他们知道里根一心想重启日内瓦谈判。温伯格处于孤立的境地，里根宣布他本人支持舒尔茨的提议。[3]

在美国人争论的同时，苏联政治却处于悬而未决的状态。总书记安德罗波夫甚至在得到任命的时候就已经生病了，1984 年 2 月 9 日，在肾脏彻底衰竭之后，他与世长辞。第二天，政治局批准了葛罗米柯的提议，康斯坦丁·契尔年科（Konstantin Chernenko）担任新一任总书记。乌斯季诺夫对此表示了支持——戈尔巴乔夫曾向乌斯季诺夫请求提名自己，但是被拒绝了。[4] 他已经与政治局内部的优势集团达成了共识，因而不想再去搅乱。苏联高层明白契尔年科身体状况不好，而且从来没有表现出对苏联问题富有想象力的理解和认识。数十年来，他一直作为勃列日涅夫的个人助理工作，只是旁观。事实上，正是这一弱势才让他得到了大部分政治局委员的赞同。在勃列日涅夫的最后几年里，政治局的元老们几乎不受障碍地操纵着政治事务，他们希望让这种状态再次出现。除此之外，他们还想结束安德罗波夫制造出来的麻烦。契尔年科恰好符合了这一要求。

尽管如此，他还是有一点令人吃惊。依照惯例，他要将右手边的空位留给他中意的人，担任他的非正式副手。让老一辈同志们吃惊的是，他选择了戈尔巴乔夫。作为安德罗波夫的追随者，戈尔巴乔夫常常出现在关于未来总书记人选的讨论之中，安德罗波夫本人曾暗示，这一职位就摆在他的眼前。而且，塔吉亚娜·安德罗波夫（Tatyana Andropova）准备向戈尔巴乔夫的妻子赖莎（Raisa）透露，这是已故领导人的遗愿。[5] 在安德罗波夫躺在病床上写信把监管苏共中央书记处的权力移交给戈尔巴乔夫时，政治局的元老们就已经在密谋反对他，安德罗波夫信中的指示都被秘密删掉了。[6]

投票支持契尔年科是为了阻止戈尔巴乔夫的升迁。现在契尔年科却指定他领导书记处和政治局的波兰委员会。戈尔巴乔夫还将继续担任苏联农业的最高监管人。他从来没有成为一种惯性力量，每当多病的契尔年科无法行使职责时，戈尔巴乔夫就会去指挥权棒。部长会议主席吉洪诺夫（Tikhonov）为那些持怀疑态度的人发声，他说："戈尔巴乔夫在政治局里忙于解决农业问题，这可能会对书记处的运作不利，并让书记处的工作向农业倾斜。"这不是他反对戈尔巴乔夫的所有陈述，戈尔巴乔夫的精气神和想象力都会成为他担心的理由。当乌斯季诺夫为戈尔巴乔夫辩护时，格里申（Grishin）——莫斯科市党委第一书记——建议推迟关于戈尔巴乔夫的决定。让所有人震惊的是，契尔年科却宣布讨论结束，结束了僵持的局面。他已经做出了自己的选择，其他的政治局委员不得不接受这种选择。[7]

1984年2月14日，中央委员会委员聚集在克里姆林宫的雪尔诺夫厅，聆听政治局的决定。每个人都注视着台子左侧的门，看看是谁第一个走进来。无论是谁，他都会是总书记的最终人选。当契尔年科带领着其他政治局委员出现时，几乎可以明显感觉到一种集体失落感。没有人站起来鼓掌，[8] 这是任何人都能回忆起来的最接近大逆不道的事情，就差对契尔年科作嘘声了，中央委员会委员们作为一个整体已经将对契尔年科上任的不满情绪表现得再直白不过了。此时，他们安静地坐着，准备好投票支持他。契尔年科声音颤抖，低头看着准备好的讲稿，简短说了一些称颂勃列日涅夫的话。然后吉洪诺夫宣布"候选人"契尔年科成为总书记。数秒钟的沉默之后敷衍的掌声响起，祝贺契尔年科全票当选。⁹戈尔巴乔夫对苏联高层的执政连续性得以确保表示祝贺，并结束了这次全体会议。¹⁰但是，他的大部分聆听者期待着领导层连续性发生某种程度的中断，很多人希望他会成为政治局的选择。

契尔年科主持会议时唯唯诺诺。在政治局，他让人们爱说多久就说多久，很少敢于发表自己的观点。当他感觉到该讨论的全部讨论完了时，就会含糊地说："这是不是说我们的讨论就到此为止？"¹¹波诺马廖夫通知苏共中央国际部的官员们，一种专门针对契尔年科的周制度让他每周有三个全天用来休息，剩下几天里会限制他只工作几个小时。¹²契尔年科刚当上总书记，政治局就把他当作一名医疗伤员对待。每一位政治局委员都从安德罗波夫带来的压力中解放了出来，继续履行着自己的职责。打击腐败或不作为官员的行动停止了。戈尔巴乔夫对1984年充满了厌恶，他记录了政治局委员之间为了将尼克松送给勃列日涅夫的林肯大陆豪华轿车据为己有，是如何相互斗争的，"他们差点儿杀了对方"。¹³政府管理再无紧迫感可言，领导层错过了开启已经迟到的改革的机会。

戈尔巴乔夫尽其所能地去阻止这种趋势。他对政治局级别以下的官员粗暴而苛刻。1984年8月，他主持了与省级苏共党委书记的讨论会，主要探讨当前苏联粮食收割所面临的困难。他不能容忍任何不精确和模棱两可的话，听到胡扯和冗长的空话时，他的反应极具讽刺性，他会说："坐下，你还没有仔细想过你贡献了什么！"¹⁴他拥有非一般的自信，他甚至让苏共中央书记处终止新闻报刊、广播和电视节目里越来越多的对契尔年科的崇拜。尽管他已经提前咨询过契尔年科，但他仍然冒着看起来是在觊觎总书记之位的危险。[15] 另外，在苏共高层，气氛正在恢复。当起草小组会面起草新的党纲时，人们自由地开勃列日涅夫甚至契尔年科和葛罗米柯的玩笑。[16] 在 1984 年 10 月中央委员会会议上，戈尔巴乔夫还播放了列宁的演讲唱片。音效工程师十分出色地恢复了音质，结果就是突出了高明的列宁与病态的契尔年科之间的反差。[17]

在政治局的阿富汗委员会，军事指挥官们认为结束战争的唯一方法是利用政治手段，并且希望能够撤出苏联军队，戈尔巴乔夫对此表示赞同。最高指挥部意识到政治领导层中至少有一个人愿意收拾这个烂摊子。瓦连京·瓦连尼科夫喜欢戈尔巴乔夫在委员会上的发言："好吧，真是个好人！"[18]

葛罗米柯是戈尔巴乔夫进一步晋升的主要绊脚石。他和乌斯季诺夫的行为表现就好像安德罗波夫死后，他们就拥有了克里姆林宫一样。如果戈尔巴乔夫想要插手国际事务，那么他将不得不面对一个从未如此强势的外交部部长。葛罗米柯是一位政治攀登者，但不是探索者：他对探索里根思想的根基没有兴趣，沉浸于马克思列宁主义，所有与其想法相悖的资料都会被他过滤掉。[19] 没有哪一位政府官员敢于反驳他的意见[20]，但是人们都知道应该在什么问题上支持他。他招募了有才华的人为他工作，他明白这些人中有的人并不赞同官方的政策路线。[21] 在军工领域，乌斯季诺夫占据着主导地位。然而，虽然他对发放农业补贴并不支持，但他仍与戈尔巴乔夫保持着友好的关系。与葛罗米柯不同，乌斯季诺夫会在其他政治局委员试图削减其权威时，为戈尔巴乔夫辩护。[22] 就自身能力而言，戈尔巴乔夫是一位杰出的政治人物。但是，他绝不会忽视乌斯季诺夫和葛罗米柯对他接替契尔年科所起的决定性作用。

乌斯季诺夫从来就不喜欢奥加尔科夫担任总参谋长。奥加尔科夫不受他人支配，会问一些关于苏联军事立场的尴尬问题，他不认同苏联的官方理念，即在一方首次使用核武器之后，避免全面战争是可行的。他将自己的观点发表在苏联军事报纸《红星报》（*Krasnaya Zvezda*）上：

> 大西洋彼岸的战略家们针对发动一场所谓"有限"核战争的可能性所进行的计算，现在来看是没有任何根据的。那是空想，任何所谓的有限使用核力量都将不可避免地导致双方立即使用整个核武库。这就是可怕的战争逻辑。[23]

奥加尔科夫还想要对常规部队进行一次彻底的重组。通过将军官和部队数量减半，他希望节约开支，为把苏联军队训练至拥有更高的军事专业能力水平提供资源。[24] 乌斯季诺夫对他大发雷霆，作为政治局委员和国防部部长，他决定驯服总参谋部。1984年9月他免去了奥加尔科夫的职务，奥加尔科夫当时正在克里米亚度假，乌斯季诺夫粗暴地在电话中告知了他这个消息。[25]

奥加尔科夫的副手阿赫罗梅耶夫获得晋升，成为总参谋长。第二次世界大战期间，阿赫罗梅耶夫在列宁格勒前线服役，其服役时间很长，以至于他喜欢称自己为"最后的莫西干人"。英国大使布雷思韦特（Braithwaite）后来发现，他"让人印象十分深刻——机智，眼中闪闪发光，长脸，天庭饱满，头发稀疏"。[26] 乌斯季诺夫希望有了这样一个人，就能够结束与最高指挥部之间的紧张关系，宣示政治领导的至高无上性。

这样做本身并不能解决更大的问题，整个政治局清楚地知道苏联处境困难。通过控制本国的公共舆论，苏联限制了世界对其危机的认知，尽管政治局委员们都察觉到了许多令人不安的征兆。在秘密磋商时，他们试图对危机做出评估。然而，他们并没有想出现实可行的治疗方案。虽然他们没能治好苏联的全部疾患，但是作为诊断医生，他们的确做了较好的诊断。

他们知道发达资本主义国家在提高生产力方面正在大步前进，而且经济领域中的方方面面都在取得进步。起草新党纲的官员不得不承认西方国家的生活水平更高。[27] 西方的技术优势是毋庸置疑的——美国木材工业的生产效率是苏联的四倍。[28] 只有几个方面能让人们感到乐观——其中一个是经济互助委员会于1984年6月达成的一份共同的"科技进步全面计划"，这是苏联和东欧为追赶美国的科学进展所做出的尝试。[29] 与此类似，法国人用他们的尤里卡计划（Eureka）来对抗美国的战略防御计划。[30] 苏联对意识形态进行了调整，反映出一种认识，即在可预见的未来，苏联将不会在物质生产上超过西方国家。马克思列宁主义历来都是以一种全面的乐观主义为基础。它的代言人认为，一个国家的优越性在于它的"生活方式"。虽然美国优先保证个体权利，但苏联信奉的是集体主义原则，并在保证就业、免费教育和医疗、保障性住房，以及廉价公共设施方面感到自豪。[31]

即便如此，他们还是认识到了苏联农业正处于糟糕的状态。契尔年科在1984年10月对中央委员会说，美国可能会利用苏联对进口谷物的依赖来施加政治压力。[32] 那一年苏联将进口4500万吨的谷物和谷物制品，以及50万吨肉类。[33] 吉洪诺夫让会场中的情绪变得更加阴郁。最近一次的粮食收成再一次大大低于预期，而且干旱影响了大片区域，昂贵的灌溉方案并没能改善这一情况。在过去20年中，1100万公顷的农业用地被废弃。预算计划将被改写，吉洪诺夫想强制让集体农庄从它们自己的基金中抽出 70% 的必要维修费用。他又补充道，这彰显了将苏联向北流的河流改道为向南流的巨大计划的智慧。[34] 这一计划在生态学家中间引发了强烈争论，以至于吉洪诺夫的意见，如同他和契尔年科向中央委员会表达的很多其他意见一样，都被阻止向媒体披露。党的精英对经济环境正在恶化心知肚明。如果没有了石油和天然气的出口，那么苏联将没有能力支付它所需要的进口谷物。[35]

波兰更是加重了苏联的忧虑，因为雅鲁泽尔斯基镇压团结工会并没有带来经济收益。这对苏联政治局和波兰统一工人党领导层都产生了糟糕的影响。1984 年葛罗米柯提交了一份令人沮丧的分析报告，华约国家领导人正在阻止增加与苏联的贸易，他们都转向西方寻求经济救济。葛罗米柯，坚信集体农庄具有优越性，批判雅鲁泽尔斯基纵容了农村小自耕农，创造了一个富农阶级。雅鲁泽尔斯基不接受这样的指责，他还声称天主教堂是共产主义的盟友，而不是敌人。葛罗米柯总结说，波兰的领导人还没有 "成熟" 到足以去践行自己的政治责任。[36] 乌斯季诺夫说雅鲁泽尔斯基误导了苏联领导层，而且太过自满。此外，他还特别指出，波兰统一工人党太过被动，恐怕 "在波兰军队服役的，如果可以这样说的话，100% 是团结工会的孩子"。无论是葛罗米柯还是乌斯季诺夫，都不知道如何解决这些问题，但是他们都赞同雅鲁泽尔斯基正是要担负这一工作的人。[37] 在乌斯季诺夫与他进行了一次严肃认真的对话之后，戈尔巴乔夫真诚地称赞这是 "很有远见的一步"。[38]

德意志民主共和国也让政治局感到焦灼不安。1984 年夏天，《真理报》上的文章含蓄地批判了昂纳克与科尔暧昧。[39] 莫斯科和东柏林之间的信任正在破裂。昂纳克收到了苏联的传唤令，契尔年科病得无法出席，戈尔巴乔夫主持了会议，对昂纳克横加指责。[40] 戈尔巴乔夫代表整个政治局发言，他们都意识到不仅仅要担心东德和波兰，整个东欧都不可掉以轻心。乌斯季诺夫对政治局说，卡达尔、日夫科夫，甚至胡萨克，都和昂纳克一样可疑。克格勃主席切布里科夫对乌斯季诺夫的看法表示了赞同。戈尔巴乔夫也表达了他的担忧。[41]

政治局对与美国进行军备竞赛的忧虑越来越严重，于是在1984年6月29日，苏联提议就如何防止外太空军事化举行对话。莫斯科希望通过协商终止美国的战略防御计划。[42] 美国政府欢迎苏联的对话倡议，但坚持任何协商都应该涉及更广范围内的军备控制。然而，这一立场在9月18日的美国国家安全委员会上受到了挑战，舒尔茨和温伯格因此陷入争吵。[43] 舒尔茨想要与苏联对话；温伯格则反对整个念头。里根没有在两人之间进行选择，但是同意了苏联外交部部长葛罗米柯访问华盛顿。他不想在给实现世界和平一个机会之前，就结束了自己的总统任期。舒尔茨迫切地想要了解克里姆林宫里的更多政治情况，美国情报机构已经提供的和指望葛罗米柯可能表露出来的有用线索，都远远不能满足他的需求。[44] 他称赞里根保持了恰当的平衡。尽管谴责了苏联击落韩国民航客机的野蛮行径，但这位美国总统仍然想派一个军备控制代表团到日内瓦与苏联代表团谈判。[45]

葛罗米柯于1984年9月26日到达美国，一场盛大的招待会在等着他。在午宴前的鸡尾酒会上，这位部长颇为怪异地走近南希·里根。他当时正喝着蔓越莓汁，南希在喝苏打水。他问："你的丈夫是要和平还是要战争？"她回答是和平，他又问："你确定吗？"在得到了肯定的回答后，葛罗米柯问道："那么，他为什么不同意我们的提议呢？"客人们就座时，他走过来对南希说："所以，别忘记每天晚上在总统的耳边悄声说'和平'这个词。"里根夫人回复道："当然我会的，而且我也会在你的耳边轻声提醒你。"[46] 在接下来的几周里，对话的障碍开始清除。里根将精力都放在竞选连任上，对手是民主党候选人、前副总统沃尔特·蒙代尔（Walter Mondale）。11 月 6 日，里根得到了 50 个州中 45 个州的支持，取得了惊人的胜利。因此，里根和苏联领导层都看到了恢复核武器和外太空谈判的机会。11 月 17 日，克里姆林宫宣布正式接受谈判，舒尔茨和葛罗米柯计划于 1985 年 1 月 7 日在日内瓦会面。经过了多年的严寒，外交坚冰终于开始——只是开始——融化。[47]

融冰进程的明显障碍之一是契尔年科的健康状况。美国方面发现当苏联由一位体弱多病的领导人掌权时，很难与之达成协议。事实是契尔年科在公开场合露面次数太少，导致西方国家开始猜测谁可能会接替他。人们对戈尔巴乔夫抱有越来越高的期待，但是没有人预测如果他成为总书记，会带来一场政治改革。要想熟知他本人和他的潜能，仍然是十分渺茫的事情。1983 年，他带领一个苏联农业代表团去加拿大，并与总理皮埃尔·特鲁多相识。特鲁多留出一些时间与戈尔巴乔夫进行了几次计划外的见面，对这个男人的潜能有了一些初步判断。[48]1984 年 6 月，戈尔巴乔夫带领着苏联的哀悼者出席了恩里科·贝林格的葬礼。200 万名支持意大利共产党的民众给他留下了深刻的印象。他严肃地批驳了莫斯科对欧洲共产主义的蔑视，对苏共官员阿纳托利·切尔尼亚耶夫说："绝对不能对这样一个政党不管不问。"[49] 人们高声喊着"戈尔巴乔夫！戈尔巴乔夫！戈尔巴乔夫！"，在墓边迎接他。意大利媒体视他为契尔年科的"皇太子"。[50]

甚至英国首相也开始对他产生兴趣。尽管对自己在克里姆林

/ 110

宫政治圈里的恶名感到美滋滋的，但撒切尔夫人仍然意识到世界政治是危险的，希望与苏联领导人重新开始对话。[51] 她与外交和联邦事务部的专业人士举行了关于苏联的研讨会，还与包括一些顶尖的"苏联问题专家"在内的学者进行交流。这些秘密的研讨会让她开始相信，苏联领导人是能够实施改革的。她甚至愿意找契尔年科谈一谈，试试水。在莫斯科出席安德罗波夫葬礼期间，她与新总书记交谈时的行为举止就好像在打情骂俏一般——一位亲历者记录道，如果他们之间没有隔着一张桌子，她可能就投入契尔年科的怀抱中了。[52] 她兴致高昂，呼吁经历过第二次世界大战的这一代领导人不要让全球战争再次发生。她希望苏联与西方国家之间有更多的对话和更多的贸易。另外，她坚称意识形态上的差异不应胜过各方达成裁军协议的需求。[53]

然而，是法国总统密特朗，而不是英国首相，在 1984 年 6 月对莫斯科的国事访问期间，率先采取了下一步的行动。他拒绝收敛自己对苏联的批评，而是当着契尔年科的面——对着他那苍白而受病患折磨的脸——说，对于潘兴 -2 导弹被部署在西欧这种结果，克里姆林宫是咎由自取。东欧此时仍然备有 SS-20 导弹，这种危险的对峙将会持续下去。密特朗还对反对者安德烈·萨哈罗夫（Andrei Sakharo）所受到的对待表示抗议。在官方晚宴上，政治局委员盖达尔·阿利耶夫（Geidar Aliev）仿佛演员在舞台上对观众高声耳语，大声叫嚷道："如果吉斯卡尔·德斯坦（Giscard d'Estaing）再次当选法国总统就好了。"戈尔巴乔夫迟到了，他解释说自己不得不出席讨论阿塞拜疆农业问题的会议。密特朗试着说些奉承话，就对戈尔巴乔夫还没有被纳入法国 - 苏联对话过程表示了惊讶。戈尔巴乔夫说，这不是他能决定的事情。当契尔年科温和地询问阿塞拜疆的农业状况时，戈尔巴乔夫突然回复说："每个人都说一切进展顺利，但是这是错的。事实上，在苏联全境，农业都是一场灾难。"契尔年科大吃一惊，又问道："从什么时候开始变成这样的？"戈尔巴乔夫毫不掩饰地回答："从 1917 年。"听了他如此直白的话，法国人情不自禁地笑了起来。[54] 密特朗的代表团返回了巴黎，他们都确信戈尔巴乔夫就是下一任总书记的人选，苏共官员瓦季姆·扎格拉金（Vadim Zagladin）在后续的交流中也确认了这种可能性是显而易见的。[55]

1984 年 7 月 7 日，契尔年科在会见一些英国官方访问者时，气色不好，精神不振。肺气肿让他咳了整整 10 秒钟。他常常在讲话中间突然停止，也不再试着给周围的人留下不错的印象。当谈到外交政策时，他怯懦地转向葛罗米柯求助。每当觉得自己讲了太长时间时，他就会向大家表达歉意。他的逻辑能力聊胜于无，当他卡壳时，助手亚历山德罗夫（Alexandrov）就会代表他发言。[56]

虽然撒切尔夫人想邀请苏联领导人来伦敦，但她最后还是选择与契尔年科保持距离（在她看来，欢迎他来伦敦是不成熟的，而且很难在医学上求得保证）。她更倾向于邀请苏联下一代领导人中的某一位来到伦敦。然而，她并没有偏好任何特定个体。[57]英国官员在加拿大时就此事征求了特鲁多的意见，特鲁多推荐了戈尔巴乔夫。[58]无论如何，英国人都不想只在莫斯科的某一个人身上押注。因此，外交部提议在 1984 年应该邀请戈尔巴乔夫，在后续的时间里再邀请阿利耶夫和葛罗米柯，撒切尔夫人同意了。[59]戈尔巴乔夫抓住了访问伦敦的机会。自 1984 年 4 月，他就开始担任苏联部长会议常设外交事务委员会主席。[60]这是一个没有实权但颇受尊敬的机构。但它也是一个信号，表明戈尔巴乔夫不想仅仅以农业专家的身份为人所知，这个新职位有助于实现他更广阔的野心。因此，他毫不犹豫地接受了撒切尔夫人的邀请，在1984年12月中旬开始了为期8天的访英之旅。葛罗米柯心生嫉妒，不让他手下的外交部官员们帮助这个年纪更小的人做准备。[61] 但是，他不得不派他们中的一些人陪戈尔巴乔夫一同前往。[62] 除外交人员之外，戈尔巴乔夫还带着物理学家韦利霍夫。[63]

在伦敦期间，戈尔巴乔夫给随行的整个苏联代表团留下了深刻的印象。[64] 当被问及是否可能在外交政策方面实行"新方法"时，他并没有遮遮掩掩："是的，当然。"[65] 此外，他还批准了苏共中央书记处书记叶戈尔·利加乔夫（Yegor Ligachëv）和米哈伊尔·索洛缅采夫发起反酗酒运动的请求。[66] 对政治局还没有做出裁定的事情，他不再遵守沉默不语的规矩了。

他和撒切尔夫人于1984年12月16日在首相别墅（Chequers）的对话，比任何人设想的都要顺利。英国翻译看到他的眼睛里闪烁着俏皮的亮光。[67] 撒切尔夫人身边有外交大臣豪（Howe）和她的助理查尔斯·鲍威尔（Charles Powell）；陪同戈尔巴乔夫的是苏共中央书记处的列昂尼德·扎米亚京（Leonid Zamyatin）和前驻渥太华大使亚历山大·雅科夫列夫（Alexander Yakovlev）。[68] 首相脱下鞋子，把它们放到了壁炉旁边。戈尔巴乔夫带着一张写着谈话要点的清单，却问撒切尔夫人："我们不用这些文件，也可以谈吧？""太好了！"她回答道。把文件放回手提包里之后，她批评了苏联对犹太人移民的限制。[69] 戈尔巴乔夫质疑她对苏联缺乏了解，撒切尔夫人认为苏联经济中的一切都是中央集权化的，在戈尔巴乔夫看来这种观点简直难以置信。[70] 撒切尔夫人反对苏联工会向罢工的英国煤矿工人输送金钱，她威胁会予以反击。当戈尔巴乔夫回复说"这和我们毫无关系"时，撒切尔夫人大声指责道，这样的资金支援是不可能在克里姆林宫不知道的情况下就给了全国矿工工会的。[71] 尽管戈尔巴乔夫否认了苏联正在援助罢工工人，但是他谨慎地补充了一句"据我所知"。[72] 总之，他承诺不会有进一步的资助（他遵守了诺言：当苏联工会领导人申请给罢工工人拨 100 万卢布时，政治局拒绝了）。[73]

他引用了《纽约时报》上的文章，警告说任何有核爆炸的战争都将导致"核冬天"。[74] 他对华盛顿存在温伯格和珀尔（Perle）之类的人物表达了忧虑和不安。[75] 当他从公文包里拿出一份绝密的总参谋部地图时，戏剧性的一幕发生了，地图上用彩色表示的苏联导弹指向的目标地正是英国。撒切尔夫人不知道是否应该相信他所说的话。在一段长时间的停顿之后，戈尔巴乔夫说："首相夫人，结束这一切是很有必要的，而且越快越好。"撒切尔夫人同意了。[76]

/ 113

当天晚上，她对英国广播电台说，她的客人在首相别墅给她留下了深刻的印象：

> 我是谨慎乐观的。我喜欢戈尔巴乔夫，我们可以共事。我们都信仰自己的政治制度，他坚定地相信他的，我坚定地相信我的。我们永远不会改变彼此，这一点是毋庸置疑的，但是我们有两大共同利益：首先，我们都应该竭尽全力地去见证战争永远不会再次发生，也正因如此，我们进入裁军谈判，并决心让它们成功；其次，我想我们都相信如果我们可以建立起对彼此的信任，信任彼此的制度，就会让它们成功的可能性更大一些。因此，我们相信会在贸易问题上合作，在文化问题上合作，以及在促进分歧双方的政治家们更多的交流上合作。

但是戈尔巴乔夫展示给工党领导人的是更粗野的一面。他与尼尔·基诺克一起吃午餐时，双方都称呼对方为"同志"；然而，当基诺克读出一系列苏联人权案例时，戈尔巴乔夫气得涨红了脸，骂声连连。[77] 他警告道，如果英国人坚持谴责苏联的人权记录，就会得到"迎头痛击"。他称阿纳托利·夏兰斯基（Anatoli Shcharanski）之类的异见者为"狗屎"。[78]

戈尔巴乔夫不会让任何事毁掉他的好心情。12月19日，他让自己乘坐的豪华轿车停下来，无忧无虑地沿着唐宁街即兴散步。[79] 这不是一名政治局委员符合常规的举动，英国媒体也让全世界看到了他的与众不同。但几乎在戈尔巴乔夫到达英格兰的同一时间，政治局委员乌斯季诺夫去世了。这一出乎意料的消息从莫斯科传来，戈尔巴乔夫不得不为出席葬礼而缩短访问时间，并且确保在他离开的这段时间里，莫斯科没有做出什么具有重要意义的决策。

撒切尔夫人写信告诉里根她对戈尔巴乔夫的印象，强调说他很聪明、友善和"相对开放"。她称戈尔巴乔夫明确表示了如果美国人继续他们的研究计划，苏联将与战略防御计划较量一番的意图；但是她补充说，他明白苏联的任何对抗性计划都将给财政预算施加巨大压力。撒切尔夫人再次提到了她可以与他一起做生意，并评论道："我其实很喜欢他。"[80] 尽管美国官员兴致勃勃地看了撒切尔夫人的信，但他们依然保持着谨慎，因为他们知道撒切尔夫人本身对战略防御计划就忧心忡忡。[81] 他们很敏感地认识到，这可能会粉饰她对戈尔巴乔夫的判断。然而，里根才是美国总统，而且他相信她的直觉。撒切尔夫人在1984年12月22日亲自飞往美国，在戴维营与总统会面，再次强调了自己的观点。他们私下会面时，撒切尔夫人再次表达了自己对在戈尔巴乔夫身上看到的潜能而产生的兴奋之感。与葛罗米柯不同，戈尔巴乔夫可以让她一直说话，不打断，即便是在与她意见相左的时候——她很欣赏这一点。访问期间的戈尔巴乔夫散发着魅力，而又不咄咄逼人。

葛罗米柯访问结束后，里根批准了恢复日内瓦军控谈判的提议。温伯格、凯西和柯克帕特里克对此表示不安——在1983年接替克拉克担任总统国家安全事务助理的罗伯特·麦克法兰（Robert McFarlane）也持此态度。他们的阻挠让舒尔茨十分为难，另外，舒尔茨对自己几乎看不到关于战略防御计划的信息耿耿于怀。在与战略防御计划负责人陆军中校詹姆斯·亚伯拉罕森（James Abrahamson）会面时，他感觉他所接收到的信息并不比后者透露给《纽约时报》记者的详细多少。于是，舒尔茨请他离开，发誓再也不想见到他。[82] 1984年11月14日，他对里根说出了自己的忧虑。尽管舒尔茨在执行总统的指示，但是温伯格、凯西和柯克帕特里克却将他视为敌人，将他排除在他们的对话之外。他们让记者们反对舒尔茨，并且破坏性地泄露了信息。他们也拒绝跟进与他们的喜好相冲突的官方决策。舒尔茨认为，这些都让组建一个能够实现里根想要的进展的团队成为天方夜谭。他总结说："所以任命其他能与他们处得来的人进入国务院吧。我不可能——而且没有一个团队，你得不到任何结果。"总统听完，以为舒尔茨可能要辞去职务，十分惊讶。舒尔茨让总统放心："我不是在逃避。除了外交工作，我什么都不想做。我没有什么隐秘的安排。"[83]

舒尔茨想要带领一支和他一样满怀信心的队伍去日内瓦，并且迫切希望让保罗·尼采（Paul Nitze）一同前往。罗尼对这种安排所隐含的意思表示不满。尼采是一位经验丰富的谈判专家，习惯于为了达成妥协而满足各种要求，舒尔茨向他求教应该怎样应对葛罗米柯。[84] 罗尼请求加入队伍，以保证两派力量的平衡。[85] 苏联代表团发现，尼采与他们意气相投，其中陆军中将尼古拉·杰季诺夫（Nikolai Detinov）称他为"一个有修养、有学识的人"。杰季诺夫还补充说："但是罗尼，我们不喜欢，不可能与他建立什么私人关系。"[86] 舒尔茨最后决定：与其冒罗尼在华盛顿制造麻烦之风险，不如带他一同去日内瓦。此外，他还带了珀尔。舒尔茨的同僚怀疑珀尔会向温伯格秘密传达关于代表团讨论的信息——同样，舒尔茨也对此十分烦恼："理查德·珀尔可不是个善茬儿。"[87] 在动员会上，他向代表团强调，他和总统读的是同一本《圣经》。[88]

按照计划，舒尔茨和葛罗米柯将于1985年1月7日在瑞士会面。政治局此前曾对这一可能缓和与美国紧张关系的机会表示欢迎。[89] 葛罗米柯期盼着过几天沐浴着政治阳光的日子。乌斯季诺夫去世之后，他变得随意自由，就好像在军控问题上，只有他的意见才是重要的。[90] 他没有什么新思路，只是认为在双方开始谈判时，比在双方拒绝见面的时候世界更加安全。里根和舒尔茨也是一样的看法。然而，他们两人对会面都不太乐观，舒尔茨对葛罗米柯既缺乏热情也不信任。双方见面时，他们平静得几乎到了冷漠的程度。葛罗米柯对里根钟爱的战略防御计划态度十分强硬："战略防御计划不是防御性的。如果你研制出了拦截（战略）弹道导弹的防护网，那么你就可能率先发动攻击，我们苏联人也可以这样做。但是为什么要这样做呢？为什么不仅仅消除核导弹本身呢？"经过两天的谈判，双方达成一致要在3月中旬再次会面。他们宣布，停止地球上的军备竞赛和阻止在外太空开展军备竞赛是他们的共同目标。他们承诺他们的国家将致力于消除全球范围内的所有核武器，并决定在3月中旬重新开始军备控制对话。[91]

　　舒尔茨对当前取得的进展感到满意，然而他也意识到需要顾及北约盟友的感受。除此之外，他也没有忘记东欧。但是，舒尔茨此时心情愉悦，坚信美国可以合理利用世界范围内各种正在发挥作用的因素。[92] 1985 年 1 月 31 日，在美国参议院外交关系委员会上，舒尔茨为重返谈判桌辩护。"我们有理由相信，"他说，"'力量对比'正在重新倒向我们这一边。"他向所有人保证，里根政府不相信政治局。[93] 里根的对话意愿惹恼了他的很多政治支持者，新罕布什尔州参议员戈登·汉弗莱（Gordon Humphrey）就在 1985 年 2 月 26 日的参议院军事委员会上与舒尔茨对峙："你认为把美国和整个西方的安全置于与一个对大量毫无防备的民众实施犯罪行为的国家所签订的合约之上，是明智的吗？"舒尔茨回答说："别胡说了，参议员。"之后他又补充道："我们已经团结了其他国家。我们已经有所行动，这些行动合乎我们对苏联在阿富汗行径的态度。不只是阿富汗，还有苏联在柬埔寨的行径。不只是柬埔寨，还有苏联在尼加拉瓜的行径。不只是尼加拉瓜，更有苏联对苏联民众的所作所为。"但是重要的事情，舒尔茨强调，是继续努力达成一份削减军备的协议，阻止第三次世界大战的发生。[94]

/ 116

　　美国政府的温和派和强硬派都受到了抨击，和舒尔茨一样，温伯格也经常受到攻击。参议院中的元老们质疑拨给国防部的大量资金能否被合理利用。弗吉尼亚州参议员约翰·W. 沃纳（John W. Warner）提议在考虑通货膨胀的前提下，将每年拨款增长率限制在 3%。2 月 4 日，当温伯格出现在参议院军事委员会上时，参议员约翰·C. 斯滕尼斯（John C. Stennis），来自密西西比州的民主党人士，大声叫嚷着："告诉我们，我们从那笔钱里得到了什么。为什么你不更努力地尝试让它更有价值？"[95]
温伯格让参议员们记住，苏联此时仍在开发新武器。[96] 与舒尔茨
不同，他不认为谁可能是契尔年科的最终继承者这件事有多么重
要。他想要的是对苏联施加更大的压力而不是主动示好。温伯格
和舒尔茨在美国政府里的影响力对比，仍然取决于总统采纳了他
们当中哪一位的意见。与苏联和解并非易事。

第二部分

戈尔巴乔夫撬开苏联和世界政治大门的机会伴随着 1985 年 3 月 10 日契尔年科的离世到来。第二天，他召开了一次政治局会议，会上卫生部部长叶夫根尼·恰佐夫汇报了关于契尔年科患肺气肿和急性肝炎的诊断。苏联部长会议主席吉洪诺夫发表了悼词。戈尔巴乔夫看向了葛罗米柯，后者已经同意提名他为总书记。[1]

与葛罗米柯联合是近期才发生的事情。戈尔巴乔夫访英结束后，葛罗米柯责备了那些热情洋溢地汇报了戈尔巴乔夫在西方舆论所产生的影响的大使；[2] 另外，他还可能对苏联媒体对于这次出访漠不关心负有责任。[3] 但是葛罗米柯，这位克里姆林宫里的幸存者，不久之后就开始谋划如何与契尔年科的潜在继任者站在同一战线上。他的儿子阿纳托利试探了世界经济与国际关系研究所的叶夫根尼·普里马科夫（Yevgeni Primakov）的意见。方法是他让普里马科夫去接近亚历山大·雅科夫列夫——被戈尔巴乔夫从加拿大请回，并在 1983 年年中成为该研究所所长——以便了解戈尔巴乔夫会对老葛罗米柯的示好作何回应。[4] 戈尔巴乔夫做出了热情的回应。他已经失去了他的保护人乌斯季诺夫，但是现在有葛罗米柯支持他，成为下一任总书记真的指日可待了。刚刚得知契尔年科去世的消息，他就给葛罗米柯打了电话，此时葛罗米柯正坐在豪华轿车上从谢列梅捷沃机场驶向莫斯科，他们用一条封闭的电话线路通话。他们要在政治局委员们集合之前，碰面制订计划。戈尔巴乔夫对他说："人民盼望改变。"葛罗米柯同意了，默契达成。[5]

在契尔年科去世当晚 11 点，政治局委员们聚在一起开会。

会议很简短，但出人意料的是，格里申提议让戈尔巴乔夫领导葬礼委员会。戈尔巴乔夫认为这是竞争对手格里申在最后一次试探政治阵容。他安排下次会议时间是第二天下午2点，届时将决定谁担任苏联总书记。[6]戈尔巴乔夫整个晚上都待在办公室里，第二天早上4点才回到家。在花园里与妻子散步时，他对这个混乱的国家感到非常悲伤，"我们不能继续这样的生活"。这个上午充斥着传言、恐惧和期待。其他的苏共中央书记处书记围住了叶戈尔·利加乔夫——这位戈尔巴乔夫在中央书记处的支持者——要求他提供消息。[7]戈尔巴乔夫对自己胜利当选并没有十足的把握。克格勃主席切布里科夫（Chebrikov）告诉过他，吉洪诺夫曾试图说服他不要在政治局上投票支持戈尔巴乔夫。一群州级苏共领导人要求戈尔巴乔夫保持镇静，并对他说，作为中央委员会委员，他们下定决心要确保政治局考虑他们的意见。[8]葛罗米柯第一个在政治局会议上发言，为戈尔巴乔夫游说。他称赞戈尔巴乔夫具有创造性活力和丰富的政治经验，在人际关系上游刃有余。他的颂词就好像戈尔巴乔夫的当选已成定局；尽管有所怀疑，吉洪诺夫和格里申还是赞同了葛罗米柯的提议，格里申也放弃了自己对总书记之位的野心。[9]

在戈尔巴乔夫正式成为苏联新一任领导人之前，中央委员会要对这一决定做最终确认。叶戈尔·利加乔夫直到最后一刻，依然在为他拉票。[10]苏共中央委员会内部气氛热烈，要想推翻政治局的决定，就必然要发生一场政治地震。在上一次决定最高领导人人选时，戈尔巴乔夫已经输给了契尔年科，这一次中央委员会里没有人想看到他再次失败。在呼吁大家默哀一分钟之前，戈尔巴乔夫简短地回溯了契尔年科及其取得的成就。接着，他便将演讲台交给了他的新盟友葛罗米柯。格里申显得局促不安，无疑他已经感觉到自己的职业生涯要走到尽头了。葛罗米柯即兴赞颂了戈尔巴乔夫。中央委员会的委员们听后热情地鼓掌，并全体一致支持戈尔巴乔夫担任总书记。[11]戈尔巴乔夫宣布他将忠于1981年党代表大会上制定出来的战略方针，感谢中央委员会对他的信任。他有生之年里最高兴的、短暂的全体会议就这样结束了。[12]他表现得泰然自若，他知道他的时代最终还是到来了。戈尔巴乔夫在这个严峻的时刻表现得机智而老练，给人留下了一种他要抓住机会的印象。

戈尔巴乔夫直到1980年10月21日才正式成为政治局委员。[13]1931年出生于斯塔夫罗波尔边疆区集体农庄的一户农民家庭，戈尔巴乔夫长大后便投身于列宁领导的革命事业；但是他也意识到自己的家人遭受了斯大林秘密警察的迫害。他在田间努力劳作，在学校勤奋刻苦，获得了到莫斯科国立大学学习法律的奖学金。大学毕业时，戈尔巴乔夫娶了他的同学赖莎·季塔连科（Raisa Titarenko），并回到斯塔夫罗波尔，成为一名共青团组织者。他头脑灵活，之后便顺着政治阶梯一步步向上攀爬。他钦佩尼基塔·赫鲁晓夫在1956年对斯大林的批判，但也不会让任何东西挡住自己的仕途。他从1966年开始担任斯塔夫罗波尔市党委第一书记，自1970年起担任斯塔夫罗波尔边疆区党委第一书记。斯塔夫罗波尔是政治局委员们消暑度假的地方，这让戈尔巴乔夫结识了勃列日涅夫和安德罗波夫。他在农业方面的政绩博得了他们的赞赏。1978年，他被调到莫斯科，领导苏共中央农业部。不到一年，他成为政治局候补委员。他在官场上可谓扶摇直上。

作为总书记，戈尔巴乔夫有许多特质与其三位前任形成了鲜明对比。他身强体壮，遇到任何人都能轻松地聊上几句，对自己和这个国家的潜力都充满了信心。他才 54 岁，这个年纪让他有理由期待自己可以执政多年。早上 9 点，他会坐在办公室里开始工作，通常会待上 12 个小时。他经常不吃午饭。回到家后，他会和赖莎散会步。在上床睡觉之前，他还会再次坐下来，处理文件。他的恢复力非同寻常。切尔尼亚耶夫认为他顽强的毅力源自他少年时代艰苦的乡下生活。[14] 他思维敏捷，坚决果断，记忆力超凡。[15]

戈尔巴乔夫尽管有魅力，也很友善，但他始终与其他大多数人保持着距离，与他共事的人往往会感觉他们并不真正地了解他。他把自己隔离起来，认为自己并不需要知识上或道德上的指导。[16] 如果说有一个人扮演着他的知己，那么这个人就是赖莎。他们的婚姻牢固，他对她有着热切的爱恋。[17] 他们谈论公共事务，戈尔巴乔夫的政治密友确信赖莎会在他的演说内容方面提供意见。[18] 他们都来自俄罗斯南方地区。和米哈伊尔一样，赖莎也出身于饱受斯大林农业集体化政策之苦，但设法融入苏联秩序的家庭。当 1941 年德国人横行于乌克兰和半个欧陆俄罗斯时，斯塔夫罗波尔地区也被德国人占领。1943 年，德国人撤退时，大肆杀害了犹太人和共产党人。戈尔巴乔夫的妈妈害怕他被射杀，所以让他去了附近的村子里。[19] 他成长为一名忠诚的马克思列宁主义者，而且他和赖莎都对他们的文化腹地引以为豪。休息放松时，他喜爱吟诵莱蒙托夫（Lermontov）的诗《谟哱黎》（Mtsyri）。[20] 他习惯将重音放在某些单词上，这种发音表明了他是斯塔夫罗波尔地区的人，另外他还有一些自己的古怪转折语调。[21]

但是戈尔巴乔夫比政治局里的任何人，除了葛罗米柯，拥有更多的海外生活经历。1972 年，他随同一个苏联代表团访问了比利时。[22]他曾带着赖莎完成了穿越法国和意大利的自驾游，在两个国家都待了21天；作为苏联公民，这是异乎寻常的特权。[23]

在公布契尔年科死讯的几分钟之内，华盛顿就得知消息，工作人员叫醒了里根总统。驻莫斯科的美国大使馆对正在发生的一切感到高兴。这一天晚些时候，一辆车载着里根来到苏联大使馆，他在哀悼册上签了名。这是他第三次为苏联总书记做这样的事了。[24]得知克里姆林宫的下一任领导人十分健康时，他肯定很高兴。在寻找苏联政治局在外交政策上的变化迹象时，里根和舒尔茨选择了"静默外交"路线。如果要给这位新总书记施加压力，那么应该是秘密的"一对一"形式，美国媒体也应该被隔离出去。[25]里根拒绝出席葬礼；他要在看到苏联改变的真实迹象之后，才会去莫斯科。他让布什和舒尔茨代表他前往，但他的确写了一封信给副总统，让他转交给新一任总书记。信中的感情是温和的，不带恶意，语气也是友好的。他写道，近期美苏双方在日内瓦的沟通非常鼓舞人心；他向戈尔巴乔夫发出邀请，邀请他在其认为适当之时，来美国见面。[26]里根观望着，等待着。美国媒体也像里根政府那样谨小慎微。纽约《时代周刊》记录了权力更替，以及戈尔巴乔夫对变革的迫切渴望，但告诫人们不要对此产生较高的期待。[27]

由舒尔茨和葛罗米柯筹划的日内瓦军备谈判将在1985年3月12日重新开启。美国人问克里姆林宫是否仍然希望他们继续向前推进。戈尔巴乔夫斩钉截铁地给出肯定的回答。美国代表团带着把重点放在战略核武器谈判上的指令，来到了瑞士。苏联的谈判代表团想要更加宽泛的谈判议程，他们坚持要将中程导弹——美国的、英国的和法国的——也纳入讨论之中；他们还对美国的海外核武器基地和战略防御计划明确表示反对。美国人拒不让步，坚持所有类别的炸弹、导弹和载具应分开谈判，按顺序进行。

契尔年科的葬礼在 1985 年 3 月 13 日举行，这是各位国外领导人结识新总书记的好机会。在葬礼上，大家都争抢着坐到前排——弗朗索瓦·密特朗好不容易在玛格丽特·撒切尔和摩洛哥首相穆罕默德·拉姆拉尼之间找到了一个位置。[28] 后来，在葛罗米柯的陪同下，戈尔巴乔夫与阿富汗总书记及阿富汗革命委员会主席团主席巴布拉克·卡尔迈勒（Babrak Karmal）举行了会谈。在承诺苏联将继续援助阿富汗的同时，戈尔巴乔夫坦言苏联军队不可能永远留在阿富汗，他敦促卡尔迈勒扩大其支持者的社会基础。卡尔迈勒明白苏联政策正处于深刻的变革中；他劝告戈尔巴乔夫，如果没有了莫斯科的援助，他的政府将会垮台。[29] 第二天，戈尔巴乔夫同巴基斯坦总统齐亚·哈克（Zia-ul-Haq）进行了会谈。当齐亚抱怨收容 300 万名阿富汗难民的重负时，戈尔巴乔夫回应道，阿富汗叛军是在巴基斯坦基地进行的军事行动训练——他后来对政治局说，他已经给齐亚上了一节区域政治课。[30] 捷克斯洛伐克的胡萨克相对容易对付。他告诉戈尔巴乔夫，华约应该在其当前存在期限的基础上，再延长 20 年。[31] 在世界其他地区众多共产党为葬礼派出的代表团中，戈尔巴乔夫只同意接见一支代表团——意大利人：这是他对他们的欧洲共产主义民主承诺持赞同态度的早期信号。[32]

戈尔巴乔夫给布什和舒尔茨留下了深刻的印象，他们向里根汇报说，他很健康，很有热情，可以毫不费劲地发表即兴演讲。[33] 然而，戈尔巴乔夫并没有在对苏共中央书记处书记们的汇报中对美国人施以同样的赞美。他评论道，美国人并没有派来"一支严肃的队伍"——他说当谈及日常日程之外的话题时，布什看起来像是"迷路了"一样。他曾希望里根亲自到访，而不是送来一封内容含糊不清的信。[34]

西欧人对日内瓦会谈抱有希望。密特朗表示不赞成将军备竞赛延伸至外太空。这让戈尔巴乔夫感到很高兴。科尔没有这么帮着苏联说话，因为他站在美国人那边。日本首相中曾根康弘提出了一个一直存在的问题，那就是苏联在1945年占领了他的国家的北方诸岛。撒切尔夫人强调她希望能够与苏联恢复对话，并增强北约和华约之间的信任。她向每一个人施展着自己的魅力——很明显，她在用"女性的"方式增强自己的影响力。[35]切尔尼亚耶夫观察到撒切尔夫人有一双迷人的眼睛，他评论道："美丽，机智，非凡，阴柔。说她是一个长着睾丸的女人或者一个穿着裙子的男人是不对的。她是一位韵味十足的女人，多么出色的女人！"[36]他将她的照片钉在了他的莫斯科办公室的墙上。[37]苏联官员怀疑她找到了将科尔和密特朗置于其政治阴影之下的机会。[38]戈尔巴乔夫告诉她和其他西欧政治家，他对军备谈判没有进展感到十分受挫和失落。他强调苏联正努力做到"更加一致和灵活"。[39]

他与华约领导人进行了单独会晤，阐述了他的东欧政策。苏联不再愿意用它的武装力量去支撑着他们的政权。自勃列日涅夫和安德罗波夫于80年代前期收缩对波兰的军事干预以来，这就已经成了事实。戈尔巴乔夫清楚地说出了一些新的含义。他的想法是东欧共产主义领导人应该承担起他们各自国家事务的责任。苏联的干涉将成为历史。所谓的"勃列日涅夫主义"已经死了。正如戈尔巴乔夫指出的那样，并不是会上的每个人都相信他们所听到的内容。克里姆林宫的统治者说一套做一套是人尽皆知的事情。一些人希望苏联领导人又在言不由衷。然而，戈尔巴乔夫下定决心要证明他们这次是错的。[40]

毋庸置疑，他让苏共领导层相信，时代正在改变，而他是负责管理他们的头儿。在向政治局做汇报时，他经常用第三人称"戈尔巴乔夫"称呼自己。这是他强调自己的特别之处的一种隐晦方式。自总书记任期开始，戈尔巴乔夫就在给众人这样一种感觉：他在苏联和全球政治中有一种重要的使命感。他在匆忙之中成为一位领导人。他急躁、缺乏耐心，在着手变革苏联的同时，其性格的这一面也显露了出来。戈尔巴乔夫总是干劲十足。匈牙利每两周一次的会议制度并不适合他。[41] 政治局在每个周四都要开会。他让其他人发表见解，并不需要对观点进行审查。会议在上午 11 点开始，中间只休息一次，有时直到晚上 9 点才结束。戈尔巴乔夫很快就意识到这样做太拖延时间了，于是他提议将报告限制在 10 分钟内——最多 15 分钟。讨论时的发言最长不超过 5 分钟。[42]

他坚持要在政治局制定重大决策时施展一种明确的控制力。克里姆林宫里的胡桃厅位于政治局会议室和戈尔巴乔夫的办公室之间，正是在这里他将五六名更有影响力的委员聚集起来，就如何处理他已经起草的议程达成一致意见。[43] 他提倡一种共同的责任感。对政治局而言，关键点在于就一项政策达成一致并坚持下去。到了午餐休息时间，大家坐在一张长桌子上一起吃饭。喝酒是不被允许的，而且每个人都会继续讨论正式开会时所讨论的话题。[44] 苏共中央书记处也同样沉浸在这种新鲜的氛围之中。戈尔巴乔夫不喜欢书记处发布华而不实的公告和行官僚主义之风的倾向。他指出经济在 1985 年 2 月就已经是零增长了。他将这一情况描述为一种极度糟糕的记录，呼吁马上改善情况。[45] 此外，他还指责政府的部长们因为自己享受着克里姆林宫附近的格拉诺夫斯基（Granovski）街上的咖啡馆，而没有清楚地认识到食物供给告急。他威胁着要拆掉咖啡馆，收回他们手下的海鸥牌汽车。[46] 此外，他组织了下一届中央委员会全体大会和索非亚政治协商委员会的紧急筹备工作。他希望每个官员都全面行动起来。[47]

戈尔巴乔夫鼓励对苏联制度实施激进的改革。到目前为止，他的脑海中还没有明确的可实践的措施，但是他的不耐烦已经非常明显了。他告诉助理们，农业合作社是比现行的集体农业制度更具优越性的制度。[48] 要做一些大刀阔斧的事情。他对长期以来苏联领导层的所作所为十分不满："他们用火箭扼杀了农村地区。直到最近，不论什么时候提出支援农村的问题，乌斯季诺夫都会站起来说：'只有在我死了之后。'"[49] 随后，戈尔巴乔夫会说苏联的总体形势早在 1975 年他在斯塔夫罗尔工作的时候就困扰着他。[50] 1979 年，他和他的朋友爱德华·谢瓦尔德纳泽（Eduard Shevardnadze），格鲁吉亚共产党第一书记，在阿布哈兹的城市皮聪大（Pitsunda）度假时见了面，并且两人就这一主题谈了各自的想法。谢瓦尔德纳泽说："一切都已经腐朽了——要改变。"[51] 戈尔巴乔夫还在与其他人的私下谈话里冒险说了很多。画家伊凡·格拉祖诺夫（Ivan Glazunov），一位俄罗斯民族主义者，认为如果克格勃窃听了他们的对话，戈尔巴乔夫就会被抓起来。[52]

/ 126

外交和安全政策是他的行动议程表中不可或缺的一项。1985 年 3 月 22 日，他呼吁美国和苏联都停止扩大战略核武库；他还提倡暂停在欧洲部署中程导弹。1985 年 3 月 25 日，戈尔巴乔夫的一封信经由苏联大使馆的外交官员转交到了里根手中。总书记表示希望能够与总统先生以一种建设性的方式进行互动。他要求不要像以前那样私下里说一套，在公众面前又说另一套。莫斯科和华盛顿之间必须培育信任。戈尔巴乔夫在信中写了对美苏关系迅速取得进展的迫切需求。他欢迎里根关于进行面对面对话的意愿。[53]舒尔茨从多勃雷宁大使那里拿到了这封信的内容提要，深受鼓舞；他对里根总统说，他是多么喜欢信中"不带丝毫争辩的语气"。[54]戈尔巴乔夫正怀着惊人的决心行动着。1985年他宣布，苏联将取消在欧洲部署更多的SS-20导弹的计划。苏联进攻性武器的疯狂增加就要到尽头了。10天后，莫斯科媒体宣布了一项关于全球禁止核试验的提议——该禁令将于8月6日生效，这天是第二次世界大战末尾时在广岛投下核弹的40周年纪念日。[55]

4月10日，戈尔巴乔夫接见了由发言人蒂普·奥尼尔（Tip O'Neill）带领的美国议会代表团，他将里根的一封信交给了戈尔巴乔夫。他们谈了近4个小时。戈尔巴乔夫对美国政府怀疑他的和平意愿很苦恼；他认为战略防御计划在本质上是一项进攻性计划。关于戈尔巴乔夫，奥尼尔这样汇报道："他看上去是那种会成为优秀的辩护律师的人，如果他生活在纽约，他会成为一名出色的律师。毫无疑问，他是一位文字大师，也是一位政治和外交艺术大师。他冷酷吗？他强硬吗？是的，他很冷酷，也很强硬。"[56]

1985年4月23日，在中央委员会全体会议上，戈尔巴乔夫将马克思列宁主义的术语与平民大众的诉求结合在一起："没有人想要战争……我们相信世界大战是可以避免的。但是正如经验表明的那样，捍卫和平、实现总体安全的斗争不是一件容易的事情，需要坚持不懈地努力。"[57]他谴责美国与苏联对抗。他指责美国人用对格拉纳达的军事报复威胁"英雄的尼加拉瓜人民"。[58]他谴责美国颠覆"社会主义国家"的企图。[59]尽管如此，他仍采用了一种更为缓和的语气。他没有提及里根总统。他赞扬了《赫尔辛基最后文件》和美苏关系缓和的那些年里签署的协议——此外，他还呼吁强化与西方的经济和科学技术合作。[60]他很遗憾美国拒绝在战略防御计划上让步，而使日内瓦谈判陷入停滞——他将美国的强硬态度归因于美国政府中"某些圈子"对统治全世界的渴望。[61] 他指出他近期关于停止核试验的提案，正是苏联领导层的和平意愿的证明。如果美国人想要降低发生军事冲突的可能性，那么他们现在就能够看到苏联高层是愿意对话的。[62] 他希望通过他的主动示好，美国的立场可以被"修正"过来。[63]

在那些祝贺他的人当中，就有爱德华·谢瓦尔德纳泽。注意到国际上对戈尔巴乔夫的叫嚣声，谢瓦尔德纳泽认为西方对"社会主义与一位强硬的领导人结合在一起"有一种致命的恐惧。[64] 军事将领也对戈尔巴乔夫的强势感到很满意。国防部部长谢尔盖·索科洛夫对总参谋长谢尔盖·阿赫罗梅耶夫说道："看样子，我们好像终于有了一位领袖！"[65] 外交部官员阿纳托利·阿达米申称戈尔巴乔夫为"神派下来的领导人"。[66] 但并不是所有人都对他有很高的评价。苏共中央国际部部长鲍里斯·波诺马廖夫认为他是一个只具有担任农业部部长天赋的暴发户。[67] 戈尔巴乔夫想要证明这些人都错了。然而，他还没有为他的总书记一职制定一条路线，或者定下一个目的地。他就是那种认为路都是走出来的人。对他而言，结束苏联20世纪70年代的"停滞"状态就足够了。他确信他会在前进中找到对的政策。这种态度将使他果断坚定而又充满想象力，尽管它会让他自由地尝试不同的事情，但也让他对会发生什么缺乏一种清晰的认识。但所有这些都是在未来的范畴之内。在他担任总书记的最初几周里，戈尔巴乔夫想要进行大的变革，而且苏联的大多数人和全世界其他地区都看好他所选择的方向。

/ 第十二章　莫斯科改革小组

在改革斜坡上每前进一步，戈尔巴乔夫的腿部肌肉就绷得更紧一点，他知道没有一个值得信赖的攀登追随队伍，他是不可能到达顶峰的。在外交政策方面，没有人比成为外交部部长的爱德华·谢瓦尔德纳泽与他走得更近。他准备从苏共中央书记处带走安纳托利·切尔尼亚耶夫和格奥尔基·沙赫纳扎罗夫，作为自己在包括外交和安全事务等宽泛的政策范围内的助手。他多年来一直咨询亚历山大·雅科夫列夫的意见，因而正找时机将他提拔进政治局——雅科夫列夫有着无人可以匹敌的北美经历。此外，他想要挑选列宁格勒州委的列夫·扎伊科夫作为推动政治和经济改革的另一个主要同事，这些政治和经济改革被称为"改革或重建。"虽然戈尔巴乔夫意识到他们不可能在所有事情上都达成一致，但是他需要扎伊科夫在控制军工综合体方面的经验。无论如何，在初期阶段，他都必须依赖那些对他的改革抱负持有更多保留意见的人：克格勃的维克托·切布里科夫、总参谋部的谢尔盖·阿赫罗梅耶夫和国防部的谢尔盖·索科洛夫。他们每一个人都领导着拥有巨大权力的机构。戈尔巴乔夫知道要他们服从他的目标是需要时间的，但他有理由认为切布里科夫、阿赫罗梅耶夫和索科洛夫至少会赞同他的某些想法。他可以刺激、说服和启发，但是他明白如果不能领导一个由有影响力的支持者组成的联盟，他什么也做不成。

他还下决心改变国内政策，但是在为这一目的选择助手方面，他变得更加谨慎。在 1985 年 4 月的苏共中央委员会全体会议上，他将叶戈尔·利加乔夫、尼古拉·雷日科夫和维克托·切布里科夫调升至政治局。利加乔夫成为他在书记处的副手；雷日科夫开始掌管总体经济，在 1985 年 9 月成为部长会议主席；切布里科夫则继续担任克格勃主席。所有这些人都在选举总书记时帮助过他，偿还政治债务自然就成了他提拔他们的原因之一。不久之后，他就会发现他们中没有一个人像他那样强烈地致力于推行激进的改革。

虽然利加乔夫赞同改革，但他希望推行有限度的改革，在安德罗波夫可能允许的范围之内。作为苏共新西伯利亚前州委书记，他有着公正廉洁、不屈不挠的好名声，而且他十分自信，以至于曾拒绝勃列日涅夫调派他到"一个享有声望的欧洲国家"担任苏联大使的提议。[1] 不久之后，利加乔夫就开始试着阻挠政治改革。雷日科夫对于经济改革有着相似的疑虑。作为乌拉尔重型机械制造厂（Uralmash）的一名工程师，他相信国家所有制和中央计划经济，尽管他认为安德罗波夫在零售价格改革上缩手缩脚。[2] 维克托·切布里科夫在调往克格勃之前曾是一名党委书记，在克格勃他成了安德罗波夫的副手和继任者。他有着专业警察的名声；在他看来，政府领导层已经给在 20 世纪三四十年代遭受斯大林惩罚的太多人"平反昭雪"。[3] 尽管他愿意用一些新思路来考虑安全问题，但是他的观念植根于他的机构的传统之中。戈尔巴乔夫会对这些人感到失望，但是他也会感到自己受到了他们的保护，正是他们的存在，才让他免于遭受来自共产党保守派对他正快速驶入一片危险的未知之地的批评。

然而在国际政治领域，戈尔巴乔夫在当上总书记几周之内，就把脚从刹车板上挪开，而且终止了与葛罗米柯的联盟。他的第一步是废止了由葛罗米柯领导的多个政治局委员会。[4] 这位老人统治的时代就要结束了，谣言绕着老城广场散布开来：戈尔巴乔夫正谋划着把他派到一个不同的工作岗位上。事实上，这就是总书记的意图。1985 年 6 月 29 日，他请求政治局同意提拔葛罗米柯为最高苏维埃（Supreme Soviet）主席。葛罗米柯没有反抗。他似乎喜欢这个将要归属于他的重要身份；他可能也意识到现在外交部的工作要求已经超出了他的能力范围。政治局的委员们注意到他常常看上去精疲力竭，而且尽管他仍会在许多会议上大讲特讲，但开始支支吾吾，讲话笨拙不清。[5] 成为国家元首的想法明显对他有着特殊的吸引力，戈尔巴乔夫也一直在用灌迷汤、说奉承话的方式怂恿着这位老兵转型，"我们不会再找到第二个 A.A. 葛罗米柯了"。[6]

戈尔巴乔夫让谢瓦尔德纳泽接任外交部部长，但起先遭到了拒绝。这整个提议大出谢瓦尔德纳泽的意料，他感觉自己既缺乏必要的经验，也担心俄罗斯人可能会反对让一个格鲁吉亚人为整个苏联做决策。[7] 而且，如果把俄语算作一门外语的话，那他除此之外，不会说任何其他的外语。[8] 戈尔巴乔夫没有接受他的顾虑。谢瓦尔德纳泽妥协了，之后戈尔巴乔夫便在政治局极力游说这一提名。他承认，他没有考虑其他优秀的外交官，例如格奥尔基·科尔尼延科、斯捷潘·契尔沃年科（Stepan Chervonenko）和阿纳托利·多勃雷宁。[9] 葛罗米柯表现出了一定程度的困扰，于是提到尤里·沃龙佐夫（Yuli Vorontsov）也是晋升的潜在候选人，并表达了对他所领导的"整个外交官队伍"的自豪之情。但是戈尔巴乔夫并没有理会他。[10] 在 1985 年 7 月 1 日的中央委员会全体会议上，谢瓦尔德纳泽被举荐为外交部部长，并获得政治局委员资格。

戈尔巴乔夫知道，他挑选的人是与他一样对深层次改革抱有热情之人。谢瓦尔德纳泽多年来一直对共产主义的守旧感到灰心丧气。他渴望在变革苏联的进程中贡献自己的力量。57 岁的他与戈尔巴乔夫是同一代人，他们在苏联共产主义青年团（Komsomol）时期就已经是朋友了。[11] 在 1972 年谢瓦尔德纳泽成为格鲁吉亚党第一书记时，他们就一直保持着联系。戈尔巴乔夫搬到莫斯科去领导中央农业部之后，他们谈论的是怎样确保经济好转——而且谢瓦尔德纳泽安排了一次集体农庄之旅，他将一种工资制度引入集体农庄中，根据粮食收成多少来奖励农民。[12] 他的创新给安德罗波夫留下了深刻的印象。[13] 1979 年 12 月得知苏联入侵阿富汗的消息时，谢瓦尔德纳泽和戈尔巴乔夫正一同在格鲁吉亚度假。[14] 在谢瓦尔德纳泽看来，勃列日涅夫不再是一个能够自己做出决定的人，而是屈从于别人的看法，就如同沙皇尼古拉二世曾屈服于格里戈里·拉斯普京（Grigori Rasputin）的影响力一样。[15] 谢瓦尔德纳泽和戈尔巴乔夫一致认为需要尽快撤出苏联武装力量。在他们眼中，这场战争从一开始就是一个严重的错误。[16]

谢瓦尔德纳泽为苏维埃多民族国家效力，尽管这给他的家庭带来了痛苦。谢瓦尔德纳泽的父亲曾在 1937 年被逮捕，幸运的是，过了一段时间之后获得释放。[17] 他的妻子纳努莉（Nanuli）起初拒绝了他的求婚，害怕她的父亲被当作人民公敌处决会毁掉谢瓦尔德纳泽的仕途。[18] 然而，她最终还是答应嫁给他，现在在莫斯科过着忙碌的生活，女儿外出工作，她照顾着整个家庭。[19]

人们发现谢瓦尔德纳泽魅力迷人而又机智聪慧——丝毫不像一位传统的苏联外交部部长（他们唯一能够记起来的就是面无表情的葛罗米柯，他几乎不笑，让每一次外交对话都变得冷冰冰的）。他卷曲的银发给他增添了贵族气质。和戈尔巴乔夫一样，他对文学也充满了兴趣。他也喜欢足球，是第比利斯迪纳摩的球迷。他并不抽烟，这在格鲁吉亚人当中是很少见的。[20] 在 7 岁的时候，他写过一首致斯大林的赞美歌，发表在一份儿童期刊上。[21]成年之后，他就一直怀揣着个人抱负，而且毫无疑问他也有无情冷酷的一面：自1967年起的五年里，他担任格鲁吉亚内政部部长，他并不是以温和的维稳手段为人所铭记。在格鲁吉亚人当中，他因对总书记的谄媚和奉承而声名狼藉。1967年他在党代表大会上宣布，尽管几代科学家都说太阳是在东方升起，他却声称对格鲁吉亚人民而言，太阳是在北方、从莫斯科升起来的。1980年，他在中央委员会全体会议上保证，巴西人民曾告诉他，世界上没有哪一位政治家比列昂尼德·勃列日涅夫更有权威。[22]只有政治老手才明白他这样做是为了让莫斯科不插手格鲁吉亚的政治。[23]

谢瓦尔德纳泽认识到外交政策上的新方向取决于戈尔巴乔夫的执政能力。[24]他还明白他自己的仕途晋升是要完全倚仗总书记的。很油滑的是，他把自己描述为戈尔巴乔夫的"封建诸侯"。[25]他开始表现出对戈尔巴乔夫过分的崇拜，这是因为他推断一种新的"个人崇拜"将会有益于改革事业。在戈尔巴乔夫的生日当天，他演讲了一篇甜得发腻的颂词，以致受到了总书记的指责。[26]但这并没有阻止他对戈尔巴乔夫为苏共全国代表大会写的报告草案大加赞赏："自列宁以后，我就不记得出现过这样一份文件了。我们从这里面看到了马克思列宁主义思想的新高度。"[27]

亚历山大·雅科夫列夫离开世界经济与国际关系研究所之后，在1985年7月5日成为苏共中央宣传部部长，他粉碎了任何建立个人崇拜的想法。[28]他和戈尔巴乔夫都相信改革需要改变苏联政治的整体风格。个人崇拜不再是合乎时宜的了。自1983年5月雅科夫列夫和戈尔巴乔夫在加拿大相遇，并发现他们有着很多共同点之后，雅科夫列夫就一直享受着戈尔巴乔夫的照顾与提携。此前，他曾因发表一篇批判俄罗斯民族主义不断强化的文章而受到苏共中央书记处的处分——勃列日涅夫亲自训斥了他，之后他就被调往渥太华做了长达 10 年的苏联驻加拿大大使。这一委派是他自己要求的。[29] 在当时，这似乎是一个不错的选择，但是没过多久，他就感觉到这是一种放逐。[30] 他从来都不是安德罗波夫的门徒。安德罗波夫在任克格勃主席时，曾批评他干涉苏联在加拿大境内开展的情报活动。[31] 雅科夫列夫认真考虑了要让苏联融入世界经济，需要做哪些改变。他与加拿大的麦当劳公司负责人商谈在莫斯科开设分店，而且他还说服了苏联政治领导层认真讨论这一问题。[32]

得到戈尔巴乔夫的允许之后，雅科夫列夫开始给他写信，提出自己的建议。[33] 两人的关系越来越亲近。然而尽管戈尔巴乔夫能够控制住他的不耐烦，但是雅科夫列夫仍然讨厌不得不帮他以契尔年科的名义起草一份新的党纲；他也怨恨契尔年科的高级助理亚历山大·亚历山德罗夫 - 阿根托夫（Alexander Alexandrov-Agentov）几乎拒绝了他的所有建议。[34] 他又一次争议缠身。在一次访问西德期间，他宣布德国统一是德国人民自己的事情，与其他人无关。昂纳克向莫斯科抗议说，有两种德国人，而且两者永远不应该汇聚成一个单一国家。雅科夫列夫被叫到苏共中央委员会办公室，被警告说发表声明时要更加谨慎小心。[35]

雅科夫列夫戴着厚重的角质架眼镜，身材矮胖，秃顶；英国大使罗德里克·布雷思韦特做了一个让人难忘的比喻，说他就像是一只"消化不良的青蛙"。[36] 他常常在心情好的时候，也显得暴躁乖戾。他年轻时参加了二战，并因此负了伤，走路一瘸一拐，上楼梯十分困难。他扶着楼梯的栏杆，每走一步都要拉起那条受过伤的腿；要不是有着独立的人格，他很难有所成就。[37] 对于一位苏联公众人物而言，他的国外经历是非同寻常的。20世纪50年代，还是个青年小伙子的雅科夫列夫就参加了与美国的学术交流活动，在哥伦比亚大学学习了一年，并开始出版关于美国资本主义的著作。在纽约的生活给他在知识方面带来了持久的影响。他慢慢地偏爱上哲学家伊曼努尔·康德，而不是革命者马克思。[38] 他的确见多识广，有着深厚的文化素养。在性格上雅科夫列夫比戈尔巴乔夫更急躁一些，但他愿意在戈尔巴乔夫的手下工作。戈尔巴乔夫将他从加拿大"流放"中解救了出来，而且雅科夫列夫为了实现早应该实现的变革，也依旧需要他的支持与庇护。站在戈尔巴乔夫的立场上，雅科夫列夫是少数几个能够胜任这一重大政治工作的政府激进分子之一。他们坐上了同一条船，担负着同样的使命。

戈尔巴乔夫一上台，雅科夫列夫的幕后影响力就大大增强。有段时间，他避免与改革的反对者之间发生任何不适当的对抗，但是了解他的人都将这种谨小慎微归因于他的狡猾。[39] 他提倡进行大刀阔斧的改革。到1985年4月，正当戈尔巴乔夫及其助理为当月召开的中央委员会全体会议做准备时，雅科夫列夫提出了一个令人瞠目结舌的提案：引入多党政治制度，扩大私人财产范围，放松对东欧的控制。[40] 1985年12月，在另一次会议备忘录上，他呼吁建设"民主社会"和"市场"经济。他将斯大林统治下的苏联比作法老统治下的埃及。[41]

戈尔巴乔夫着手更换政治高层人员。葛罗米柯继续留在政治局，担任苏联最高苏维埃主席团主席（苏联国家元首）。他可能尝试过制造一些麻烦；尽管他仍然在领导层内部谈论外交政策，但他没有训练有素的、消息灵通的助手去辅助他。[42] 多年来，他一直主导着莫斯科对美国的讨论。如今，他只是众多讨论中的一名参与者。他并不是唯一被戈尔巴乔夫边缘化或者降职的政治局委员——格里戈里·罗曼诺夫（Grigori Romanov）以身体状况为由，很快同意退出政治局。甚至苏共中央国防部也反对过罗曼诺夫。碍事又效率低下，拖延工作，以致官员们都向戈尔巴乔夫抱怨——而且戈尔巴乔夫无论如何都想除掉政治上的对手。[43] 他提议让列宁格勒州委第一书记列夫·扎伊科夫担负起军工综合体的职责。当吉洪诺夫质疑扎伊科夫是否能胜任这份工作时，戈尔巴乔夫便打断了讨论。[44] 吉洪诺夫还对提升斯维尔德洛夫斯克州委第一书记鲍里斯·叶利钦（Boris Yeltsin）到莫斯科担任中央建筑部部长的想法表现出不安，发出质问："他将如何扮演这个新角色？"戈尔巴乔夫再一次不予理睬：他主意已定。[45]

扎伊科夫是一位令人敬畏的政党管理者。在勃列日涅夫生前最后一年，他大胆提议削减工业部门人员规模，防止经常性的超额支付。[46] 他坚持不懈地呼吁在戈尔巴乔夫的领导下，将部长级人员削减一半。[47] 他明白苏联的核武器供应过剩，正在拖累其他领域的经济发展。[48] 升职之后不久，他就咨询了苏共中央国防部的专家，并得出结论：在欧洲部署中短程导弹对苏联造成的危险要远远大于给美国的威胁。他预料到让总参谋部接受政策上的改变是一件很困难的事情。但是，他下定决心要实现改革。[49] 他有着强大的意志。虽然他对自己追求的目标坚毅果断，但众人眼里的扎伊科夫是"谦虚又温和的"[50]：他很擅长在争论不休时缓和紧张的气氛。政治精英圈子中，没有哪个人对他有不好的评价。1985 年 5 月 19 日，戈尔巴乔夫批准了新的政治－军事规划结构，他选择让扎伊科夫去领导政治局限制军备委员会——"五巨头"（the Big Five），它整合了国防、外交、安全和情报部门的领导人。人们将它称为"扎伊科夫委员会"。委员会在扎伊科夫的办公室碰面，谢瓦尔德纳泽、切布里科夫、索科洛夫和雅科夫列夫从一开始就进入了委员会。[51]

"五巨头"需要清楚明白的建议，而不是复杂的技术分歧。低一级官员定期就细节问题进行磋商。有时多达50位专家参加讨论。通常，他们在总参谋部大楼见面。从1987年5月开始，他们被称为"跨部门工作组"［或者"小五人组"（the Little Five）］。[52]一种友善、利于交流的氛围开始形成——即使在阿赫罗梅耶夫出席并脾气暴躁时，大家也可以畅所欲言，没有顾虑地讲出他们的上级可能在想什么（卡塔耶夫在苏共中央国防部的上司奥列格·别利亚科夫就对自己无法控制他而不满）。这样做的目的是提出能够得到专家们一致认可的建议。党、军队、工业和克格勃为此通力合作——例如，国防部每天能收到多达十条加密的情报信息。这一体系运转顺利，工作组每年提交80多份法规草案，供"五巨头"采用，而且这种工作机制几乎总是能够使扎伊科夫在将草案提交至政治局审批之前，得到"五巨头"的一致支持。[53]

这正是戈尔巴乔夫需要扎伊科夫的原因所在。与勃列日涅夫不同，他并不想故作姿态，成为别人眼中的军事专家，也对新武器或装备没什么兴趣。他想让这个国家里真正的专家们——并不仅仅是军事指挥官——参与到改革进程中来，有所贡献。[54]戈尔巴乔夫不止一次地打回他收到的草案，并要求重写。他从来没有将个人偏好强加到"五巨头"或者工作组头上。他也很少对国防部提出个人质疑——有疑问的话，也只是要获知一些细节或者澄清某些事情。[55]这一工作机制得到了他的认可，他接受了经它向上提交的大大小小的所有提案。[56]

被动性是他的一个巧妙的招数。正如对改革持怀疑态度的人认为的那样，苏联的现实是扎伊科夫和"五巨头"正在遵循戈尔巴乔夫的指示应对当下问题。[57] 置身于这一体系之外让戈尔巴乔夫看起来是公正客观的。他也因此能够空出一些时间和精力。当总参谋部吵吵闹闹时，扎伊科夫就对阿赫罗梅耶夫讲事实、摆道理："你知道，谢尔盖·费多罗维奇，你和格奥尔基·马尔科维奇（·科尔尼延科）独自制定这个国家在裁军方面政策的时代已经过去了。现在，是这个国家的领导层在制定。你最好把这个考虑进去。"[58] 扎伊科夫坚持认为外交部应该在对外安全问题上拥有与国防部同等的影响力，苏共中央国防部的卡塔耶夫对他的这种坚持十分钦佩。[59] 如果扎伊科夫无法保证改革者想要的东西，那么谢瓦尔德纳泽就会站出来说："好吧，让我们先把这个问题放在一边，我会和米哈伊尔·谢尔盖耶维奇谈谈。"人们很快就会明白，谢瓦尔德纳泽认为，在他受挫时，他可以把他的想法告诉总书记，然后迫使"五巨头"服从。[60]

但是戈尔巴乔夫及其维新派知道，他们仅仅是万里长征迈出了第一步。尽管切布里科夫和克格勃与他们合作，但是扎伊科夫领导下的"五巨头"的成功仍让他们预感到在应对最高指挥官时将会困难重重。阿赫罗梅耶夫和索洛科夫常常表现出，只有在他们是发起者的时候，他们才会支持武装部队的改革。相比于苏联军队，苏共、政府和外交部里面的改革之风只能算是拂面轻风。[61]

戈尔巴乔夫将苏联外交和安全政策改革委托给了他很信任的谢瓦尔德纳泽。这让他得以集中精力于国内政治和经济改革，同时雅科夫列夫监管着媒体传播领域的革新。这三人以极大的热情和强度开始了改革——谢瓦尔德纳泽患上了失眠症。[62] 他逐渐意识到自己在处理国际关系问题上的不足。[63] 他告诉助手泰穆拉兹·斯捷潘诺夫－马马拉泽："我被难住了。在以前的工作中，我总是知道我能够做什么、想要做什么，以及需要说什么话。但是现在，我还没有丝毫头绪。"[64] 最初，他依赖葛罗米柯给他一些军备谈判方面的建议。[65] 他对这位前任外交部部长的业绩十分钦佩："我怎么能够和葛罗米柯相提并论呢，他可是世界外交政策方面的超级战舰，我就是一个小筏子，只不过装了马达。"[66] 官员们嘲笑谢瓦尔德纳泽需要他们一勺一勺地喂下最基本的知识。[67] 苏共中央国际部的波诺马廖夫也严厉地斥责道："他对（国际关系）一窍不通。"[68] 之后戈尔巴乔夫便打发波诺马廖夫退休了，又将多勃雷宁大使从华盛顿召回，顶替了他的职位。但是，仍然有许多共产主义保守派留在任上。谢瓦尔德纳泽明白外交部里的官员们之间形成了一个非正式的反改革情报网络。[69] 这并没有让他畏惧或气馁。他对助手说："我们需要民主化像一个阀门那样，真正引入健康的社会力量。"他不认为这可能会让整个社会炸了锅。[70]

直到 1985 年 8 月下旬，谢瓦尔德纳泽才觉得接受外交部部长一职是一个正确的决定。[71] 客观的人们都承认他在迅速地掌握他的新工作内容。没有什么是可以供他效仿的，因为这个部门仍处于葛罗米柯的影响之下，里面的工作人员也都是按照保守的传统模式训练出来的。[72] 谢瓦尔德纳泽对很多外交大使印象不佳，在他看来，他们对自己的祖国一无所知。[73] 谢瓦尔德纳泽知道如果他想去做自己想做的事情，就需要一个很长的任期。[74] 他满怀激情地相信，党必须在一切事情上带头前进；[75] 他觉得要立即采取行动，说道："现在我们要拯救社会主义。"（他不敢公开这样说，只是说给他的助手斯捷潘诺夫 - 马马拉泽听。）他认可苏联领导层要为过去犯下的错误"埋单"，并独创了一句新宣言："你必须将和平置于阶级利益至上。"[76] 他力促官员们去提任何他们喜欢的问题，或者问什么时候才可能真的将苏联拖出"泥潭"。[77] 他努力根除闲言碎语、裙带关系和腐败。他认为没有几个苏联外交官可以流畅写作，或者发表过得去的公众演讲。创新思维就更别提了，少之又少。他鼓励民主辩论的精神，并谴责外交部没有就世界局势提供有用的预测；他表示他将招募外部人员来帮助他修正这一情况。[78] 1985 年 12 月 1 日，在外交部党员会议上，他发布了一项令人吃惊的禁令：没有人会继续容忍偷盗或撒谎。停止对列宁的仪式。事实上，甚至都不应该有对戈尔巴乔夫的颂词；葛罗米柯将被视为"一座纪念碑"，被视为历史，被视为苏联领导层寻求解决的一系列问题中的一个。[79]

在雅科夫列夫的支持下，葛罗米柯和谢瓦尔德纳泽已经做好了斗争的准备。他们在缺乏想象力的老人统治时期，度过了成年岁月。他们决心要扭转乾坤。对他们有利的是，政治局已经意识到如果苏联要迎接前方的挑战，就必须改变。在领导层中，并不是人人都喜欢戈尔巴乔夫，于是，他一当上总书记，就会抓住机会除掉对手。他正在展示出将并不偏好改革的人拉拢到自己一边的能力。激进者队伍都被团结在他的周围。莫斯科内政外交的改革道路已经清理完毕。

　　直觉告诉里根克里姆林宫里正在发生不同寻常的事情。布什和舒尔茨在契尔年科的葬礼上见过新一任总书记后，也有同样的感觉，而且舒尔茨渴望在直接对话中试探出戈尔巴乔夫的意图。[1]从莫斯科传来的消息完全出乎人们的意料，尤其是关于阿富汗战争的消息。印度总理拉吉夫·甘地在 1985 年 6 月亲自从苏联领导人那里听说，他们正在研究怎样撤军。甘地将消息传给了美国人。大变化就要发生了。[2]

　　美国政府仍旧需要证据证明这不是一时的计谋。1985 年 4月 30 日，总统写信给戈尔巴乔夫，表达了对近日尼科尔森少校（Major Nicholson）——一位在柏林北部执行完全合法任务的美国军事情报官员——被枪杀的忧虑。他慨叹苏联对阿富汗的军事干涉，强调美国人将以实际发生了什么而不是做出什么承诺来进行判断。他很高兴日内瓦谈判得以重启，但就苏联对他的战略防御计划所持的立场发起了挑战。戈尔巴乔夫曾对月初在莫斯科访问的白宫发言人蒂普·奥尼尔说道，美国的计划是以进攻为目的的。里根指出苏联的科学家们正在以追赶防御计划为目标，从事科学研究。他保证美国科学家需要多年时间才能取得进一步成果，而且他还承诺在下令进行任何部署之前，会先与其他政府磋商。他注意到莫斯科违反了《反弹道导弹条约》（Anti-Ballistic Missile Treaty）。他表示希望大幅削减核武器储备，并期待着美苏双方能够营造一种良好氛围。[3]

　　美苏之间依然像打乒乓球一样你来我往，戈尔巴乔夫回复里根说，美国当权派清楚地知道战略防御计划有着一种潜藏的侵略意图（他没有意识到这对总统来说不是一句恭维的话）。他还补充说，如果美国人停止为圣战者提供支援，实现阿富汗和平的机会就会大大增加。[4] 他向里根保证，苏联将做一切必要之事来维护"战略平衡"。[5]

舒尔茨猜测戈尔巴乔夫并没有在信中写出比较难听的话；杰克·马特洛克——1983 年作为会讲俄语的专家和欧洲与苏联事务主任，被带进国家安全委员会——也赞同这一猜想。[6] 但是这些都很难让凯西相信克里姆林宫已经发生了改变。中央情报局预测戈尔巴乔夫能给军控谈判带来的唯一变化就是增添一点儿政治才华。[7] 苏联一直在用更复杂的武器系统来提升它的进攻能力，而且政治局不可能会让经济上的困难影响到军事上的升级。尽管苏联领导人可能不想与美国发生武装冲突，但是仍然存在让他们命令部队采取行动的潜在情况。第三次世界大战依旧可能爆发。[8] 凯西及其下属一再主张，新总书记是一位传统主义者，他会继续与美国对抗，欺负东欧，干涉阿富汗。[9] 中情局还预测苏联外交政策只会发生轻微的调整。苏联经济可能会因戈尔巴乔夫改变工厂技术而得到暂时性刺激；此外，他还可能寻求在军控谈判中达成协议，来减轻苏联的财政压力。但是总体情况将保持不变。[10]

国防部部长温伯格和部长助理珀尔都赞同凯西的观点；他们认为没有理由改变美国的立场。罗尼至少承认了戈尔巴乔夫有可能会让他们大吃一惊，但是他同样认为这几乎不会发生。他们所看到的早期迹象都是在证明这位新苏联领导人会选择连续性政策。[11] 有影响力的保守派杂志也持同样的观点。里根的朋友、《国家评论》（*National Review*）编辑小威廉·F. 巴克利（William F. Buckley Jr.）建议说，戈尔巴乔夫"诙谐幽默，游历广泛，受过良好的教育，能言善道，（以及）聪慧睿智"的事实都只能让他成为"一个更危险的人物"。[12]

当商务部部长马尔科姆·鲍德里奇（Malcolm Baldrige）提出恢复与莫斯科贸易谈判的想法时，珀尔明确表示反对。鲍德里奇预定于 1985 年 5 月 20 日在莫斯科与苏联贸易部部长尼古拉·帕托利切夫（Nikolai Patolichev）展开谈判。尽管如此，珀尔仍然拒绝让步。他此前委托调查允许苏联经济从西方技术创新中获益会产生什么风险。此刻他已经拿到了能够用来阻止鲍德里奇计划的调查结果。报告的撰写者们写道，苏联喜欢购买自动化生产和控制系统、电脑、微电子、光导纤维和电信设备，以及具有明显的军事用途的产品。他们判定，如果这些技术被转移到苏联，莫斯科将不再需要自主研发这些产品，因而可以节省 133 亿美元，以及三年到五年的研究时间。依据目前的商业条款，恐怕仅在滚珠轴承一项上，苏联在 1986 年至 1991 年就能节省 1.36 亿美元。该报告的结论毫无疑问：美国经济要付出 150 亿美元的代价，才能获得与苏联军工企业相同的收益。[13]

在温伯格和珀尔看来，美国一边编制预算实现战略武器现代化，一边又积极地让敌人有能力推进他们自己的现代化，这是毫无意义的。然而，在舒尔茨领导的国务院支持莫斯科经济发展的大背景下，他们无力与鲍德里奇抗争。[14] 尽管如此，珀尔依然反对有军备协议总比一个协议也没有要好的观点。他指出，苏联拿已经签署的协议根本不当一回事，苏联的违约行为应该让我们每个人都更加谨慎——显然，他这句话也是说给总统和国务卿听。[15] 他指责英国外交大臣杰弗里·豪近日对战略防御计划表达的担忧。[16] 他还抱怨美国政府在阻止敏感的先进技术向苏联转移上的放松和懈怠。他还认为巴黎统筹委员会执行框架没有约束力，而且资金匮乏；他主张让巴黎统筹委员会强硬起来，缩减可合法出口的货物种类。[17] 即使是舒尔茨，也对当前的商业政策有诸多反对之处。虽然他寻求缓和与苏联的紧张关系，但他反对里根总统允许向莫斯科出售得到价格补贴的小麦。他认为，苏联领导人一定因为比美国主妇们付了更少的面包钱而"咯咯笑呢"。[18]

美国的冷淡惹恼了戈尔巴乔夫。当意大利总理贝蒂诺·克拉克西（Bettino Craxi）和外交部部长朱利奥·安德莱奥蒂（Giuliano Andreotti）在 1985 年 5 月下旬来访时，戈尔巴乔夫申明希望能够消除美苏之间相互疑虑的气氛。克拉克西敦促他给予日内瓦谈判更大的灵活性。戈尔巴乔夫则对这一建议不以为然："如果美国人不放弃战略防御计划，罗马教宗就可以庆祝谈判的葬礼了。"[19]

苏联政治局强烈地感觉到里根提议消除所有中程弹道导弹并不是真心诚意的。[20]扎伊科夫并不这么认为。本就对日内瓦谈判的停滞感到焦虑，扎伊科夫打断了苏共中央国防部对当前的障碍为什么如此难以克服的解释，他说："停，停，停！这是一个很严峻的问题，我们不能容许拖延着不去解决它。"[21]他向部长理事会军事－政治问题委员会的尤里·马斯柳科夫（Yuri Maslyukov）解释了自己的担忧。扎伊科夫认识到苏联制造的武器远远多于保障安全所需的数量，这严重损害了它的经济。他说，现在西欧地图上布满了潘兴－2 导弹基地，而且这些导弹最多用 12 分钟就能打到莫斯科，这是政治局犯下的错误。[22]如果苏联领导人想把这些导弹从西欧移除，他们就不得不同意从东欧撤出 SS-20 导弹。[23]马斯柳科夫赞同扎伊科夫的想法，并催促他去寻求利加乔夫的支持。利加乔夫同意了扎伊科夫的观点，之后两人便给正在克里米亚休假的戈尔巴乔夫打电话。尽管知道总参谋部和国防部肯定会制造障碍，戈尔巴乔夫还是选择站在他们一边。他毫不犹豫地下了指示："去干吧！我会支持你们。"[24]

扎伊科夫四处寻人组建一个可靠的团队，来帮助他起草基本方案。他找到苏共中央国防部副部长卡塔耶夫，让他来领导工作。卡塔耶夫同意了，并转而请外交部的维克托·卡尔波夫（Viktor Karpov）为他提供额外的帮助。卡尔波夫喜出望外，说道："太棒了！他们最终还是想通了！但是所有的中程导弹都需要被清理掉。这就意味着我们本质上不得不接受里根的'零点方案'。"这个团队致力于将讨论限制在欧洲范围内，并将苏联部署在亚洲的武器排除在议程之外。他们希望华盛顿会满意苏联所提供的削减军备的规模。他们主要担心的是，苏联军事和工业精英们可能会制造麻烦。[25]

最高指挥部的反应和他们预想的一样。当卡塔耶夫和卡尔波夫向总参谋部第一副参谋长瓦连尼科夫（Varennikov）详细说明他们的想法时，双方爆发了激烈的争论。[26] 1941年6月的"巴巴罗萨行动"成了可怕的前车之鉴。他们谈到了叛国和存在一支"第五纵队"。但是卡塔耶夫注意到瓦连尼科夫与其手下的指挥官们不同，他没有进行人身攻击。克格勃的官员们也加以阻挠。卡塔耶夫一直等到会议结束，才对瓦连尼科夫说，情绪爆发无助于解决这些至关重要的问题。两个人一直谈到午夜之后。这是一次建设性的对话。[27]瓦连尼科夫似乎认识到，苏联可以通过与美国人合作，共同削减欧洲的中程导弹，来强化自身安全。总参谋长阿赫罗梅耶夫和国防部部长索科洛夫则远远谈不上通情达理。他们对扎伊科夫团队的提案厌恶至极。阿赫罗梅耶夫的脾气十分暴躁——有一次他将直言抗议的卡塔耶夫推到了墙边。他大声喊着，如果扎伊科夫得逞，他就上交自己的党员证。[28]

比利时政府试着缓和紧张的国际局势，提出如果苏联从东欧撤走相同数量的中程导弹，它就会阻止美国人在其领土上

部署潘兴 −2 导弹。比利时外交部部长莱奥·廷德曼斯（Leo Tindemans）在莫斯科参加契尔年科的葬礼时，就多次向葛罗米柯提出这一建议。但葛罗米柯并没有积极地回应他。[29] 在整个春天和谢瓦尔德纳泽担任外交部部长的前几周里，这一问题再也没有被提起。

舒尔茨计划于 1985 年 7 月 31 日在赫尔辛基的美国大使官邸会见苏联这位新任外交部部长。美国人开始行动了。他安排他的夫人奥比去结识谢瓦尔德纳泽的妻子纳努莉。他还把他的个人安全长官介绍给谢瓦尔德纳泽。那名长官居然是一位苗条的年轻女子。谢瓦尔德纳泽说："现在我明白了，美国的命运是在不中用的人手里。"[30] 当他们讨论政治时，他评论说如果美国人真诚地希望达成一份中程核武器条约，那么英国和法国必须加入——而且美国必须放弃它的空间武器计划。舒尔茨反击道，在西伯利亚中部的克拉斯诺亚尔斯克（Krasnoyarsk）修建一座新的雷达预警站违背了《反弹道导弹条约》；他呼吁和平解决阿富汗问题。他坚称他盼望在日内瓦和欧洲其他地方的谈判桌上达成一致。他说无论美苏双方的代表团何时取得进展，他们都应该开始做些"了不起的事情"。谢瓦尔德纳泽回应道，苏联的确在寻求用政治方法解决阿富汗战争问题，同时他否认建造雷达站是违法的。他强调说美国和苏联在军事上处于"一种大致平等的状态"，这可以为双方和解提供基础。[31]

/ 143

戈尔巴乔夫和谢瓦尔德纳泽明白在实现任何改革目标之前，都会面临内部困难。让葛罗米柯离开外交部的确会帮上大忙，但是第一副部长科尔尼延科的表现就好像葛罗米柯仍然是外交部部长一样。当他不喜欢领导层的建议时，他就会说"党员的良知不允许"他同意。[32] 与总参谋长阿赫罗梅耶夫的共事和友谊为他的大胆注入了力量。他曾对荷兰大使称，苏联的外交政策什么也没有改变。虽然戈尔巴乔夫下令外交部密切关注在比利时就中程弹道导弹做出示好姿态之后荷兰的后续行动，但他没有顾虑，依然对荷兰大使这样说。[33] 通过摆出一种"高姿态"来拉拢西欧人，阻止在低地国家部署中程导弹的机会就这样错失掉了。[34] 谢瓦尔德纳泽决定避免与科尔尼延科起冲突，他依然钦佩后者的专业性。他评论说："在安全问题上，军方说了算。"科尔尼延科认为这是让他全权按照自己的意愿行事。[35] 在戈尔巴乔夫和谢瓦尔德纳泽看来，在他们与美国及其盟友取得任何重大进展之前，丢弃像科尔尼延科这样的人是不明智的。[36]

戈尔巴乔夫开了几轮领导层会议，为达成一项削减军备协议辩护。总参谋部很不高兴，而且每当戈尔巴乔夫谈及这个话题时，阿赫罗梅耶夫都怒火中烧。阿赫罗梅耶夫和科尔尼延科会定时商讨怎样守住传统路线。[37]

然而，即使是阿赫罗梅耶夫也清楚地知道，不断增加核武器是不理智的。[38] 但是他想让所有事情都按照他的意愿进行。戈尔巴乔夫在一次为赴日内瓦军控谈判的代表团举行的磋商会议上遇到了麻烦。受科尔尼延科鼓动，阿赫罗梅耶夫对探索减少欧洲核导弹的可能性这一想法大发雷霆。戈尔巴乔夫认识到需要寻求政治局的支持；当他直接要求政治局批准削减武器的政策时，只有葛罗米柯表示了反对。[39] 1985 年 9 月 18 日，戈尔巴乔夫召集军事和外交官员又开了一次会。这次会议持续了一个半小时。阿赫罗梅耶夫和尼古拉·切尔沃夫（Nikolai Chervov）中将极力争辩要原封不动地保留所有 SS-20 导弹，并让它们处于准备就绪的状态。科瓦廖夫和阿达米申站到了他们的对立面。阿达米申对改革的热情，让作为其上司的科尔尼延科想要在他的个人档案里记录下这一"罪行"。戈尔巴乔夫谨慎地应付着这场辩论，阿达米申有片刻时间也在怀疑自己是不是太出格了。但是，戈尔巴乔夫最终赢得了辩论。阿达米申欣喜若狂："最主要的是他像魔鬼一样狡猾——甚至比魔鬼还要狡猾，就像一个地道的农民。他是一位天生的政治家、领袖。"40

1985 年 8 月，戈尔巴乔夫再一次采取行动，宣布苏联将把核爆试验一直推迟到年底。但是，他并没有要求里根也效仿他做出同样的决定。苏联将此次延期当作其和平目的的证明。戈尔巴乔夫还暗示：如果美国也这样做，他将会在更长的时间段内中止核试验。41

频繁的沟通往来让莫斯科和华盛顿决定年底在日内瓦举行总书记和总统之间的高峰会晤。里根还不曾见过戈尔巴乔夫之前的任何一位总书记，也没有出席他们的葬礼。戈尔巴乔夫已经改变了全球政治格局，里根不可能对他视而不见。全世界的人民都对他们的会谈翘首以盼。正是在这一形势下，里根召集国家安全委员会，让他们考虑苏联领导人日益增强的影响力，安排双方会面。国家安全委员会对此达成了共识。每个人都认为要取得"三位关键观众"的最大支持：美国的盟友、美国国会和美国民众。中央情报局局长凯西警告说，前面可能有陷阱等着他，戈尔巴乔夫可能会尝试迫使他将战略防御计划限制在实验室研究、禁止核试验和部署核武器的范围内。42（凯西的猜测不久后就被证明是有先见之明的。）

舒尔茨请求从更加乐观的角度看问题。他对总统国家安全事务助理麦克法兰说，总统在感觉"自信和舒适"时，会表现得最好——太多人聚集在他周围会让他紧张不安。他建议里根不要再听那些助理的建议。显然，这激怒了麦克法兰；而且对自信的唐纳德·里甘

（Donald Regan）——从 1985 年 2 月开始担任白宫办公厅主任，在此之前曾是美林证券执行董事长和财政部部长——而言，这种说法也没什么吸引力。[43] 舒尔茨没有打退堂鼓，叫来尼采帮忙起草去日内瓦的文件。1985 年 9 月 16 日，他将文件拿给总统。舒尔茨想法的核心是美苏之间需要进行严肃的谈判。虽然温伯格将战略防御计划视为一种让军备交易无法达成的手段，但是舒尔茨想要用它来与苏联讨价还价。温伯格一有机会就宣称，美国人希望从实验室走向战略部署实践——而且有时他还会说，科学实验室里的前期工作已经接近完成。舒尔茨知道这项研究还需要数年时间才能完成。国会的资金和政治批准是必不可少的，但他怀疑当里根离开白宫时，国会是否还会延续这一支持态度。于是，他说服总统实施一种巧妙的策略：主动向戈尔巴乔夫提议，美国推迟部署战略防御计划，作为交换，苏联大幅削减自己的进攻性核武器储备。[44]

舒尔茨不想放弃整个部署计划，但是想争取到克里姆林宫的最大让步。在他看来，这种方法能够最大限度地保证战略防御计划的延续性。[45] 还有一件事会让他高兴。1985 年 9 月 23 日，苏联学者格奥尔基·阿尔巴托夫（Georgi Arbatov）问亨利·基辛格，美国和苏联应该怎么打破僵局。基辛格给出的个人意见与近期舒尔茨和里根达成的一致路线不谋而合。阿尔巴托夫说在战略防御计划上做出这样一个妥协对政治局而言应该是"可行的"，这一回复让基辛格感到很意外；他也让基辛格明白，如果美国做出这样的让步，那么戈尔巴乔夫将尽其所能地做出相应的让步。此外，阿尔巴托夫还表明戈尔巴乔夫可能会和里根就阿富汗问题达成共识。在基辛格看来，没有官方许可，这位莫斯科学者是不可能这样说的。他打电话给舒尔茨的行政助理查尔斯·希尔他感觉到莫斯科的空气中正飘浮着什么东西；而且当月他在纽约再一次见到谢瓦尔德纳泽时，就从他面带微笑的镇定中猜测出苏联领导层可能会在日内瓦做出一些让人惊讶的举动。[47]

然而，总统却常常改变主意。在 9 月 17 日记者会上，他表示他可能会冒违背《反弹道导弹条约》之风险继续执行部署计划。舒尔茨、尼采和其他人在与政界人士和记者沟通后，迅速消除了这一印象。[48] 相反，凯西和温伯格却很喜欢他们在记者会上所听到的。1985 年 9 月 20 日在国家安全委员会上，他们呼吁不要对苏联做出让步。麦克法兰支持他们的观点，并补充道，很多观察家都认为戈尔巴乔夫的声明是"新瓶装老酒，换汤不换药"；他建议总统将注意力从控制军备转移到阿富汗战争和对苏联的人权监督上。舒尔茨只能说，美国方面如果坚持认为苏联领导层仅仅是在进行政治宣传的话，那么就不会取得任何进展。[49] 他不得不祈祷着总统脑袋里的天平能在首脑会晤之前向他那一边倾斜。

莫斯科报纸赞同"核冬天"这一提法。对卡尔·萨根假说提出质疑的西方科学家都被贴上了"反启蒙主义者"的标签。莫斯科把自己描绘为一座科学和人性的堡垒。[50] 苏联高层继续着所谓的和平攻势，让全世界的人相信所有的好战分子都在华盛顿。

谢瓦尔德纳泽小心翼翼地准备着 1985 年 9 月在联合国大会上的演讲。这是他第一次来到美国。到此时为止，他觉得自己还无法做到发出与葛罗米柯不同的声音。[51] 而且，他也受到一些事情的掣肘。有双面间谍嫌疑的克格勃官员奥列格·戈尔季耶夫斯基（Oleg Gordievski）于 7 月中旬外出慢跑时，在莫斯科消失了。他的英国控制人员做了安排让他穿越芬兰边境，把他带到了英国的安全地带。谢瓦尔德纳泽在纽约向英国外交大臣杰弗里·

豪抱怨说，英方使用的手段适合于柯南·道尔的故事。[52]但是，他一直面带微笑。他的团队对他愿意跳出传统界限来思考感到很满意。[53]每个人都评价他的行为举止很有风度。因无法出席舒尔茨的演讲，他表达了和善的歉意。[54]美国媒体称赞他是新型苏联领导人。当谢瓦尔德纳泽在 1985 年 9 月 27 日会见里根时，里根大吃一惊。他给里根带来了戈尔巴乔夫的一封亲笔信，信中提议将战略核武器库存立即削减一半。[55]

尽管里根没有做出任何明显的反应，但麦克法兰很明显已经有些惊慌失措了。美国人已经开始谈论初步削减 30%~35%。现在，戈尔巴乔夫遥遥领先。[56]里根和谢瓦尔德纳泽谈了三个小时，而且舒尔茨告诉媒体，总统总体上欢迎苏联外交部部长提出的方案。但是战略防御计划是一个关键问题，因为戈尔巴乔夫在信中要求里根停止与之相关的一切工作。里根告诉记者们："我们决心继续这项研究。"[57]

地缘政治变化莫测，美国领导层寻求盟友和友好国家的支持。华盛顿的一些官员越来越担心戈尔巴乔夫可能会开始与北京恢复友好关系。邓小平反复说，美国和苏联都是世界和平与安全的障碍；他谴责美国的战略防御计划。美国前总统尼克松在 1985 年秋天到中国进行私人旅行，他劝告中国领导人，这样的言论不会让里根延续美国在技术转移方面的对华政策变得更容易一些。[58]

一个月之前，也就是 10 月，实际上邓小平通过正在中国访问的尼古拉·齐奥塞斯库向新一任苏联总书记表示了祝贺。他指出如果苏联帮忙让越南人撤出柬埔寨，中方就会考虑与戈尔巴乔夫举行首脑会晤。邓甚至愿意到莫斯科去。[59]

这一切来得太快了，无论是中国还是日本，都没有什么值得里根担心的。他对加拿大也很有把握。他最关心的是西欧，在那里，一些国家——法国、比利时、荷兰，甚至是英国——与美国的外交和安全政策或多或少地都保持着距离。戈尔巴乔夫显然会竭尽全力地对这些国家的政府施加影响。不出所料，他选择法国作为其以总书记身份进行外事访问的第一站。法国早在 1966 年就将本国部队全部撤离北约军事一体化组织。苏联的外交政策是进一步扩大巴黎和华盛顿之间的裂痕。密特朗总统已经公开表示了自己对战略防御计划的不满。在契尔年科的葬礼上，他就向戈尔巴乔夫发出到访法国的邀请，戈尔巴乔夫于几天后欣然接受。[60] 稍有不安的美国人将他们从谢瓦尔德纳泽那里得知的苏联削减军备的消息告诉了法国人。他们不能让这位新任总书记打法国人一个措手不及。密特朗向罗伯特·麦克法兰保证，他不会让法国对战略防御计划的异议变成戈尔巴乔夫手中的"武器"。[61]

/ 148

戈尔巴乔夫的巴黎之行从 1985 年 10 月 2 日开始，一共持续四天。这位新任总书记终于向外部世界展示了自己的风采，媒体予以高度的关注。与对待苏联政治家的一般做法一样，人群聚集起来抗议苏联侵犯人权的行径。人们还在夏乐宫组织了示威抗议。[62] 戈尔巴乔夫处乱不惊，而且法国公众喜欢他的和蔼敦厚和充满和平意味的讲话。他的外表和行为都非常"西方化"，这让每个人都感到意外。他穿着潇洒，西服套装甚至是帽子都为他赢得了赞赏。仅仅是看起来不阴沉也不精于算计，就让他赢得了很好的口碑。他面带微笑，谈吐自然，在与见到的每一位西方政治家的论辩中，都游刃有余。无论是正式场合还是陌生的场景，他都表现出很强的适应能力。没有什么能镇住他，甚至是在前一年还没有成为总书记时，与撒切尔夫人在首相别墅见面时的盛大场面也没有。他的直觉告诉他不要表现得过于受到震撼。在巴黎也是如此，他表现得好似就着好酒咽下了法国的优雅。

他关于削减 50% 核武器的提议吸引了人们的关注。他呼吁全面禁止"空间－打击"武器。他愿意将中程导弹的谈判与此分割开来。他还期待着与英国和法国进行单独谈判。他说苏联在其欧洲部分部署了 243 枚 SS-20 导弹——这一数字自 1984 年以来就没有增加过。他承诺不会增加现有军事力量，并号召美国也这样做。华盛顿国家安全委员会的官员们注意到，情报报告中也写道，戈尔巴乔夫关于 SS-20 导弹的说法很可能是正确的。[63]

戈尔巴乔夫正在做出成绩，美国政府需要准备好应对任何新的示好姿态。关于战略防御计划，密特朗说："在我看来，这个外太空问题很简单：我不会公然抨击它，但是我反对它，而且法国不会与它扯上任何关系。"[64] 这番话在一定程度上让戈尔巴乔夫感到欣慰。但是，他不可能再对分裂西方国家抱有任何幻想了。密特朗虽然是美国人的"诤友"，但至少是一位朋友。如果戈尔巴乔夫希望把里根拉进与苏联的一系列严肃谈判中，他就不能以拉拢西方国家领导人到自己一边为策略。

可以让他自夸取得了巨大成功的地方在于他对法国民意的影响。他在应对群众和上电视方面的天赋无与伦比，他开始认为这可能是他将西方带到谈判桌旁的最有效方式。戈尔巴乔夫愿意尝试一切。

　　巴黎之行结束后，戈尔巴乔夫集中精力与莫斯科的传统盟友和友好国家研究在日内瓦峰会上可使用的战术。虽然可能没有人会制造麻烦，但他希望它们能够与苏联积极配合。改革正让"兄弟般的"共产主义领导人烦恼不已，戈尔巴乔夫对此心知肚明。他不得不让他们相信他与里根的会谈是符合他们的利益的。

　　不出所料，阿富汗共产党人是最不喜欢他的理念的，所以他邀请巴布拉克·卡尔迈勒（Babrak Karmal）在1985年10月10日到莫斯科进行会谈。他们谈得很艰难。苏联军队正在失去这么多的士兵，阿富汗军队却无所作为，戈尔巴乔夫对此非常不满。他要求卡尔迈勒重新引入私人贸易，恢复对伊斯兰教的尊重，与反对派分享权力。[1] 戈尔巴乔夫向政治局汇报说，他让卡尔迈勒在1986年夏天之前准备好在军事上自力更生，尽管仍会为他提供装备，但苏联军队届时将开始撤离。在政治局，戈尔巴乔夫宣读了苏联市民的信，他们质问为什么俄国人还在阿富汗战斗。尽管没有把最初的入侵定性为大错，但他呼吁迅速撤军，而不管卡尔迈勒会如何应对这一军事结果。政治局委员、国防部部长索科洛夫没有提出任何反对意见。葛罗米柯也没有表示反对；人人都知道他就是造就阿富汗困局的元凶之一，因此他的沉默就格外引人注意。新的政治局路线仍然是个谜，但是大家都清楚克里姆林宫正在发生重大变化。[2]

　　戈尔巴乔夫的另一项工作是通知华沙条约领导人他准备怎样在日内瓦峰会上对付美国人。1985年10月22日，戈尔巴乔夫飞到索非亚，向政治协商委员会作报告。他想努力达成一份削减所有类型核武器的协议，第一阶段先削减一半。他会主动提议将欧洲中程核武器问题与战略和空间武器问题分开讨论；此外，他还希望不久之后能够直接与法国和英国谈判。他决意要利用这次峰会打破当前谈判的僵局。[3]

　　他明白要实现这一目标非常艰难："与此同时，我们不能肆意地幻想在日内瓦会见到一个全新的里根，或者他将着手达成一份严肃且具体的协议。"然而，即使美国人不配合，停止军备竞赛的运动也要继续下去。[4]苏联外交要充分利用西欧国家每一个反对"星球大战"计划的举动。他心里清楚，还要避免让别人看出来苏联的目的是分裂北约联盟。前景是乐观的。密特朗已经和他谈过自己对美国外交政策的不满。[5]科尔也给莫斯科写了信，提议加强西德与东欧之间的联系。戈尔巴乔夫欢迎这些示好举动，但同时提出要求：如果科尔是真心诚意的，那么西德人民就要发誓抛弃其所谓的针对东德的"报复性"主张，并且不再对美国人言听计从。[6]让他非常担心的一点是，里根及其政府并不是真正想要达成削减军备协议。谢瓦尔德纳泽预定在索非亚会议之后前往美国，因此戈尔巴乔夫寄希望于他可以在日内瓦首脑会晤之前，让美国方面做出更具建设性的举动。[7]

　　戈尔巴乔夫反复强调，战略防御计划本质上是"军国主义的"，并补充说法国的"尤里卡"计划同样是好战的，因而劝告东欧领导人不要相信密特朗会和他们真正平等地合作。[8]他呼吁，对经济互助委员会在1984年6月达成但还没有实施的科学－技术进步综合计划（Complex Programme of Scientific-Technical Progress）要充满信心，同时表达了对苏联和东欧之间更深层次的经济融合缺少进展的遗憾。[9]戈尔巴乔夫最后的呼吁并没有起到多少作用。上台伊始，他就发出信号，表示莫斯科不会再资助这一地区。最先实施的是取消苏联对保加利亚蔬菜生产的补贴。日夫科夫对此的回应是将出口苏联的食物价格提高一倍。[10] 戈尔巴乔夫没有妥协。苏联开始实行禁酒运动，政府取消从保加利亚购买酒，尽管这难免会给保加利亚的经济带来损害。当戈尔巴乔夫要求东欧各国经济融入苏联经济、实现一体化时，他好像是在自说自话，没有得到多少回应。

谈到外交政策问题时，各位领导人听得更用心一些。东德的昂纳克说了几句中国领导人的好话，赞赏他们最终放弃了"世界大战不可避免"的信条。显而易见，昂纳克想要证明自己是一位睿智、识时务的老共产党人。戈尔巴乔夫心平气和地采纳了他的建议，并表达了与北京恢复邦交关系的意愿。[11] 匈牙利的卡达尔（Kádár）提醒大家应该沉住气，因为中国可能在一段时间后，再次与其他共产主义国家结盟。[12] 齐奥塞斯库并没有像平时那样顾虑重重，反而赞同戈尔巴乔夫把外交政策重点放在通过政治手段解决阿富汗问题和撤出苏联军队上。[13] 雅鲁泽尔斯基则只关心他自己的难题。他抱怨里根最近在白宫接见了一位团结工会领导人——唯一能让他感到欣慰的是，近期的民调表明波兰民众更加憎恨美国。[14] 戈尔巴乔夫对各位领导人的积极配合和同志情谊表示感谢。他欢呼团结万岁，对东欧的共产主义秩序有着乐观的期待，他说："重要的是大家聚到一起，校准各自的手表，这些手表（事实上）都运行正常。可能秒针会稍微偏离一点儿，但时针和分针都没有问题。"[15]

谢瓦尔德纳泽飞往美国，1985 年 10 月 24 日在纽约的华尔道夫酒店见到了里根。他对美国官员近期的言论深感遗憾，并表示它们对促成武器谈判或美苏首脑会晤的成功起不到任何正面作用。他请求舒尔茨飞往莫斯科，去消除美国对苏联的政治误解。里根同意了这一邀请，同时强调说如果克里姆林宫在人权方面没有任何改进，那么美苏之间不会达成任何协议。且不论他自己意见如何，里根明确指出在苏联采取行动改善人权之前，美国国会将不会做出让步。[16] 当天，在舒尔茨的陪同下，里根还与 G7 其他领导人开了会。每个人都期望着日内瓦峰会取得成功。撒切尔夫人称赞里根为"我们的冠军"。科尔急切地叮嘱他与戈尔巴乔夫会谈时，不要让一群官员围在身边。[17]

里根写信给戈尔巴乔夫说，同意削减 50% 的战略核武器，并补充道，美苏还应该努力找到清除中程导弹的方法；他说舒尔茨将访问莫斯科，为峰会做准备。[18] 这一决定让他的美国政治右翼支持者焦虑不安。这是总统第一次与一位苏联总书记见面，而且戈尔巴乔夫在巴黎的表现已经证明他是一位拥有高超手腕的、令人敬畏的政治家。参议员杰西·赫尔姆斯（Jesse Helms）害怕里根会屈从于他的魅力，做出不适当的让步。10 月 29 日，赫尔姆斯和一群参议员在一封信上签了名，要求里根抗议苏联违反条约义务的行为；他们在信中对国防部部长温伯格关于这一问题的看法表示赞同。[19] 里根不为所动。他利用接下来的广播演讲告知美国民众，他将继续提出大幅削减核武器数量的建议——他还提醒所有人说，三年多的时间里，他一直在提议削减战略导弹。他此时"深受鼓舞，因为经过漫长的等待，正当的谈判就要开始了"。[20]

舒尔茨带着总统国家安全事务助理麦克法兰一同前往莫斯科，出席 1985 年 11 月 4 日至 5 日的会议。戈尔巴乔夫为迎接这一艰难的对话做好了准备。美国人想必会提及地区冲突、文化和科学交流，以及人权方面的问题。[21] 如果这就是他们的谈判方式，戈尔巴乔夫决定先下手为强。与舒尔茨刚握完手，戈尔巴乔夫就发表了反对战略防御计划的长篇演说。他说美国政府运作是以胡佛研究所出版的《80年代的美国》(*America in the Eighties*)中的思想为基础。他谴责美国的目标是确立自己的军事优势。他告诉舒尔茨,美国人不要再认为苏联处于经济困境,愿意为了解决内部问题而向他们妥协。此外,他还警告道,他拒绝将苏美谈判与任何其他问题相"关联",比如在尼克松执政时期美国人做的那样,而且他对美国指责苏联践踏人权表达了不满。[22] 戈尔巴乔夫对舒尔茨的粗暴态度达到了令人不快的程度。[23] 显然,他在努力向国内民众传递这样的信息:在瑞士,他可不会是好惹的。

舒尔茨渡过了难关,一回到华盛顿,就把戈尔巴乔夫有关战略防御计划的粗暴言论告诉了里根。[24] 对苏联领导人而言,透露出苏联的弱点是无能的表现,因此舒尔茨建议里根总统清楚表明,苏联政治局有必要修正对美国的看法。美国不是一个侵略性的大国;它也不被军工综合体所把持。美国领导层真心希望两个超级大国在"更低的层面"上拥有稳定的力量,但是他们不会放弃防御计划。美国人民将始终反对苏联对人权的侵犯,并要求克里姆林宫履行其国际义务。如果戈尔巴乔夫想要达成一份军控协议,他就不得不收敛起在全世界范围内的军国主义姿态。[25]

/ 154

苏联领导层想要避免在日内瓦让步太多。戈尔巴乔夫团队做着谢瓦尔德纳泽所谓的"积极而具有攻击性的准备工作"。政治局和华沙条约组织的政治协商委员会授权戈尔巴乔夫按照自己的意愿行事。对他们而言,重要的事情是结束东西方之间的对抗。戈尔巴乔夫对这些支持感到满足,越南、老挝、蒙古和埃塞俄比亚共产主义领导人的到访也更加坚定了他的决心。此外,拉吉夫·甘地也为他加油鼓劲。访问巴黎期间,戈尔巴乔夫曾向密特朗寻求帮助,两人的关系取得了一些进展。等到起身前往日内瓦时,他乐观地相信自己能够让里根有所改变。[26] 他的准备工作包括让《真理报》刊登对美国总统的长篇采访报道。《纽约时报》注意到苏联报纸删减了里根关于阿富汗的评论。[27] 然而，更重要的事实是采访的的确确发生了——而且《真理报》并没有审查他的其他观点。苏联领导层不再害怕让美国政治的微风吹到苏联国内。

戈尔巴乔夫带了很多顾问前往日内瓦，包括科学家叶夫根尼·韦利霍夫和罗阿尔德·萨格杰耶夫（Roald Sagdeev）、军控谈判专家，以及学者费奥多尔·布尔拉茨基（Fëdor Burlatski）和叶夫根尼·普里马科夫。戈尔巴乔夫要集思广益、群策群力。[28] 他的政治和外交顾问还包括雅科夫列夫、科尔尼延科、多勃雷宁和亚历山德罗夫－阿根托夫：维新派和守旧派的大混合。[29]

他们觉察出美国立场的弱点。谢瓦尔德纳泽对助手们说："在海外（在美国之外），里根常常看起来像一个无知的老傻瓜，他的军国主义过分简单化，完全有可能把全世界炸成碎片。"[30] 他对西欧国家立场的判断基本上是正确的。但是美国人的调查结果更加微妙。美国人认识到这位总书记不同于他的所有前任，然而一份哈里斯民意调查表明，62% 的民众都相信他是不能被信任的。里根以一种平静的心态前往瑞士。[31] 1985 年 11 月 14 日，他向全国发表电视讲话，说："这就是我去日内瓦的原因——建立永久的和平。"[32] 在幕后，前总统尼克松非常友好地稳住了里根的情绪。[33] 由马克斯·坎佩尔曼（Max Kampelman）带队的美国代表团在日内瓦以达成削减军备协议为目标，同时警告不要做出不适当的让步。英国和法国的核力量应该被排除在谈判议题之外。美国的军事现代化和战略防御计划应继续进行；还要让戈尔巴乔夫拆除克拉斯诺亚尔斯克的雷达站。[34] 如果说苏联代表团对日内瓦之行信心满满，那么美国人则可以说是志在必得。

瑞士政府让成群结队的民众在远离苏联代表团的地方挥舞着

反苏标语牌，但戈尔巴乔夫善于顺势而为。他知道西方游说团体会有目的地利用他的此次到访，因此控制住自己不要对标语牌和口头辱骂反应过度。他把注意力集中在里根身上，而不是当地的抗议群体。

里根最先碰到的难题不是在日内瓦，而是在华盛顿。国防部部长温伯格认为峰会在最好的情况下，只是在浪费时间；在最坏的情况下，则会引发危险。他担心总统在独自一人的情况下可能向那位精力充沛的总书记做出不适宜的让步。温伯格并不是美国代表团的成员。因此，他决定在里根出发前往欧洲之前几天，将自己的想法透露给《纽约时报》，从而影响谈判进程。形式是他之前写给里根的一份备忘录，反对重启战略武器限制谈判和放弃战略防御计划。温伯格强调苏联已经违反过此类条约。他接着说，美国在峰会上的首要任务应该是，坚持在新谈判中取得的任何进展都取决于莫斯科能够承担条约义务，以及建立一种可靠的核查机制。[35] 如果换成别的总统，可能就会因被温伯格置于尴尬境地而解雇他，但里根不是一个严厉之人，况且在实现美国军事现代化方面，他和温伯格志同道合。

阿迦汗（Aga Khan）将自己的索绪尔别墅（Maison de Saussure）借给峰会使用，1985 年 11 月 19 日，里根在此欢迎了戈尔巴乔夫的到来。这是一栋 18 世纪的城堡，邻近大学，位于日内瓦湖南部尖端的老城区。总统在两天前就察看过这一地点。城堡就在湖边，他打算邀请戈尔巴乔夫沿着湖边散步，在湖边小屋进行面对面对话。他已经读了一堆简报文件，在日记中写道："主呀，我希望我已经准备好了，没有准备过度。"[36] 从一开始，他就让所有人着了迷。除了多勃雷宁大使，苏联领导层中没有人预料到总统竟如此和蔼可亲。阿达米申和他握手时，就立马认定他是一位"富有同情心的老人"[37]（这不是他回忆时下的判定，而是他当时写在日记里的）。里根的和蔼掩盖了他的狡猾。那是一个寒冷的冬日，他站在建筑前的台阶上，没有穿大衣。这样做意在强调年纪没有影响到他的健康和精力——之后，当苏方为里根举行招待会时，戈尔巴乔夫也没有穿任何外套：他学得很快。[38]争斗并不仅仅局限于表现年轻活力和穿着。里根和戈尔巴乔夫都争着要将自己塑造成世界和平的使者。

他们的第一次对话本应持续 15 分钟，但事实上，进行了 1 个小时。[39]戈尔巴乔夫试着说服总统，不论他在美国出版物上读到了什么，苏联经济都没有面临崩溃的危险，因此军备竞赛并不能让苏联屈服。[40]里根发言时，则强调了达成一份削减武器条约的愿望。限制武器远远不够：美苏双方都要大幅削减核武器。他坚称战略防御计划并不具有进攻性。[41]当天傍晚，戈尔巴乔夫突然表示，他希望通过政治途径解决阿富汗战争问题。他请求美国在这一过程中予以配合。另外，他还指出，如果要撤回苏联军队，他更希望阿富汗在世界政治中成为一个不结盟国家。[42]让里根不太高兴的是，戈尔巴乔夫驳斥了任何关于防御计划可以阻止每一枚导弹到达指定目标的观点。戈尔巴乔夫越说越来劲，向里根施加越来越大的压力，他指责总统用战略防御计划开启了新一轮的军备竞赛。[43]里根则保证他的计划并不是以发动对苏联的第一次核打击为目标。他提议将谈话的重点转移到如何削减一半核武器上面。[44]

休会了一段时间，他们又一次单独（不带助理们）在湖边小屋见面。里根觉得有必要表现得更具男子气概一些，而不是做出妥协，同时也努力营造一种友好的氛围。在烧得正旺的炉火前，他们很快就同意让双方的谈判队伍开始就如何削减一半战略核武器库存展开谈判。[45] 这确实是向前迈了一大步。里根还评论道："如果大家同意没有必要保留核导弹，那么也可能会同意没有必要对它们进行防御。"[46] 戈尔巴乔夫想从总统那里得到更多，于是一再申述反对战略防御计划；他补充说下一任美国总统可能不会认同他的和平意图。谈判从取得突破变成了陷入僵局。[47]

第二天，里根提议美苏双方都将战略核武器削减至 6000 枚核弹头。[48] 戈尔巴乔夫同意了，但是他再一次对里根的太空防御提出反对。[49] 里根反驳说："那不是一个进攻系统。我说的是盾，不是矛。"这激怒了戈尔巴乔夫，"当我说苏联永远不会发动攻击的时候，你为什么不相信我？"[50] 在允许里根回答之前，戈尔巴乔夫一直在重复这个问题。而且里根开始回答时，他又一次打断了里根。最后，里根说道，单单一位苏联领导人的保证并不能取信于美国人民；这就是他努力打造"完备的防御体系"的原因所在。[51] 戈尔巴乔夫强作镇定。暂且不谈防御计划，他说他愿意签署一份关于大幅削减中程核导弹的单独协议。他承认之前说话太激动了。片刻之后，他们又开始针对外太空武器激烈地争吵起来。里根没有耐心了。戈尔巴乔夫口口声声地说苏联是真心实意的，里根对此不胜其烦，他指出建设克拉斯诺亚尔斯克雷达站就已经违背了 1972 年的《反弹道导弹条约》。[52] 戈尔巴乔夫则回击道，里根在防御计划上的顽固不化正在毁掉削减半数战略核武器的任何机会。[53]

那天傍晚他们共同出席了在苏联代表团驻所举行的全体会议。里根宣读了一份声明，呼吁将进攻性核武器削减一半，同时削减其他类别的武器。[54] 戈尔巴乔夫爽快地表示赞同，并对重新开启苏美对话感到十分高兴；但是他很失望双方无法取得更大的进展。[55] 里根在当天晚上举办了告别晚宴，并且说了鼓舞人心的话，"我们已经勇敢地开了头"。这在一定程度上缓和了戈尔巴乔夫的情绪，他说："如果说现在垒好了砖，完成了第一步，那么我们已经有了一个新的开始——进入了一个新阶段。"[56]

里根返回了华盛顿，对此次峰会的进展感到很满意。他已经安排在1985年11月21日的美国国会联席会议上发表讲话。他汇报了自己是如何和戈尔巴乔夫谈了15个小时——其中有5个小时是单独对话，除了译员在场之外。他强调了这次炉边对话所取得的进步，"我呼吁一个新的开始——接着我们就有了新的开始。我不能说在意识形态或者国家目标这样的根本原则上产生了思想交集，但是我们更理解彼此了。这对和平而言，是至关重要的。我得到了一个更好的看问题的视角，我认为戈尔巴乔夫也得到了。这是一次建设性的会面"。[57]他为美苏一致推进削减一半进攻性核武器和全部消除中程核导弹的目标而欢呼喝彩。[58]民主党和共和党的参众议员们都为他所付出的努力鼓掌。媒体和电视的反应也同样是积极的。《纽约时报》称之为"两天还不赖"的工作，并称赞了"日内瓦精神"；另外，他们的保守派专栏作者威廉·萨菲尔祝贺地写道："里根先生喝了一大口易醉的美酒，然后聪明地回绝了一个空玻璃杯。"[59]里根摆脱了好战分子的名声。[60]

他对西欧民意的反应也感到很满意，西欧民众起初并不看好他，但是现在变得支持他。关键原因在于欧洲各国政府对战略防御计划的持续不安。[61]然而，全世界对峰会的反应都对美国非常有利。[62]《真理报》甚至刊印了里根对国会发表的演讲。另外，还有电视媒体报道了美国和苏联领导人在日内瓦站在一起的画面。美国政府对此感到很高兴："苏联人民长时间来第一次在他们自己的媒体上看到了一位面带微笑的、负责任的美国总统，而不是一个卡通怪物。"[63] 当然，作为一名美国政治的保守主义者，他不得不在乎其跟随者的敏感性。他向好友乔治·墨菲（前歌舞片演员，在里根之前担任美国演员工会主席）就吐露道："说真的，这样做是值得的，但是江山易改，本性难移，相信他能彻底改变，未免太愚蠢了。他是一个坚定的信徒（她也是），而且他相信那些散布的关于美国的错误信息的政治宣传。同时，他也是务实的，明白苏联经济是一个烂摊子。我认为我们要做的是向戈尔巴乔夫和苏联民众表明，如果美苏之间达成了一些实际可行的协议，他们的生活就会好起来，而不是企图让他皈依于我们的意识形态。"[64]

里根感觉到全球政治的坚冰正在破裂，因而打算加强与国务卿舒尔茨的合作。他们共同着手与苏联达成谅解。舒尔茨证明了自己是一位出类拔萃的推动者——里根唯一的担心是他可能会发现这项工作太耗费精力，退出不干。[65] 如果没有国务卿的坚持，总统明白将很难实现目标。峰会进行得很顺利。在他看来，完全可以相信这将是一系列富有成效的见面的第一次。

戈尔巴乔夫也是这样认为的。日内瓦峰会结束后，他便飞往布拉格向华约的政治协商委员会做报告。[66] 尽管没有与里根达成明确协议，但戈尔巴乔夫的乐观主义并没有受到影响。他本来就没有期待着在峰会上签署协议。里根拒绝在战略防御计划上让步，也在他意料之中。还有更多的工作要做。外交部官员阿纳托利·阿达米申为他准备了一份发言稿，上面写道，国际政治已经迈入了一个新阶段，美苏关系的最低点已经成为过去。格奥尔基·科尔尼延科难以接受这样的言辞，划掉了在他看来阿达米申过于热情的部分。[67] 无论如何，在政治协商委员会上，戈尔巴乔夫都算是获得了胜利。其他国家领导人为他的表现喝彩。昂纳克亲切地谈论着戈尔巴乔夫是如何唤醒了与之对话的人民的良知。胡萨克赞扬他触及了更广泛的舆论圈子，而这是其他任何一位苏联领导人都没有做到的。卡达尔认为戈尔巴乔夫有效挑战了美国外交政策的反共产主义路线，并对此表示赞赏。雅鲁泽尔斯基则宣布日内瓦峰会的成就绝不能丧失掉。甚至连齐奥塞斯库也挤出了几句认可的话。[68]

　　1985 年 11 月 25 日，谢瓦尔德纳泽对他的部门说，里根现在知道了苏联将永不屈服。"积极的对话"即将到来。但是，谢瓦尔德纳泽还说卡达尔所谓的美国"反共产主义路线"被打破是错误的。[69] 紧接着，外交部管理委员会就开始了一场公开讨论。为了找到动摇里根意志的方法，科瓦廖夫主张苏联可以通过寻求法国、西德、意大利、荷兰以及全世界不结盟国家的支持，来给华盛顿施加政治压力。[70] 这是一厢情愿的想法。戈尔巴乔夫的巴黎之行已经证明，即使是密特朗——最愿意批评美国政府的西欧领导人——也不情愿指责里根的外交和安全政策。尽管西欧的公众舆论支持苏联改革派，但是戈尔巴乔夫能否将这种支持转变为制约西欧国家政府外交政策的工具还未可知。日内瓦峰会创造了一种友好的氛围，但并没有移除建立友好关系的障碍。要更进一步，就需要做更多的工作。

1985 年 11 月 28 日，里根给戈尔巴乔夫寄了一封手写信，希望美苏关系取得进一步的成果。总统赞同他们的共同目标：停止军备竞赛，放弃研制新型进攻性核武器。里根提问说："我们的谈判人员不能更开诚布公地讨论如何消除两国发动第一次核打击的可能性这个问题吗？"他承认，苏联对美国的谈判立场存有疑虑是可以理解的；他还对戈尔巴乔夫从阿富汗撤军的意愿表示欢迎，并愿意为实现这一结果提供帮助。[1] "在日内瓦，"他向戈尔巴乔夫保证："我发现我们的私下会谈特别有成效。我们都有顾问和助理，但是，你知道，归根结底，维护和平和加强合作的责任还是我们的。"[2] 戈尔巴乔夫以一种建设性的态度回应了里根，接受他在承诺不会将战略防御计划用于开发先发制人的进攻性核武器上的诚意。他要求总统接受这样一个事实：作为总书记，他必须评估这项研究的客观潜力。因此，他表示，他将继续要求美国放弃这一计划，并将此作为和解进程的一部分。[3]

总统和总书记都同意向对方的人民发表新年电视致辞。这是里根的主意，戈尔巴乔夫热情地响应了它。[4] 之前还未有过这样的做法。在里根看来，他演讲的感染力将为他在苏联人民中间赢得朋友；戈尔巴乔夫也认为自己可以成为美国人民的朋友。他们都信心十足。

1985 年 12 月 5 日，里根向外贸部部长鲍里斯·阿里斯托夫抱怨，苏联没有履行《长期粮食协议》（Long-Term Grain Agreement）规定的购买义务。里根说，尽管希望扩大两国间的贸易往来，但是他不可能置美国种植谷类的农民利益于不顾。[5] 几天后，美国商务部部长波多里奇出访莫斯科，他向阿里斯托夫保证，美国人真心诚意地希望强化双方的经济联系。尽管美国仍然禁止出口具有"战略"重要性的物资，但苏联有机会出价购买到医疗、农业和采矿设备。莫斯科欣然接受这一主张，但是对美国人在峰会后采取的其他措施，就没有那么满意了。[6]舒尔茨飞往各个欧洲国家的首都进行访问；12月4日，在到达西柏林后，他直言不讳地说美国"不接受东欧，包括东德和东柏林，并入苏联的势力范围"。[7]他强调美国的政策会倾向于那些与克里姆林宫保持距离的东欧领导人。第二天在布加勒斯特，他给齐奥塞斯库施加了这样一种认识：其镇压性政策很难说服美国参议院去支持与罗马尼亚的经济合作。[8]在布达佩斯，舒尔茨变得温和了一些，他事实上称赞了总书记卡达尔："我听到了很多东西，而且我觉得他是个有大智慧的人。"[9]

　　戈尔巴乔夫和谢瓦尔德纳泽对舒尔茨的出访没有发表任何意见，因为他们想要将注意力都放在完成苏联改革与缓和与美关系上面。[10]如果东欧国家开始它们各自的改革，那将是一个良好的发展趋势。但是，听从莫斯科指令的时代就要走到尽头了。改革需要协商一致。[11]1986年3月，在任命瓦季姆·梅德韦杰夫（Vadim Medvedev）为苏共中央书记处书记主管"社会主义国家"时，戈尔巴乔夫就提醒他不要干涉它们的内政。梅德韦杰夫定期联系东欧各共产党领导人，并与苏联大使磋商。他的任务是让谢瓦尔德纳泽能够从这些事务中抽身，集中精力于苏联外交政策的其他方面。[12]戈尔巴乔夫继续保持着日内瓦的势头。他和谢瓦尔德纳泽的担忧在于，里根可能会宣布放弃日内瓦精神，与苏联对着干。他们还担心苏联内部会抵制任何与削减军备相关的计划。谢瓦尔德纳泽联系了在日内瓦、斯德哥尔摩和维也纳与美国谈判时的主要外交官——他们都在莫斯科过寒假。他指示他们起草能够恢复签署双边协议前景的方案。[13]

　　在上述三个欧洲城市的谈判属于一个连锁进程，这一进程旨在通过增进相互理解来让世界变得更加安全。日内瓦所发生的一切吸引了最大的公众注意力，因为它们都以核裁军为中心。正在斯德哥尔摩进行的谈判聚焦于"欧洲安全与合作"；其理念是找到增进相互信任的方法，进而避免产生危险的操作性误解。在维也纳，谈判重点是设法减少北约和华约的常规武装力量。关于数量和武器类别的讨论旷日持久，其中涉及的谈判都极具复杂性，因而苏联和美国都委派了一些最优秀的外交官参加谈判。

　　1985 年 12 月 30 日，戈尔巴乔夫邀请了他们中的 5 个人到他位于旧城广场的办公室。正当戈尔巴乔夫阐述他关于削减军备的思想时，政治局委员谢瓦尔德纳泽和扎伊科夫出现了。他认为，只有赢取了美国民意的支持并用公众舆论给总统施加压力，才能达成这一目标。

　　戈尔巴乔夫期待着给苏联带来巨大的回报。依据他的机密数据，40% 的苏联工业被用于军事目的。政治局不得不缩减这个数字，这样商店就可以开始供应消费者需要的商品。[14]苏联在日内瓦的谈判代表团团长维克托·卡尔波夫（Viktor Karpov）主张要大胆一些。他建议接受里根的"零点方案"，并以此作为起点；他推断即使里根拒绝了这一提议，苏联也将在西欧赢得信誉。戈尔巴乔夫喜欢这个主意。[15]他同意签署削减武器条约，甚至不再坚持让英国和法国作为共同签署国。超级大国之间的协议是至关重要的。在斯德哥尔摩欧洲安全会议上，苏联代表团团长奥列格·格里涅夫斯基（Oleg Grinevski）说服他将此与削减一半战略核武器捆绑在一起，构成一揽子方案；他预测到这将有助于完成在瑞典的谈判。[16]

　　1986 年 1 月 2 日，戈尔巴乔夫得到了政治局对这些想法的批准。[17] 格里涅夫斯基亲身感受到了当时的氛围：

> 与戈尔巴乔夫会面有着非常强烈的感觉。与勃列日涅夫、契尔年科，甚至是安德罗波夫会面时，我感觉自己在与一个外星生命打交道。他们不理解。但是，这个人，终于，是个正常人了。他用真诚赢得了别人的好感。和蔼可亲，有着美好的憧憬，而且每个人都可以感受到隐于背后的能量和坚定。[18]

戈尔巴乔夫并不是对美国人示弱，而是谴责他们厚颜无耻。他充分预料到里根会拒绝他，但是他的目的是通过改变世界公众舆论，来逼迫里根签署协议；他预计与西德和其他欧洲国家会达成共识。美国政府会发现很难阻止他："今年是和平之年。"[19]

戈尔巴乔夫的举动让总参谋部大为惊愕。[20] 阿赫罗梅耶夫元帅并不介意他的和平腔调，但让他震惊的是，戈尔巴乔夫在说那些和平话语时，表现出了明显的诚意。在外交部，与阿赫罗梅耶夫持相同立场的是科尔尼延科。作为外交部副部长，科尔尼延科故意放慢了那些由谢瓦尔德纳泽委派的、意在达成削减军备协议的文件的处理进度。[21] 谢瓦尔德纳泽和戈尔巴乔夫都低估了科尔尼延科的破坏能力。在日内瓦机场分别时，他们轮流拥抱科尔尼延科，还对他说"感谢你所做的一切"。[22] 阿赫罗梅耶夫和科尔尼延科都不打算让戈尔巴乔夫为所欲为。他们一得知他在开完峰会后进行磋商的消息，就谋划着如何妨碍政治局已经批准的计划。科尔尼延科会告诉阿赫罗梅耶夫形势发展得如何了。两人明白直接挑战戈尔巴乔夫和谢瓦尔德纳泽是不会有什么结果的。相反，他们选择让阿赫罗梅耶夫代表总参谋部提出他自己的削减军备计划。他的真正目的在于用狡猾和仁慈阉割戈尔巴乔夫的方案。[23]

1986 年 1 月 7 日，阿赫罗梅耶夫的副手瓦连尼科夫邀请外交部和苏共中央国防部门的官员到他的办公室进行秘密会谈。[24]他没有提前透露关于这次会议的任何信号。政治局里除了谢瓦尔德纳泽之外，其他人都是在会议结束之后才得知此事——而且谢瓦尔德纳泽本人也没有收到邀请。甚至连克格勃和国防部也被蒙在鼓里。瓦连尼科夫想制造较大的影响，而出人意料正是他所选择的手段。[25]

瓦连尼科夫宣读了阿赫罗梅耶夫已经起草好的一份裁减军备计划。它涉及消除所有级别的核武器。解释完阿赫罗梅耶夫对北约和华约双方破坏性能力的计算后，瓦连尼科夫讲了一个在 2000 年之前分三个阶段完成的多边军备削减方案。[26]阿赫罗梅耶夫和瓦连尼科夫非常狡猾，总参谋部的阿德里安·丹尼列维奇（Andrian Danilevich）上将后来解释说：

> 戈尔巴乔夫谈论全面削减军备，但是我们总参谋部并不认为它会真的发生。我们都认为那是某种遥远的展望，但不相信它会发生。我们的（出发）点在于应该找到一种与相互威慑相协调的、可以接受的军备水平。我们仍然坚持认为，考虑到很可能会有第三个国家拥有核武库，核武器应该作为一种威慑元素，予以保留。[27]

多年之后，阿赫罗梅耶夫承认自己从没相信过消除所有核武器这个目标。[28]但是，作为总参谋长，他明白总书记想要的是什么。如果只是简单地反对削减武器，那么毫无疑问，阿赫罗梅耶夫什么也做不成。他制定了一份他知道北约无法接受的方案，让自己伪装成支持裁军目标的样子。他绝对不想发生一场世界大战，并且希望用这种方式来处理国际军事对抗问题，以避免大战爆发。在他看来，总参谋部知道什么才最能够保障苏联的安全。

之前，他已经刻意起草了一份时间跨度为15年的方案。正如他意识到的那样，没有人能保证未来的政治领导人会坚持这一方案。此外，尽管知道伦敦和巴黎会捍卫它们的核国家地位，但他仍然将英国和法国的核弹头纳入削减军备的第一阶段。[29]阿赫罗梅耶夫还故意将自己的方案限制在核武器方面。美国人必然会领会到，如果他们赞成了这一方案，苏联领导人将能够凭借其在常规力量方面的数量优势威胁西欧。

整个屋子静悄悄的，直到苏联在维也纳会议上的军备谈判代表尤里·克维钦斯基（Yuli Kvitsinski）发出讽刺的笑声。他表达出了屋里每个人的感受：阿赫罗梅耶夫在行骗。[30]在场的外交官们指出西方国家领导人毫无疑问会对这样一份方案产生深深的怀疑。瓦连尼科夫回应说整个总参谋部将反对对此方案做出任何细微的修改。阿赫罗梅耶夫在会议中途大步走进了办公室——格里涅夫斯基后来这样形容他："瘦削、紧张不安、精力充沛。"瓦连尼科夫命令军官们立正。阿赫罗梅耶夫就像是房子里的主人一样。他没有坐下来，站着大声说道，政治局1月2日的一揽子计划被废弃了。就在那时，一位将军——军备谈判专家尼古拉·切尔沃夫（Nikolai Chervov）——正坐在一架飞机里往南飞，将总参谋部的想法汇报给正在黑海边的皮聪大度假的戈尔巴乔夫。阿赫罗梅耶夫声称为了这个方案他已经工作了一年半的时间。他说政治局近期的讨论让他提前公布了这一方案。没有人怀疑他的故事的真实性——而且阿赫罗梅耶夫对获得总书记的批准胸有成竹。[31]

阿赫罗梅耶夫忽略了任何削减军备的草案在提交给戈尔巴乔夫或政治局之前，都要先交给"五巨头"讨论的惯例。戈尔巴乔夫对此似乎也没有太介意。正如阿赫罗梅耶夫预料的那样，总书记立刻就同意了总参谋部的整体提案。戈尔巴乔夫从来没有解释过为什么改变了谈判策略。在日内瓦时，他还主动提议就每一类别的核武器分开谈判。现在却提出这样一份无所不包的一揽子计划。也许他认为阿赫罗梅耶夫的观点是可以被最高指挥部接受的最佳裁军计划；也可能是因为分三阶段实施的计划的宏大规模正如其所愿。"在全球范围内清除核武器"正是那种能够引发世界关注的口号。

谢瓦尔德纳泽意识到这一计划可能会惹怒美国人；但是戈尔巴乔夫已经批准了它，谢瓦尔德纳泽就只能深究细节。1986 年 1 月 10 日，他在"五巨头"会议上批评了阿赫罗梅耶夫的观点。这是他第一次说出与总书记的偏好相悖的话。也许戈尔巴乔夫曾经给了谢瓦尔德纳泽许可，让他去执行他本人不会去做的事情。还有两位政治局委员也参加了会议：切布里科夫和扎伊科夫。他们三人一同讽刺阿赫罗梅耶夫的观点，说他的计划会引诱美国人同意签署削减军备的条约。紧接着，大家就开始了一番激烈的争论，由于三位政治局委员坚持大幅度修改计划，因而阿赫罗梅耶夫无法利用职权压制反对意见。他们的修正案要求在计划的第一阶段将中程核导弹从欧洲全部移除。谢瓦尔德纳泽希望让白宫相信，苏联不是在故意将最敏感的问题拖延到 20 世纪末才解决。激烈讨论之后，阿赫罗梅耶夫认识到他不得不做出让步。如果他想象过总书记会完全掌控政策，那么这就是他从这一错误认识中吸取教训的开始。[32]

尽管如此，他仍然保留了其他主要目标，而且政治对手们没有进一步地修改方案。外交部一直对总参谋部胁迫克里姆林宫做决定愤愤不平。克格勃也是这样认为的，克格勃领导层习惯在对涉及国家安全的政策进行重大修改之前，其他部门会咨询他们的意见。[33]

阿赫罗梅耶夫安排人绘制图解，让三阶段计划一目了然。他急急忙忙地把修改后的文本送给了在皮聪大的戈尔巴乔夫。戈尔巴乔夫立即签下了自己的名字，并指示《真理报》将它作为他自己的宣言刊登出来。[34]与此同时，1月11日，戈尔巴乔夫给里根写了一封密信，反对美国试图利用当前的谈判与苏联做交易，迫使苏联满足其对人权的要求。戈尔巴乔夫警告说，华盛顿的态度将"不会带来任何好处"。然而，他同时强调了对两国关系"正常化"的期望。[35]信中没有任何关于他正准备公之于众的削减军备方案的暗示。在华盛顿，1月14日，苏联大使多勃雷宁对舒尔茨发出了很模糊的通告，省略了具体内容。同一天，在莫斯科，戈尔巴乔夫最终签署了致里根的另一封信函，详细说明了分阶段裁军方案的整体依据。他表达了对抛弃包括发展太空武器在内的"极端危险路径"的希望。与此同时，他呼吁全面废除核武器。按照戈尔巴乔夫的说法，这会消除任何发展外太空武器的需求。[36]

他知道白宫会在他的宣言发表后收到信函。他本意如此，目的是制造惊喜，实现在全球范围内的最大影响力。他对与另一个超级大国打交道的既定礼仪毫不在意。

戈尔巴乔夫的宣言呼吁到2000年，在全球范围内清除所有的核武器。第一阶段将持续5~8年，削减一半的战略核武器库存，双方都只保留6000枚核弹头。立即禁止核武器试验。所有类型的中程导弹会从欧洲土地上消失。但不是撤出核武器，而是摧毁它们。苏联和美国被期望能够以身作则。将战略武器转移到第三国是不被允许的；此外，方案中希望英国和法国做出保证不再研发此类核武器。第二阶段始于 1990 年，将持续 5~7 年。在此期间，其他有核国家会加入削减军备的进程当中。苏联和美国将继续减少它们的库存，并清除所有的战术核武器（射程达到 1000 千米的核武器）。反对发展进攻性太空武器将成为多国的心声。第三阶段，也就是最后阶段，将从 1995 年开始，此时遗留下的任何类别的核弹都将被清除。此外，宣言还设想在清除化学武器方面取得快速进展，以及禁止发展以新物理原理为基础的任何形式的非核武器。[37]

1 月 16 日，在《真理报》上介绍废核方案的同时，戈尔巴乔夫还宣布延长其单方面中止核试验的计划，并邀请美国效仿他的做法。他宣布苏联会履行在日内瓦和斯德哥尔摩裁军谈判上的全部承诺，并声称，他的提议比搞一场太空武器的军备竞赛更可取。他敦促应该努力将全球资源用于和平目的，而不是里根的"星球大战"计划。[38]

戈尔巴乔夫寄希望于赢得全球公众舆论的支持，让美国政府难以拒绝他的计划。比自列宁以来任何一位苏联领导人出色的一点是，他知道如何让自己的魅力凌驾于政治领导人的头顶之上。谢瓦尔德纳泽热情地赞美了以美苏之间是"竞争者"而非敌人的理念为基础的外交政策前景。[39] 苏联内政改革正在改变这个国家的海外形象，并且有助于缩减美国的政策选择。[40] 美国人再也不能将苏联视为削减军备的主要障碍。克里姆林宫提供了一个慷慨大方的计划，现在就等着华盛顿做出决定如何回应了。[41] 在戈尔巴乔夫和谢瓦尔德纳泽眼中，温伯格——从不掩饰自己对削减军备的怀疑——是一个不错的靶子。[42] 外交部里像阿纳托利·阿达米申这样的激进官员，也持相同的看法。尽管承认 1 月的宣言里包含着"乌托邦"元素，但阿达米申很高兴这样的元素都被宣言的"具体性"平衡掉了。[43]

戈尔巴乔夫的外交闪电战已经开始了。在政治局内部，狂热取代了冷静的判断。苏联领导层非常自信地认为，他们正将美国人推向守势和被动。

美国政府接到戈尔巴乔夫的声明时，非常冷静。他流畅而温和的用词并没有将美国人的注意力从其新提案的曲折暗示中转移出来。苏联之所以要分阶段削减军备，是为了让自己获得优势。如果戈尔巴乔夫如愿以偿，那么美国将在未来几年里在武器装备方面处于劣势。

华盛顿的讨论里充满了猜忌与怀疑。在日内瓦峰会上，戈尔巴乔夫开始谈论就多种武器类别达成协议的可能性。现在，他提出的却是一份无所不包的一揽子计划，里根几乎所有的下属都认为这位总书记是在耍政治把戏，哗众取宠。他们决定不理会他。舒尔茨与其他人不一样，认为用一种更微妙的方法来回应戈尔巴乔夫会更有好处。在与约翰·波因德克斯特——一位已经退役的海军上将，曾在 1985 年 12 月接替罗伯特·麦克法兰担任总统国家安全事务助理——的谈话中，他辩称，戈尔巴乔夫的公告绝对不是"陈腐的苏联政治宣传"；而且在与其助手希尔讨论时，他将它描述成"一件大事"。[1] 他来到白宫，准备与里根总统商量对策。他强调说，这是克里姆林宫第一次提出分阶段彻底消除核武器的时间表。按照舒尔茨的观点，重要的事情即将发生。他推测戈尔巴乔夫已经沉不住气了；并且催促里根要充分利用这一优势。[2] 对于舒尔茨的看法，起初，里根所表现出的更多是不耐烦而不是怀疑："为什么要等到世纪之交才建立无核世界？"[3] 然而，消除所有核武器的理念吸引住了他，所以里根聚精会神地听完了舒尔茨的分析。

很遗憾的是，戈尔巴乔夫为自己的利益算计得有些过头了。他仅在将发表公告之前的几个小时才发表公告文本，这对美国人来说，是很无礼的行为。多勃雷宁大使也只是在广播播出之后，才在苏联电视上播放了戈尔巴乔夫的介绍性讲话文本。[4] 舒尔茨在下一次见到多勃雷宁时，发泄了自己的怒气。[5] 他大声说，美国政府是不会对这种伎俩心慈手软的。苏联领导人越早吸取教训越好。[6] 美国在日内瓦军备谈判的代表团成员们也与舒尔茨一样感到气恼。令坎珀尔曼气愤的是，他的苏联同行维克托·卡尔波夫在全世界媒体发布消息的当天午饭时间，没有向他透露半个字。[7] 尼采要求谨慎对待这份声明，因为他怀疑这份声明并不是戈尔巴乔夫本人写的："我想知道，这是苏联方面谁的艺术作品。"[8] 里根决定对莫斯科做出克制的回应。一份以他的名字署名的简短声明公布出来："我对苏联最新的举动表示欢迎，并且希望它代表着充满希望地向前迈出一步。我们，以及我们的盟国，将会认真研究总书记的建议。"[9]

北约国家的电视和新闻评论员都表现出了负责任的谨慎。《纽约时报》、《华尔街日报》和《华盛顿邮报》只是对戈尔巴乔夫的声明进行了事实性总结，几乎没有发表任何社论。它们将战略防御计划描述为取得进展的主要障碍。[10] 这三家报纸都认为如果苏联领导人坚持让总统放弃他的伟大计划，那么超级大国之间的关系并没有多少改善的机会。《时代周刊》几天后总结了怀疑论者的观点："戈尔巴乔夫的计划是一种守旧和革新、不确定和确定、常规让步和旧有要求的混合物，让人感觉很苦恼。"[11]

哈特曼（Hartman）大使却不同寻常地认为苏联的担忧是真诚的，并要求在战略防御计划上做出让步，以换来苏联同意削减核武器库存。[12] 显然，有必要进行一次明确的分析。1986 年 1 月 22 日，舒尔茨请求总统在通常的跨机构框架之外，设立一个小组来制定详尽的政策。[13] 里根不想去叨扰他的其他政府高官，更希望借助国家安全规划小组用传统方式寻求共识。国防部和中央情报局对戈尔巴乔夫做出了严厉的裁判。[14] 温伯格和凯西则认为他继续致力于推进其战略核力量的现代化，以及支持全世界共产主义的和反美的叛乱、恐怖主义和颠覆活动。[15] 他们看不出苏联政治局的基本战略有任何变化。温伯格和凯西希望里根能够谨慎行事。作为高级别官员，他们缄口不言自己对总统消除地球表面所有原子武器这一目标的反对意见。国防部长助理珀尔从来没有觉得保持沉默是一件容易的事情。他告诉美国高级军备控制小组，里根投身于全面裁减核武军备简直就是一场灾难。罗尼也同样主张保持敏锐的怀疑。作为苏联政策和行为的根深蒂固的批评者，他否认苏联的经济改革有任何好的地方可供言说。在他看来，美国人如果能够保持冷静，坚守立场，就能看清楚苏联声明的真正目的，它也终将会"自行消亡"。[16]

　　通常会站在舒尔茨一边的尼采，这次却分析得很消极。他指责戈尔巴乔夫以这种方式"提前公布"这份声明，让该计划的第一阶段只涉及苏联的要求。西方将只能在后续阶段实现自己的目标——而且这将意味着美国在接下来的几年中需要依靠苏联的善意。更重要的是，戈尔巴乔夫在计划中要求法国和英国彻底清除核武库。另外，他将亚洲排除在声明内容之外，尼采担心克里姆林宫会在其亚洲领土继续保留核导弹，保有穿越乌拉尔山脉快速运输导弹的能力，以及从俄罗斯欧洲部分向西欧发射导弹。[17]

　　到 1986 年 2 月 3 日，国家安全规划小组的立场明显地更接近舒尔茨的观点。甚至温伯格也反对将 1 月宣言视为"一种吸引公众注意的花招"；他推断，赤裸裸地拒绝戈尔巴乔夫的示好反而会提升其和平使者的形象。当他谈到反对在战略防御计划上做出妥协时，他才更像是往常的温伯格。另外，他还否定了为全面废除核武器制订时间表这一想法。[18] 舒尔茨则倾向于采用一种更积极肯定的方式。在他看来，美国人应该专注于提出自己的裁军第一阶段计划。通过制订计划大幅度削减核武器库存量，他们将阻止戈尔巴乔夫独占和平使者的形象。[19] 凯西插话进来，坚称如果没有"有效核查"的机制，就不可能有任何削减。[20] 温伯格也认为苏联领导层是虚情假意的，主张这种方法将有助于"引蛇出洞"。舒尔茨取笑温伯格转向了国务院的立场，这让他怒火中烧。温伯格大声说道，尽管政府内部的分歧可能是很微小的，但它们在程度上仍然很深。[21]

总统拒绝在他们两派之间做裁断。他更倾向于强调自己认为的优先之事：揭露苏联近期宣言的虚伪。他仍对战略防御计划抱有信心，但是这次他表示，他想减轻对手对该计划的担忧。他曾有这样的念头：美国将已经完成的研究交给联合国，然后再把它部署到任何能够打击那些威胁使用核武器国家的地方。这是个很具有爆炸性的想法。在某种程度上也很矛盾，因为里根同时强调要继续给戈尔巴乔夫施加压力。他说，如果苏联意图在其亚洲地区部署中程导弹，他也会毫无顾忌地将类似的武器部署到阿拉斯加。[22]

第二天，即 1986 年 2 月 4 日，总统签署了第 210 号国家安全决策指令，公布了他慎重思考后定下的目标。他重申了其个人对全面废除核武器的承诺，但是拒绝了戈尔巴乔夫的宣言，并提出他自己在日内瓦峰会上的立场是与苏联对话的最佳基础。他呼吁恢复与苏联的谈判。这样做，就相当于表明了他更倾向于舒尔茨的立场，而不是温伯格和凯西。他想让苏联和美国的导弹数量立即减半，但是只有在美国人确立一种公平的计算基础和一种核查削减数量的可靠系统之后，这个目标才能实现。这也会为消除英国、法国和中国的核导弹开辟道路。总统支持毫不迟延地废除所有中程核弹头。[23] 他对全面裁减核武军备的渴望是真切的，但其指令对戈尔巴乔夫所表现出的敌意比他所真正感觉到的要大得多。然而在私下里，他愿意说他在他们两人之间察觉到了"某种化学成分"，他还温暖地回忆当时在日内瓦会面时，总书记是如何引用了《圣经》里的一段话。[24]

1986 年 2 月 16 日，他给戈尔巴乔夫送去了一封振奋人心的信，在信中针对削减核武器库存提了一些建议。他承诺待美国政府完成审核，就会立即对其 1 月宣言做出回应。另外，他还明确指出将继续关注地区性冲突，强调"苏联正卷入与另一个国家的战争，但美国没有"。如果戈尔巴乔夫从阿富汗撤军，他会"以一切合理的方式"与苏联合作。里根评论说，莫斯科支持利比亚独裁者卡扎菲（Gaddafi）让他怀疑苏联是否真心希望结束恐怖行动。[25]

的确，美国人获得了可靠消息，说苏联正在部署新型移动洲际导弹——SS-25 导弹。另外，中情局还经常提醒里根注意，苏联政府还在测试一系列巡航导弹和战略轰炸机。[26] 莫斯科媒体无意间也助了美国反苏十字军队伍一臂之力。1986 年 3 月 6 日，苏联电视台在节目中说美国促成了瑞典前首相奥洛夫·帕尔梅（Olof Palme）的死亡。此外，1978 年针对意大利前总理阿尔多·莫罗（Aldo Moro）和 1984 年针对印度总理英迪拉·甘地的暗杀也都是由于美国的默许。[27] 这样的指控恶化了美国和苏联之间的气氛；尽管里根倾向于与苏联领导层缓和关系，但是他不得不对苏联军事建设的证据保持警惕。有可能戈尔巴乔夫的示好只是其外交游戏中的伪装。里根总是说他会根据行动而不是言辞来判断莫斯科——况且，无论如何，并不是所有的言辞都指向和解的方向。作为美国总统，他很清楚任何国家的政府都可能存在相互冲突的派系。他需要确信在苏联政治局里，倡导和平的一方真正占了上风。

在这样的背景下，舒尔茨是不可能在与莫斯科对话时表现得过于软弱的。他告诉苏联大使多勃雷宁和苏联部长会议主席雷日科夫，戈尔巴乔夫的声明根本没有建设性。[28] 戈尔巴乔夫想要最终敲定一份只涉及核武器的协议；他已经将常规武装力量从其提案中剔除了。这对华盛顿而言是永远不可接受的。苏联领导人还需要明白，在尊重人权、停止欺负东欧国家，以及终止为全世界范围的叛乱、颠覆和恐怖主义提供资助之前，美国人是不会信任他们的。如果戈尔巴乔夫想要与美国达成关于削减军备的一致意见，他就不得不在美国政府十分看重的其他问题上转变立场。[29]

舒尔茨仍然继续敦促总统恢复与苏联的对话："虽然戈尔巴乔夫的大部分提案很明显是故意为了扩大政治宣传效果而设计的，但是我们不能排除这样一种可能性，戈尔巴乔夫正在努力保持着你和他在峰会上开启的改善美苏关系的动力。"他列举了一些取得进展的迹象。戈尔巴乔夫在尊重人权方面已经取得了进步；此外，他还接受了里根军事完全无核化的终极目标。双方也一致认为，超级大国应该以推进在欧洲部署同等数量的中程核武器为改善关系的第一步。舒尔茨承认，苏联领导层仍然反对美国针对英法两国中程导弹和将同类导弹全部移除亚洲所制定的政策；但是他力促里根要抓住主动权，以试探出戈尔巴乔夫对开展美苏谈判的诚意。[30] 这也是美国政府里其他部门苏联专家的意见。国家安全委员会的杰克·马特洛克希望能够加快美苏谈判的节奏，并认为戈尔巴乔夫在 1 月已经笨拙地摸索着行动。[31] 驻莫斯科的哈特曼大使也热切期盼着重新开启谈判。[32]

里根很喜欢他所听到的这些意见，签署了一项指令，旨在探索苏联领导人是否会同意在他自己提议的基础上削减核武器数量。[33] 1986 年 2 月 22 日，他致信戈尔巴乔夫，建议裁减军备的第一阶段应该包括将每个超级大国的战略导弹数量减至 4500 枚。他提议到 1989 年底清除所有中程导弹。他还主动提出将战略防御方面的研究限制在现有条约义务的范围之内，呼吁采取"具体而有意义的建立信任的措施"和全面禁止化学武器。尽管里根没有具体说明后续阶段的时间表和内容，但他表示，希望他和戈尔巴乔夫能够在下次会面之前推动事态向前发展。[34]

白宫和国务院在与戈尔巴乔夫进行更深入的谈判之前，需要得到北约的首肯。里根选了尼采和罗尼作为他的使者。尼采在西欧时忙得团团转，到访了伦敦、巴黎、波恩、罗马、海牙和布鲁塞尔——他报告说盟国领导人都对苏联的动机心怀疑虑。[35] 尽管如此，他们还是很乐于见到总统愿意继续与总书记保持对话，而且他们想让里根继续逼迫莫斯科做出让步。他们害怕的是，一旦1 月宣言生效并被执行，美国人将收起在战后几十年里一直为他们遮风挡雨的核保护伞。这样的结局将置西欧于苏联大规模常规武装力量的威胁之下。在尼采与北约盟国斡旋的同时，罗尼启程开始访问地球东边与美国结盟和交好的国家，行程遍及东京、首尔、北京和堪培拉。他的总结报告同样突出了对戈尔巴乔夫的怀疑。东方世界的领导人注意到了，苏联提案中只提到了实现欧洲无核化的紧迫性，对亚洲无核化却并不着急。[36]

密特朗写信警告戈尔巴乔夫，如果执意将谈判局限在核武器方面，那么他将什么都得不到。他也给里根写了类似的信，只不过补充说，西方应该考虑到苏联最新一揽子方案中"有意思的地方"。[37] 撒切尔夫人甚至还要悲观一些。在给里根的信中，她坚持认为戈尔巴乔夫和"我们过去所了解的苏联共产主义者没什么两样"。她写道，他的 1 月宣言只是一种政治宣传，"一份由几个简单阶段组成的虚假时间表"，除此之外，别无其他。问题就在于，他正在煽动一种"不切实际的公众期待"。她建议总统恪守战略防御计划，并认为其减少核武器库存的意愿应该取决于研发新防御系统的进度。[38] 尼采发现英国外交大臣杰弗里·豪和其他大臣对 1 月宣言的怀疑更甚于首相。英国保守党仍视戈尔巴乔夫为一名传统的共产党官员。[39]

尽管中央情报局的官员们更喜欢撒切尔夫人而不是密特朗，但是他们清楚里根想要与苏联达成一份削减军备的协议；他们也明白再说戈尔巴乔夫在军备谈判中拿不出什么像样的东西，已经没有什么说服力了。怀疑论者如果想要发挥更大的影响力，就需要改变论点。凯西对此心知肚明。1986 年 3 月，他强调了克里姆林宫是如何继续为其武器系统现代化的项目提供支持的。在可预见的未来，苏联军队的威胁将一直存在。在凯西看来，戈尔巴乔夫既能干又狡诈。通过将自己塑造成和平使者的形象，他试图鼓动美国削减国防开支；他的另一个目的是结束西方对技术转让的限制。[40] 凯西呼吁美国政府保持警惕。他声称，克里姆林宫经常违反《反弹道导弹条约》规定的义务——他指的是克拉斯诺亚尔斯克雷达站还在继续运行。因此，他认为这可以打消华盛顿对破坏同一条约的任何顾虑：应该教育莫斯科一下，以牙还牙。[41]

舒尔茨不喜欢凯西的思路。他并不认为美国撕毁条约能落得什么好处。里根要想有机会与戈尔巴乔夫达成协议，美苏双方就不得不信赖彼此。作为回应，凯西利用中情局的经济情报，强调说苏联仍有能力对美国国力构成长期的军事挑战。随后，双方展开了争辩，所有的美国机构一致认为苏联经济面临严峻的困难。

分歧在于困难的程度。中情局的研究人员曾迅速意识到油价下跌对全球市场的影响；但是他们的固有意见是苏联仍保持着"健康的财务状况"。[42] 哈特曼大使也断定戈尔巴乔夫的早期经济措施正在取得一定程度的成功。[43] 如果这就是现实，那么它就为美国需要继续为其军事研发拨款提供了强有力的理由。

但是中情局的分析在多大程度上是可靠的呢？兰德公司前总裁、近期担任国家情报委员会主席的哈利·罗恩（Harry Rowen）就对苏联经济正在实现增长这一看法提出了质疑。他给有关官员——舒尔茨、温伯格、麦克法兰和凯西——发了一篇论文，并将其发表在《国家利益》（*National Interest*）杂志上。[44] 1986年4月，罗恩和四名志同道合的苏联专家通过总统的助理查尔斯·福捷（Charles Fortier）获得了向里根和舒尔茨做简要汇报的机会。中情局认为，苏联的经济产量一直在增长。罗恩反驳道，实际上经济增长量小到可以忽略不计，而且很可能的是，苏联每年的产量都在下跌。他因而建议说，总统在接下来的任何一场谈判中，都处于强势地位，可以降服戈尔巴乔夫。[45] 身为政治家和商业经济学家的舒尔茨对罗恩的分析十分欣赏。[46] 他认为凯西和温伯格之所以美化苏联的工业表现，主要是因为他们不想看到美国与苏联完成一份削减军备条约。他要求情报报告不能受政治偏见的干扰，同时做出了与中情局相反的推测，即苏联的改革派已经意识到，苏联的经济危机迫在眉睫。在舒尔茨的眼中，苏联人当下的示好正好反映了他们对苏联发展前景的担忧。

尽管罗恩的观察十分中肯，极具说服力，但是其立场指向十分模糊。如果苏联的经济状况不佳，那么就应该像舒尔茨所说的那样，与苏联领导人进行强有力的谈判。但温伯格也有可能利用同样的数据来主张美国不应该匆忙进行谈判并与苏联达成妥协。

温伯格和凯西没有看到这一机会。相反，他们只是选择保持警惕，盯着罗恩在新闻界的一举一动。[47]

即使是中情局，也没有断言苏联不存在任何预算问题；[48]而且舒尔茨、温伯格和凯西至少都赞同有必要从戈尔巴乔夫那里夺取主动权。1986年3月5日，舒尔茨就如何减少苏联干涉不安定地区提出了一些想法。戈尔巴乔夫曾表明他希望改变苏联对阿富汗的政策，舒尔茨也曾呼吁出台一项和平计划，其中包括苏联军队在6个月的期限内撤离阿富汗。但是如果戈尔巴乔夫想要与美国保持良好关系，他还需迫使其越南盟友撤出柬埔寨。美国无疑将愿意帮助柬埔寨重建经济，使其与越南的关系正常化。至于安哥拉，舒尔茨则强调要遏制苏联领导层升级其军事干涉程度。在处理尼加拉瓜问题上，舒尔茨主动提出恢复与桑地诺阵线的对话。苏联是否愿意就中美洲达成谅解，舒尔茨对此持怀疑态度。但是如果苏联继续为其提供武器，那么美国人就可毫无顾虑地向国会申请资金，来支援尼加拉瓜的反桑地诺政府武装派别。[49]

舒尔茨每次见到谢瓦尔德纳泽，都喜欢宣扬这些观点，以确保政治局明白美国的坚定决心。[50]他希望检验一下戈尔巴乔夫和平攻势的真实性。1月宣言提出了全面消除核武器的三阶段计划。戈尔巴乔夫——更准确地说，是阿赫罗梅耶夫——故意将一些重要举措保留在第三（最后）阶段。美国人得出的结论是，这样做的目的是使苏联获得的利益最大化，同时推迟履行美国所要求的让步。舒尔茨打算坚持把这些措施提前到第一阶段实施。如果戈尔巴乔夫拒绝，舒尔茨就可以在世界舆论面前揭露他的虚伪。他把自己的这些想法都告诉给了国防部长助理珀尔，以期在政府内部建立联盟。珀尔对舒尔茨所说的很感兴趣，因而他们决定同心协力，找到答案：戈尔巴乔夫愿意为了世界和平对美国妥协吗？[51]

美国政府内部的情况正在发生变化。舒尔茨一直想找方法将苏联领导人带到谈判桌前。这是他第一次成功说服了一位怀疑论者。他的脑海中闪过一丝希望：美国政府内部长期的派系斗争是能够克服的。

/ 第十七章　陷入僵局

1月宣言在西方引发了深深的疑虑，这是戈尔巴乔夫始料未及的。前一年的外出访问给他留下了这样的印象：在他努力加强外交政策之际，下属们和研究机构提供再多的建议也跟不上他的节奏。此时距离他访问结束已有几个月的时间。在戈尔巴乔夫看来，他已经主动给美国和全世界奉上了一份厚礼，期待着得到一个迅速而具有建设性的回应。假如他此时能够短暂到访任何一个北约国家，就会将局势看得更清楚一些。如今，他对西方国家的沉默无言惊愕不已。

坦白来说，戈尔巴乔夫的议程表上还有其他紧急的事务有待处理，尤其是他需要弄清楚如何将行动计划介绍给他的党和人民。他把精力放在向即将召开的党代会提交的报告上。顾问团队写的报告草稿乏味沉闷，让他感到十分厌烦。雅科夫列夫招募了一些文笔生动活泼的人进来。[1] 阿富汗问题让每个人都很头疼。谢瓦尔德纳泽的一名副手科瓦廖夫写了一份草稿，里面将战争描述为"一处血淋淋的伤口"，提出了撤离苏联军队的理由。这一切都很符合戈尔巴乔夫和谢瓦尔德纳泽的胃口。戈尔巴乔夫把草稿拿到政治局传阅，几位领导人拒绝了。[2] 他认为惹恼他们未免太过冒险，于是决定删去撤军的承诺。谢瓦尔德纳泽得知后，对戈尔巴乔夫没有事先征求他的意见十分生气，并打电话抗议。他威胁说，除非戈尔巴乔夫重新回到他们最初的立场上，否则他将在苏共全国代表大会上亲自提出这一问题。戈尔巴乔夫让步了。1986 年 2 月 25 日动身前往党代会时，戈尔巴乔夫拿起电话，对谢瓦尔德纳泽说："我已经按照你说的那样做了。"[3]

他们相信有重要的任务要协力完成。谢瓦尔德纳泽从日本回到苏联，知道不可能打破巴黎统筹委员会对技术转移的限制。他和戈尔巴乔夫都迫切希望实现经济复兴。他们曾尝试用购买日本产品的承诺来引诱日本人，但是无果而终。日本政府不会去惹美国人不高兴，而且，苏联领导层无论如何都拒绝就 1945 年被其合并的南千岛群岛（日称北方四岛）进行谈判。[4] 谢瓦尔德纳泽起草了一份包含其他亟待解决的棘手问题的清单。苏联与其他共产主义国家的关系会如何？在莫斯科看来，发展中国家站在哪一边？这些问题的答案会对苏联领导层与美国打交道产生什么影响？官方对"国际关系民主化问题"的立场是什么？从小就在格鲁吉亚葡萄园做苦力的谢瓦尔德纳泽喜欢回答说，他正在往新葡萄酒囊里倒新酒。[5]

让戈尔巴乔夫烦恼的是，里根似乎更青睐酿造时间更久的葡萄酒。与副手和顾问在一起时，戈尔巴乔夫坦言称，有必要重新考虑一下苏联的军事战略了，"我打赌我们有多少人坐在这间屋子里，就有多少种战略平等的定义。我准备为我自己的理念辩护。真正的战略稳定并不一定需要双方你追我赶，针锋相对"。[6]

无论如何，此次党代会对戈尔巴乔夫而言，都可以算是一个胜利。他的主旨演讲详细论述了一个令人兴奋的议题。在隐约预告苏联的一系列政治和经济变革的同时，戈尔巴乔夫强调他将优先着手实现在一个"相互依赖的世界"里，终止军备竞赛。他表达了对美国"星球大战"计划的恐惧，并强调 1 月宣言才是美苏关系进步的基础。戈尔巴乔夫坦言，一个"右翼集团"在华盛顿掌握着权力——整个演讲过程中，他都避免用贬义的词语提及里根本人。他承认在党代会开会的前一天，他才收到了美国总统的回信，信中并没有清楚阐明美国的意图。尽管有些方面令人乐观，但是其余的部分让人沮丧。在热烈的掌声中，戈尔巴乔夫说他不愿意接受美国人拒绝他的宣言。他呼吁深刻地改变全球政治，希望停止众多的区域性冲突。正如谢瓦尔德纳泽所言，他把阿富汗战争称为"一处血淋淋的伤口"，并宣布希望尽早撤离全部的苏联武装力量。任何一个在场聆听的人都不会怀疑，他正在为苏联的内政和外交设定一个前景广阔的新方向。[7]

戈尔巴乔夫不敢公开承认的是，他的国家的经济困境在最近几个月突然加重，但并不是他的过错。问题的起源不在莫斯科，而是在利雅得。石油输出国组织（OPEC）依赖于西方国家政府在全球市场上强制执行油价。但是1985年春天玛格丽特·撒切尔出售了英国石油公司的资产，实现了该公司的私有化，由此整个石油购买体系被打乱。阿拉伯国家为了应对油价下跌而大幅度提高石油产量。这导致油价突然崩溃，从1985年11月的每桶32美元暴跌至1986年春天的每桶10美元。[8]苏联政治局很清楚，苏联依赖于向西欧出售石化产品而赚得的收入。全球石油价格的突然下跌，让戈尔巴乔夫的预算计划出现了空洞。戈尔巴乔夫本人在1986年3月20日的政治局会议上对里根愤恨不平，说道："我们已经拿出了实实在在的东西。我们真的打算削减军备。要想在这一问题上玩不公平竞争，是不可能的。没人能骗得了别人。"他声称美国方面仅仅是在闪烁其词、敷衍了事。[9]他对官员们讲，他已经履行了对苏联人民甚至对美国人民的义务，然而里根却一直在逃避责任。在他眼中，密特朗和撒切尔夫人也好不到哪儿去。这些"欧洲人"之前还求着苏联政府把中程导弹撤出欧洲。但是现在，他们却央求着运入更多的潘兴-2导弹。美国人则一直在让局势雪上加霜。他们驱逐苏联在联合国的外交官，掀起了一场针对尼加拉瓜的歇斯底里般的政治宣传运动。他们一次又一次地威胁利比亚，继续为安哥拉的萨文比提供资金。此外，他们还向南也门的新反左派政府提供援助。美国海军军舰也早已驶入了黑海。戈尔巴乔夫指责美国政府试图置他于"甩手关闭谈判大门"的境地。他发誓美国人的挑衅是不会有什么结果的：他下定决心坚持1月宣言中规划的路线。[10]

鉴于苏联核武力发展和莫斯科在全世界的政治和经济活动的情报，美国国防部和中情局仍对苏联的真实意图存有疑虑。[11] 戈尔巴乔夫暂且忽略了华盛顿的担忧。但是，他至少开始明白，苏联领导层在战略防御计划上陷入了进退两难的境地。如果继续谈论它的危险性，苏联领导人将不仅在里根看来是不堪一击的，在苏联同胞眼中也会如此。然而，如果不理会这个计划，就很容易给人一种苏联无力匹敌美国军事现代化的印象。总书记选择了一条中间道路。他不再多提战略防御计划；即便在谈到它时，也避免使用世界末日式的语言。[12]

戈尔巴乔夫让政治局放心，他不会做出不适当的妥协，并称苏联的科学家们对当前的形势很有信心。他们曾对他说，"可以造出一种能够消灭战略防御计划各处基站的系统"。然而，和平终归要好于战争。戈尔巴乔夫很清楚，与美国发生任何核冲突都只有一个结果，那就是双方防御系统均被摧毁——而且，他补充道，"我们国家"的生死存亡都会成为未知数。[13] 但他绝不会受里根的欺负。他告诉官员们，这些科学家认为苏联能用美国战略防御计划十分之一的费用建造一个反制系统。他会"不遗余力地加强防御，避免这个国家遭受进一步的打击"。[14] 他很高兴其外交新路线消除了国外对苏联的很多担忧和恐惧。这一成效在美国格外令人满意，公众舆论让他免遭定罪，也让政治右翼被边缘化。[15] 在1986年4月3日的政治局会议上，他表现出了一种谨慎的乐观主义："由于我们的政策，里根越来越困难了。美国想要遏制我们的和平攻势，并瓦解它。他们所有的行动都意在激怒我们。我们可以看到他们想要的是什么：一步一步地瓦解我们不断增强的权威。"[16]

他讲道："我们生活在一个星球上。没有美国，我们不可能维持和平。"[17] 在1986年4月2日写给总统的信中，戈尔巴乔夫抱怨美国人的无所作为，质问为什么白宫对他的1月宣言无动于衷。总书记否认那仅是一种政治宣传。[18] 但在公开场合讲话时，他不会公开严厉地批评美国政府。4月9日在陶里亚蒂的一次长篇演讲中，他表现得既简明扼要又谦虚恭敬。在努力恢复"日内瓦进程"和争取第二次首脑会晤之时，他不能惹怒里根和舒尔茨。[19]

1984年到1985年在国外的经历让他对西欧形成了一定的认识。在他看来，英国可能仍将是"欧洲事务中的关键性力量"。他没有解释为何如此；但是在英国经济并不是欧洲大陆的发动机的时代，戈尔巴乔夫考虑的可能是撒切尔夫人与白宫的关系。英国共产主义领袖戈登·麦克伦南（Gordon McLennan）和几位工党政治家曾敦促他试着撬开撒切尔夫人保守派政府与美国人之间的友好关系。戈尔巴乔夫只是回应说，工党可能会在几年之内重新掌权。[20] 与此同时，在他成为总书记之前，撒切尔夫人并没有继续与他维持适当的往来。她唯恐与他有所瓜葛。即便戈尔巴乔夫对撒切尔夫人感到失望，他也不会承认。他对她束手无策，她对他也是如此——事实上，打破僵局对他而言要比对她容易得多。她在等待时机，不去理会那些催促她向莫斯科示好的人们的指责。

戈尔巴乔夫想要给自己留有更多的选择余地："我们也绝不能忘记列宁的指示，德国和俄国保持友好关系是十分重要的。"昂纳克在"东西德问题"上仍然难以约束，戈尔巴乔夫想要盯着他与西德的往来。他意识到需要更加严肃谨慎地对待德国统一问题。苏联的国家利益就在于防止"俾斯麦们和希特勒们"的再次出现，并且戈尔巴乔夫有意在这方面听取学者们的意见。[21] 通过与科尔总理保持联络，戈尔巴乔夫想阻止东德落入西德的控制之下。而且，如果莫斯科与波恩交好会让美国人感到紧张，那也没有什么坏处。处理与东京和北京的关系也应如此。与此同时，戈尔巴乔夫还谋划着强化与意大利的关系，以此让科尔保持警惕。克里姆林宫不得不灵活操作——戈尔巴乔夫还让苏共中央国际部完善其行动建议。尽管他知道西欧国家领导人不可能与华盛顿决裂，也清楚自己仰赖于社会主义政党、工人运动和"其他进步力量"的支持，但是他打算加强自己对西方商人、神职人员、工会主义者甚至士兵的吸引力：他们的想法是，如果他能让这些人相信他的诚意，那么各地的政府很快就会变得听话起来。[22]

戈尔巴乔夫在思考如何应对美国人的同时，也意识到他在 1 月宣言中忽略掉常规武器问题这一错误："我们也做好准备去解决这个问题。我们要平衡所有类型的武器，其中就包括常规武器。"[23] 他预测到军队领导层会对此全力反对。苏联在斯德哥尔摩的谈判代表团就曾抱怨总参谋部盛气凌人的干涉。[24] 尽管谢瓦尔德纳泽很同情他们，但是只有总书记才有权威压倒阿赫罗梅耶夫。随着越来越多的总参谋部无视其指令的证据出现，1986 年 4 月 24 日，戈尔巴乔夫愤怒地在政治局会议上与阿赫罗梅耶夫对质："政治决策一旦做出，就需要实施相应的行动。但是（斯德哥尔摩）谈判却拖拖拉拉，停滞不前。没有人表现出主动性来。"他威胁谁阻挠在斯德哥尔摩、维也纳和日内瓦的谈判，[25] 就开除谁。屋子里鸦雀无声。阿赫罗梅耶夫败下阵来，在场所有人都心知肚明。戈尔巴乔夫开始向总参谋部表明谁才是老大。[26]

他觉得自己没有足够的力量来改变军队高层的人事安排。时机未到。谢瓦尔德纳泽在外交部拥有了更大的自行决定权，解雇了与阿赫罗梅耶夫勾结、"背信弃义"的科尔尼延科，[27] 并任命了两名新的副部长——阿纳托利·科瓦廖夫和尤里·沃龙佐夫。两人都是改革派，谢瓦尔德纳泽希望他们能够在他不在的情况下，意志坚定地管理外交部（之后的事实证明，他们让他深感失望）。[28] 科瓦廖夫被调到苏共中央国际部做多勃雷宁的副手，多勃雷宁此时已从驻华盛顿大使馆被召回。[29] 戈尔巴乔夫显然想把国际部转变成美国模式下的国家安全委员会。[30] 他擅于制衡自己手下最有活力的改革者。多勃雷宁并不是全心全意地热衷于彻底改变外交政策，因而戈尔巴乔夫可能想要保留一支随时待命的第二梯队，以防第一梯队陷于瘫痪。鉴于多勃雷宁对美国高层政治的了解，起用他无疑是有道理的。[31] 而且，在多勃雷宁看来，他们应该独立思考，起草自己的提案，而不是惶恐不安地担心遭到报复，这让部里的一些老外交官又惊又喜。[32]

里根政府并没有让戈尔巴乔夫的日子变得好过一些。1986年3月底，华盛顿要求驱逐几十名以纽约联合国外交官的身份为掩护的苏联间谍。此类间谍活动是美国政府中长期且真正存在的问题，但一直被人们所忽视。莫斯科方面提出了抗议。苏联官方的情绪并不是只有愤怒；领导层真正的想法是担心里根放弃和解政策。

地中海地区发生的事件加剧了局势的紧张程度。1986年4月5日，西柏林的拉贝拉迪斯科舞厅（La Belle discothèque）——美国士兵经常到访此处——受到炸弹袭击，造成3人死亡，229人受伤。白宫根据中情局的报告，认为利比亚领导人穆阿迈尔·卡扎菲（Muammar Gaddafi）对此事件负责。受利比亚支持的恐怖主义团体多年以西欧和中东地区的美国人为攻击目标。里根之前已经发出警告：利比亚如果再次做出此类行为，他将下令实施报复。1986 年 3 月，他批准在苏尔特湾的有争议水域举行海军演习。卡扎菲命令其武装部队向美国飞机开火，美国方面则以击沉利比亚巡逻艇作为回应。迪斯科舞厅受袭后，里根认为没有什么比派遣 F-111 战斗轰炸机攻击利比亚本土更合适的了。法国和西班牙政府不准战斗机飞越它们的领空，但是撒切尔夫人允许战斗机从英国机场起飞执行任务。1986 年 4 月 14 日对的黎波里的袭击迅速而极具摧毁性，美国方面只损失了一架战机。美国人表明如果卡扎菲继续支持恐怖主义活动，类似的袭击还会上演。[33]

利比亚是苏联的附庸国。其武装力量装备的是苏联军事武器，受莫斯科派来的专家的训练。尽管的黎波里空袭够不上对戈尔巴乔夫的直接挑战，但它的确提出了一个问题：里根是不是他所言的缔造和平之人。《真理报》谴责美国政府的帝国主义侵略行径。正如谢瓦尔德纳泽指出的，问题在于苏联在揭发美国的帝国主义时，很容易遭到伪善的指控："啊，要是没有阿富汗就好了！"[34]戈尔巴乔夫和谢瓦尔德纳泽很快就对利比亚紧急事件做出谨慎的反应。他们仍期望在当年晚些时候举行一次美苏首脑会晤。出于这一考虑，他们仅仅取消了原本计划的舒尔茨和谢瓦尔德纳泽的会面。另外，他们还通知美国人苏联飞往利比亚的航班仍将继续，莫斯科希望它们能够不受干扰。[35]然而，戈尔巴乔夫没有公开谴责里根。他甚至没有给在空袭中失去养女的卡扎菲写一封慰问信。[36]

正当戈尔巴乔夫和谢瓦尔德纳泽思考下一步的行动时，乌克兰切尔诺贝利的民用核电站发生了一场恐怖的灾难。核反应堆的核心被熔毁。起初，当地政府和中央各部委掩盖了问题的严重性。但是不久后，灾难就难以继续遮掩下去，政治局开始介入。雨云携带的污染物越过苏联的边界，进入西欧；外国监测设备发出了警报。戈尔巴乔夫针对这场灾难启动了一次全面调查，而且苏联领导层搁置了所有与美国人谈判的想法。谢瓦尔德纳泽的助理们要求他解释这场混乱和信息误报。瑞士媒体比塔斯社和《真理报》更及时、准确地披露了这一信息。谢瓦尔德纳泽情绪低落："我受够了所有这一切。我受够了要努力去说明人不应该讳莫如深。"37

戈尔巴乔夫声称政治局事前没有收到切尔诺贝利核电站的任何危险警报，这种说法当然是错误的：克格勃在7年前就已经提交了一份充满警示的报告。然而，政治局的确收到过问题已经解决的保证。38 此外，公平而论，戈尔巴乔夫确实安排苏联媒体要更开放、更诚实地报道这场灾难。隐藏真相只能给苏联在外国的声誉带来进一步的损害。斯堪的纳维亚和其他外国监测设备记录下了空气传播辐射物的可怕数据。戈尔巴乔夫公开承认了较低层级的政治官员和科学家的失职和瞒报。雷日科夫飞往切尔诺贝利周边地区监督关闭核电站的工作。电视、广播和报刊都详细地报道了这一话题。虽然批判声被限制在最低程度，但是苏联历史上还没有哪场灾难被如此透明地对待。尽管共产主义国家均不允许公开谴责这场灾难，但是东欧政治家们对它的焦虑和不安程度并不亚于他们的人民。戈尔巴乔夫试着平息公共舆论。但是如果说他和苏联公民有什么区别的话，那就是他更受震动。一个核电站的爆炸让他意识到：使用核武器将会导致怎样的大毁灭。39

切尔诺贝利事故促使美国政府开始采取行动。舒尔茨对总统说，苏联领导人在1986年年初就变得"守势和内向"。美苏关系的停滞对任何人而言都没有好处；甚至，它还可能毁掉撒切尔夫人和科尔等盟友的选举前景。[40] 1986 年 5 月 13 日，舒尔茨来到白宫，说服里根调整他在战略防御计划上的立场。他认为，戈尔巴乔夫正在严重的政治束缚下运作，需要美国表现出妥协精神。舒尔茨的想法是继续研究计划，但是保留最终的部署权。这样美国人就能继续做符合他们自身利益的事，同时减少苏联领导层在军事安全方面的担忧。舒尔茨提出了一个计谋："把我们汗衫的袖子给他们，让他们认为那是我们的大衣。"唐纳德·里甘和约翰·波因德克斯特喜欢他们所听到的。总统在得到防御计划会被妥善保护的保证后，也接受了舒尔茨的提议。[41] 他们一致赞同照此计划行动。舒尔茨请求里根接见罗伯特·盖尔（Robert Gale）医生，他治疗过切尔诺贝利事故的一些受难者；他还建议给戈尔巴乔夫写一封亲笔信。[42]

但是，美国人还远未就舒尔茨的提议达成最后的决定。沮丧的戈尔巴乔夫和谢瓦尔德纳泽寻找着其他打破全球局势僵局的方法。在 1986 年 5 月 29 日的政治局会议上，戈尔巴乔夫指责卡扎菲的"革命原始主义"。这位利比亚领导人需要回到现实中来。苏联不会为了他挑起第三次世界大战。[43] 但是要怎么做呢？苏联领导人下了结论：过于重视对美政策，外交部几乎忽略了欧洲。他们还担心亚洲也被忽视了——改善与中国的关系至关重要。此外，他们还希望解决苏联在阿富汗的所谓灾祸问题。[44]

政治协商委员会计划于 1986 年 6 月 10 日在布达佩斯召开一次会议，目的是向华约盟友传达莫斯科最新的想法。戈尔巴乔夫兴致勃勃、神采奕奕，他放弃了之前苏联要在所有军事领域实现与美国战略对等的目标。他宣布，苏联现在只需要合理的、力所能及的战略力量储备。他说西方政客们告诉他，美国正试图通过军备竞赛将共产主义国家拖入经济崩溃的境地。戈尔巴乔夫打算阻止美国人研发进攻性太空武器。在接受了法国人和英国人的批评之后，他渴望美苏双方能够大幅度地削减部署在欧洲的常规武装力量。他敦促要冷静分析，并认识到分裂北约是毫无意义的："我们不可能孤立美国；我们也不可能分裂西方；我们更不可能让他们皈依我们的信仰。"在一定程度上，他对中国更乐观一些——尽管中国长期反对苏联的外交政策，但他宣布要对中国领导层示好。[45] 总而言之，这是一次非常重要的讲话。他正在改变 1 月宣言中勾勒的路线，承认里根不会让步，北约的团结出人意料地牢固。戈尔巴乔夫用过了阿赫罗梅耶夫的计划，但是一无所获。现在，他要调整关于核武器的提案，引入常规武器的内容。

对戈尔巴乔夫而言，更棘手的工作是解决切尔诺贝利问题。他透露了关于核辐射水平的官方数据，辐射程度以同心圆的形式延伸到波兰的东部湿地。另外，他还详细说明了用于应对这一事故的财政预算。他的演讲语调阴沉、实事求是，又惋惜遗憾。还从未有过哪位苏联总书记如此谦卑地对政治协商委员会讲话。[46]

齐奥塞斯库用自己的数据说明了罗马尼亚领土所遭受的核辐射情况，并呼吁华约国家团结起来，共同应对灾难。[47] 谈到戈尔巴乔夫关于与美国对话的想法时，他说苏联的外交政策是苏联的事（这是在警告其他人不要干涉罗马尼亚）。[48] 昂纳克赞扬了戈尔巴乔夫的和平倡议，并建议苏联和德意志民主共和国都可以与西德合作，推动和平进程（这相当于说莫斯科应该信任他与波恩之间的往来）。[49] 转到共产主义国家之间的贸易话题上时，不安的情绪就弥漫开来。戈尔巴乔夫埋怨匈牙利与外国资本主义公司签订合同，而不是与苏联。[50] 胡萨克则哀叹，经济互助委员会的科技进步综合计划所取得的成果微不足道。[51] 日夫科夫将讨论拉回到切尔诺贝利问题上来，并问是否有必要改变东欧的核反应堆设计。戈尔巴乔夫回复道，1979 年三哩岛核电站发生事故之后，美国人并没有改变他们的技术。[52] 东欧国家领导人对他愿意进行公开讨论感到满意；他们还支持他更新后的计划，争取与美国达成削减武器的协议。[53]

5 天后，戈尔巴乔夫回到莫斯科，向苏共中央委员会吹嘘自己得到的支持。但是就自己改变对美国的政策路线只字不提；他只是斥责"星球大战计划"，并吹嘘他的 1 月宣言是全球范围内的正义"力量场"。[54] 后来，他又谎称，东欧领导人独立提出了定量削减核武器的提议。[55] 显然，他认为知道他在布达佩斯所说的计划的官员人数越少越好；在向政治局汇报的时候，他就没有这么谨慎了。在继续寻求与美国和解的同时，他承认整个"社会主义世界体系"在技术上已经没有什么竞争力了。欧洲共同体正在经历更深入的经济融合，而经互会却遭受着严重的"离心"倾向——波兰和其他国家对西方信贷的依赖正导致严重的后果。罗马尼亚、德意志民主共和国和匈牙利正追逐着它们的"国家野心"，而不顾及一种协商一致的、共同的外交政策，而且他注意到所有的政治局委员在与东欧领导人打交道时，都会在"真诚、坦白和信誉"上有所缺失。戈尔巴乔夫认为解决之道不在于下指示，而在于说服和做榜样。[56] 在政治局紧闭的大门内，他粗暴地谴责"对待捷克斯洛伐克（1968 年）和匈牙利（1956 年）的方式"。[57]

在戈尔巴乔夫悄悄地转向一种崭新的谈判姿态时，美国政府评估了各种可能性。在 1986 年 6 月 6 日国家安全规划小组会议上，舒尔茨称克里姆林宫的领导人走到了岔路口：他们要么忽视总统的示好，把赌注押在国会将削减美国的国防预算上；要么可能认为"罗纳德·里根是他们向美国公众兜售裁军协议的最大希望"。舒尔茨更倾向于用与国会近期削减军事预算完全相反的措施，来迫使戈尔巴乔夫屈服。他敦促要集中精力达成"一份完备的军备控制条约"。里根赞同这一思路。他很同情戈尔巴乔夫要与反对改革的政治势力做斗争。在他看来，美国方面不得不提出这样的倡议，以免让总书记"看起来放弃了一切"。与此同时，总统重申了对战略防御计划的坚持，并陈述道，如果当前的科技研究进展顺利，他将批准进行实际试验。他希望诱导苏联领导人接受当前的局面，让他们相信美国的反导系统不会对任何国家构成威胁，而是一种"对疯子的防御"。[58]

1986 年 6 月 11 日与舒尔茨讨论时，总统同意向戈尔巴乔夫传递一条振奋人心的信息。舒尔茨向多勃雷宁大使保证，美国正认真考虑苏联的军控声明，并且注意到苏联在人权方面取得的进步。他说，里根总统欢迎在不久的将来再次举行高峰会晤。[59]

温伯格不喜欢事情的发展方向。6 月 12 日，他在国家安全规划小组的后续会议上反击了舒尔茨。他极力主张戈尔巴乔夫想要达成军备条约，仅仅是因为苏联的国家预算已经难以为继了。在温伯格看来，苏联领导层是彻头彻尾不可信任的。他争辩说，一种可部署的太空防御系统是保卫美国国家安全的必要手段。凯西赞同温伯格的观点，认为美国应该要求修改《反弹道导弹条约》。舒尔茨接受了他们的挑战。在继续推进战略防御计划和"零点方案"的同时，他希望恢复与莫斯科的谈判。里根站在他这边。舒尔茨重申一旦所有的核武器都被废弃，他愿意与全世界共享太空防御技术。[60] 他还提醒所有人说，戈尔巴乔夫正不得不去制服他的"强硬派"；另外，舒尔茨也承认苏联领导人的确有理由担忧"我们寻求第一次核打击的优势"。但是，他认为切尔诺贝利事故已经让总书记领悟到了一场核大战的危险。在此之前，他怀疑戈尔巴乔夫削减军备的诚意。但是现在，他确信"是时候做些非同寻常的事情了"。[61]

舒尔茨关于切尔诺贝利灾难对戈尔巴乔夫思想的影响的判断是正确的。一年后，戈尔巴乔夫将告诉布什东西方所面临的危险：

> 如果法国或其他一些国家的核电反应堆被摧毁，那么它的后果就相当于一场核大战。消除切尔诺贝利的灾难性影响花费了我们40亿卢布。然而，这甚至算不上最艰难的情况。所以，那些认为核战开始后，人们可以做些什么的想法就是一种幻想。如果我们的外交部部长不能在军控谈判中取得进展，那么他们就应该被撤职。[62]

甚至苏联军方报纸《红星报》也发表了具有同一思路的文章。戈尔巴乔夫希望美国领导层的所有人，从前的和现在的，都赞同这一新认识。[63]

/ 190

1986年6月19日，里根在葛拉斯堡罗高中发表了演说，指出苏联领导层终于提出了一份值得美国关注的计划。[64]在得到国家安全委员会的允许后，国务院给全世界的美国大使馆发电报，告知最新消息。[65]舒尔茨写信祝贺总统成功迫使克里姆林宫放弃了先前的谈判立场。戈尔巴乔夫不再宣传他的1月宣言。现在，他愿意就战略性核武器和中程核武器分开做决定。他还接受了进行双边核查的意见。两个超级大国恢复高层对话的时机到了。[66]事实证明，就在里根在葛拉斯堡罗高中讲话的同一天，戈尔巴乔夫正写信呼吁里根回到他们在日内瓦会晤时设定的路线上来。1986 年 6 月 23 日，多勃雷宁大使将这封信送到了总统办公室；他强调说，戈尔巴乔夫愿意考虑某些让美苏产生对立问题——包括中程核导弹——的"部分解决方法"。[67] 自日内瓦峰会以来，对莫斯科和华盛顿内努力争取达成新协议的人而言，美苏和谈的前景还从未如此鼓舞人心过。几个月的外交停滞似乎要结束了。

莫斯科和华盛顿均在公众面前对戈尔巴乔夫在那年夏天做出的重大让步只字不提。战略防御计划仍是戈尔巴乔夫寻求与美国改善关系的一大障碍，但他逐渐接受了里根不可能放弃这一计划的事实。尽管对他而言很痛苦，但是如果要打破僵局，他就不得不做出妥协。1986 年 5 月 29 日，他向苏联日内瓦谈判代表团下达了一项重要命令。在此之前，他要求美国完全放弃防御计划。现在他愿意让美国进行实验室内部研究，只要他们放弃外部测试和部署。舒尔茨和尼采认识到了苏联立场转变的重要意义：美国获得了前所未有的机会。[1]

美国政府一致认为，克里姆林宫明白如果试图为另一阶段大规模的军备竞赛投入资金，苏联将陷入怎样的困境。中情局称苏联仍有经济能力为军事现代化投入更多的资源，但是他们也赞同财政的紧张状况逼迫着政治局进行严肃的谈判。[2] 不论人们如何看待里根的防御计划，它似乎的确在政治局产生了令人满意的效果。这是美国政府官员的共识。美国国务院情报与研究理事会（Directorate of Intelligence and Research）一直认为，除非苏联能够诱使美国放弃战略防御计划，否则就无法平衡其财政状况。[3] 1986 年底接替波因德克斯特任总统国家安全事务助理的弗兰克·卡卢奇（Frank Carlucci）认为，"它成了戈尔巴乔夫的一个困扰"。[4] 对亚伯拉罕森（Abrahamson）对防御计划的溢美之词并不心动的舒尔茨后来回忆道："不过，从讨价还价的角度看，它的效果很不错。"每一位美国政治家和谈判者都感觉到，战略防御计划正在动摇克里姆林宫的自信心。[5] 即便是将白宫的战略构想轻蔑地称为"电影版本"的亨利·基辛格，也情愿承认

"与我交流过的几乎所有苏联人（原文如此）都被战略防御计划搞得心烦意乱"。[6]

华盛顿内部——不为公众所知——有一场关于克里姆林宫的恐惧是否合理的讨论。里根强调说研究计划完全是为防御目标所驱动。然而，波因德克斯特则理解戈尔巴乔夫的担忧：美国人的目的可能是研发能够打击地球上任何目标的外太空武器。他还认为，一旦戈尔巴乔夫表现出了对该计划的抗议，那么做出让步就会让他在政治上十分尴尬。[7]中情局的罗伯特·盖茨也暗暗赞同这种分析。例如，他明白当前的几项计划在未来的某一时间可能会做进攻之用。[8]但是，与其他官员一样，他遵从了公开的立场，即战略防御计划中没有什么足以让另一个超级大国畏惧。戈尔巴乔夫担任总书记后，美国面临一种危险，那就是苏联的政治宣传可能会利用白宫对战略防御计划含糊不清的态度。尼采恳求里根做出澄清；他还要求美国政府承诺在《反弹道导弹条约》的框架下行事。他要求里根放弃一切寻求军事优势的野心，并致力于达成一种可靠的战略平衡。此外，他还表示，进攻性核武器对形成相互威慑是必要的，除非双方能够就"共同努力向更依赖防御的战略平衡过渡"达成一致。[9]温伯格则持完全相反的观点。按照他的思路，保持一定程度的战略模糊性是符合美国的利益的。苏联越是猜疑，对美国就越好——而且，温伯格为了保存战略防御计划所有的威胁性潜力，并不在意违背《反弹道导弹条约》。只有在私下里，他才承认仍需取得非凡的技术进步。他评论说，新的太空系统要实现"子弹打子弹"的效果。但是在公开场合，他避免给出任何关于这项任务的规模的暗示。[10]

在写给爱德华·特勒（Edward Teller）的信中，舒尔茨对亚伯拉罕森中将关于战略防御计划的断言表现出深深的怀疑。[11]

科学家们，如科学研究实验室主任托马斯·H. 约翰逊（Thomas H. Johnson），密切关注着该计划的进展。约翰逊对在国家安全委员会中负责苏联事务的杰克·马特洛克说，总统的目标究竟能否实现还很不好说。[12] 他强调亚伯拉罕森在夸大他所取得的进展。[13] 约翰逊担心该计划的组织者正在误导政治官员们；他着重声明该计划还没有哪一部分能够在未来十年中进入部署阶段。[14] 随后的盘问也证实了亚伯拉罕森为了愚弄苏联分析专家，让他们相信战略防御计划接近完成，已经特意安排了"测试"。[15] 尽管如此，政府内部的怀疑论者并不想过多地表现自己的不安。毕竟，只要研究计划继续困扰着苏联领导人，亚伯拉罕森不适当的宣扬就不会产生什么大的影响。从国务卿舒尔茨到下面的每一位官员都认识到，这强化了美国人在与苏联谈判时讨价还价的能力。

北约盟国中仍有很多不安。1985 年 4 月 3 日，北约秘书长卡灵顿勋爵（Lord Carrington）在访问波恩时与里根进行了会谈；他详细解释了西欧的担忧：如果美国将核武器撤离欧洲，西欧将无力应对苏联的猛攻。[16] 加拿大总理布莱恩·马尔罗尼（Brian Mulroney）公开谴责了战略防御计划，并向谢瓦尔德纳泽重申了这一谴责。[17] 美国国务院的回应是向个别的盟国施加压力。舒尔茨告诉科尔说，除非他公开力挺这一计划，否则里根将拒绝出席原定于 1985 年 5 月在比特堡公墓举行的第二次世界大战纪念活动，"没有战略防御计划，就没有比特堡"。这招奏效了。科尔发表了声明，称"我们认为它是谨慎而必要的一步"。[18] 其他政府对里根的计划仍抱有敌意。密特朗在 1988 年末出访莫斯科，正是去重申对苏联在战略防御计划上的立场的同情和支持。[19] 撒切尔夫人在得知英国公司可以拿到战略防御计划的合同之后，才停止了批评。但是，苏联外交部认为，英国人远远不会满足于他们将拿到的那类合同。[20]

很少有西方首脑认为研究团队会研究出里根总统期望的那种成果。几乎所有的苏联人都持有这种怀疑。叶夫根尼·韦利霍夫与另两位科学家——罗阿尔德·萨捷耶夫（Roald Sagdeev）和安德烈·柯克辛（Andrei Kokoshin）合写了一本书，名为《太空武器》（Weaponry in Space），在书中他们指出了理论上和实践中的巨大困难。这本书很快就在国外翻译出版。[21]全球知名的科学家韦利霍夫真心认为，苏联效仿战略防御计划是愚蠢之举。[22]他的观点得到了苏联公众的认可。西方媒体则忽略了他的书。因为是由苏联国家媒体出版，所以它仅被视为一种政治宣传。

政治局并不是只依据科学家的判断。苏共中央国防部的维塔利·卡塔耶夫依据克格勃和格鲁乌关于亚伯拉罕森研究机构出版物的报告，密切关注着战略防御计划。[23]在他看来，美国最早也要在2000年才能够对研究成果进行部署。因此，苏联并没有面临十分紧迫的威胁。[24]他还认为美国经济并不足以承受该计划的所有开支。他还质疑美国人是否能够将600个"物体"送入外太空，并让它们永久、可靠地运行。[25]如果美国想要免遭攻击，那么这项技术就需要完美地运行。卡塔耶夫认为，这是完全不切实际的，并称防御计划的"意识形态者"和他一样对此心知肚明。[26]根据美国官方资料，他推断即便防御计划能够发挥99%的效力，苏联的核进攻仍将造成2000万美国人死亡。如果只能发挥90%的效力，那么死亡人数将达到7500万到9000万。[27]

苏联领导人相信，美国人正试图将苏联拉入新一阶段的军备竞赛，让苏联的财政预算破产。这正是谢瓦尔德纳泽对其部下所言，而且大多数人深信不疑。[28]克格勃主席克留奇科夫后来声称，

"专家们"一致认为战略防御计划是一个"大骗局"。[29] 苏共中央国防部的奥列格·巴克拉诺夫则认为它是一种巨大的"虚张声势"，没有丝毫成功的可能。[30]

戈尔巴乔夫左右为难。一只耳朵听说战略防御计划只是在作假，另一只耳朵却收到信息说美国的研究成果将最终用于邪恶的目的。苏联政治家和他们的科学顾问永远无法确保，特定的技术不具备被用于攻击苏联的潜能；而且无论里根怎么解释他的研究目的，也无法保证他的继任者们不会批准将计划用于挑起战争。另外，如果戈尔巴乔夫忽视美国的科研团队所参与的工作与里根之前向全世界说明的美国公共政策之间不一致的可能性，则是很轻率的做法。美国国防部和其他政府机构可能对总统隐瞒了事实。戈尔巴乔夫认为里根对科研人员正在做什么缺乏真实的认知；韦利霍夫也怀疑美国人正在研制能够打击到苏联境内目标的武器。这种"虚张声势"可能是他们正在研发新一代进攻性武器。[31]

/ 195

但是韦利霍夫及其同事在为他们的政治领导人提供明确的指导上，并不比苏联的情报机构成功多少。克格勃和格鲁乌编写了关于该计划的大量报告。没有哪一个军事主题被如此重视过。但事实证明，这些报告内容在分析上总是很薄弱。[32] 谢瓦尔德纳泽代表整个政治局发言时说："人们还不能完全搞明白战略防御计划到底是什么。"[33]

戈尔巴乔夫依据预先警戒的原则行事。如果美国人要建造一个新的反导弹系统，苏联将着手寻求反制能力。戈尔巴乔夫在谴责里根防御计划的战争目的时，也在秘密为打造一个对抗系统提供资金。韦利霍夫那本鄙视美国防御计划的书掩盖了一个事实，那就是他和其他苏联科学家、技术专家正在努力追赶美国。戈尔巴乔夫曾批准一项名为"非对称反应"（asymmetrical response）的计划，其中包括将苏联军用计算机的运行速度从1.25亿次／秒提高到10亿次／秒。这是苏联有史以来实施的最大的国防计划之一。为了覆盖117项新的基础性研究项目，国家预算被重新修改：86个科学考察项目，165个实验性建造项目。有400亿到500亿卢布被划拨给1986年之后十年的项目——或者，根据另一种估计，有400亿卢布被用于1986年到1990年的第一个五年计划。[34]

因为戈尔巴乔夫批准了一场反对美国战略防御计划的声势浩大的政治宣传运动，因此上述的计划都被严格保密。苏联的出版社出版了大量诋毁里根及其企图的著作。"星球大战计划"成了莫斯科媒体的主题。更生动活泼的小册子被翻译成外文，并保证它们在国外发行。当事实证明，它们在西方的读者寥寥无几时，显然就需要其他的方法了。戈尔巴乔夫鼓励与国外那些被认为反对美国计划的顶级科学家取得联系。1986年7月，苏联驻西德大使馆联系了马克斯－普朗克物理与天体物理学研究所（Max-Planck Institute of Physics and Astrophysics），其执行主任汉斯－彼得·杜尔曾发言反对外层空间军事化。韦利霍夫及其所在的苏联科学家保卫和平与反对核战争委员会（Committee of Soviet Scientists in Defence of Peace and Against Nuclear War）得到允许向国外的同行做出进一步示好的姿态——想法就是将牢记使命的物理学家萨捷耶夫派往西德。[35]

尽管这场多管齐下的政治宣传对莫斯科是有帮助的，但是政治局明白它并没有削弱美国政府完成这一计划的决心。正是基于这种认识，戈尔巴乔夫才做出向白宫让步的重大决定，借此里根才会愿意将战略防御计划限制在研究实验室之内，放弃测试和部署计划。戈尔巴乔夫的盘算既有军事上的，也有经济上的。他想确保美国人不会生产出比苏联正在研制的更高级的武器。与此同时，他希望营造一种国际关系环境，能够让他的国家少在武装力量上浪费财富。

/ 第十九章　失落的夏天

美国人并没有对戈尔巴乔夫正在做出的巨大让步表现出些许感激，这激怒了戈尔巴乔夫。在 1986 年那个漫长而炎热的夏天，他的情绪没有丝毫好转。里根在切尔诺贝利事件的慰问信中，只字未提军备谈判。戈尔巴乔夫的脑海中始终萦绕着乌克兰的灾难，对任何人的悲痛示意都心存感激。但是，他强烈谴责了总统拒绝向前推进协议的行为。

舒尔茨在 1986 年 6 月压倒温伯格和凯西的胜利局面只维持了很短的时间，因为里根几乎立马就改变了主意。尽管他想要与戈尔巴乔夫举行首脑会晤，但是他又担心谈判可能会让自己珍视的战略防御计划遭受损失。[1]里根一贯不愿让他的朋友温伯格失望，温伯格则明白怎样去利用这种感觉。[2]舒尔茨就像西西弗斯一样，不得不将巨石再一次推到同一座山丘上。争论一如既往：舒尔茨认为现在正是与戈尔巴乔夫进行严肃谈判的时候；温伯格坚信，戈尔巴乔夫会视美国的任何示好之举为它软弱的证据。两人长达数周的争吵使得白宫迟迟没有对戈尔巴乔夫做出回应。这让舒尔茨恼怒不已，在他看来，戈尔巴乔夫最新的提议是"实质性的进步"。他将温伯格形容为只能接受"苏联向我们最遥远的阵地全盘投降"的人。舒尔茨认为，如果温伯格掌控外交政策的话，那么只会刺激苏联进行"大规模进攻性军事集结"。另一个后果将是美国国会和美国公众舆论对战略防御计划的支持大幅下跌。[3]

1986 年 7 月 1 日在国家安全委员会，里根强调要保护他的战略防御计划。所有人都对此表示赞同。温伯格忧心忡忡地汇报当下国会企图对空间研究施加限制。波因德克斯特对苏联重新定义在《反弹道导弹条约》框架下什么是可容许之举动表现出了担忧。[4]战略防御计划主任詹姆斯·A.亚伯拉罕森中将警告说，1985 年的预算削减迫使他减少了一些重要的激光项目的资金。[5]温伯格预测，如果国会进一步削减预算，将"扼杀这项计划，并且正中苏联'下怀'"。米斯（Meese）呼吁开展宣传运动，让国会相信防御计划将会带来"大量潜在的商业副产品"。[6]凭借国家安全委员会的这种支持，里根得以坚定地推行自己的基本目标。他将继续向前推动战略防御计划，使美国的报复能力现代化，与此同时，寻找削减军备的时机。[7]舒尔茨异常安静，可能是因为看到舆论平衡不再对自己有利。因此，没有人提及戈尔巴乔夫近期关于将空间项目工作限制在实验室之内的提议。

通过《纽约时报》上的报道，戈尔巴乔夫得知了美国政府内部僵持的消息。正如他所见，温伯格和其他官员希望延续超级大国之间的对抗，而不是走和平之路。美国罔顾其所做的让步，这让戈尔巴乔夫十分恼怒，因而总书记通过大使哈特曼向总统传递了简短的消息，表达了对里根是否真的想要"管好（他的）手下"的怀疑。[8]

他想要把华盛顿拉到世界舆论的受审席上。尽管里根已经派战斗机对的黎波里进行惩罚性突袭，但戈尔巴乔夫拒绝用任何军事行动来实现外交政策的目的："我不会'轰炸'巴基斯坦。"亚洲因素应该被优先考虑。在戈尔巴乔夫看来，向中国示好可能是值得的。瓦季姆·梅德韦杰夫建议通过提议苏中双方在苏中边境撤除中程核导弹来建立互信。戈尔巴乔夫赞同这一想法，认为它是对其 1 月宣言的补充；他呼吁按照适当的、阶段性的计划来移除亚洲地区的所有核武器——此外，几乎是后来想起来，他又建议印度洋应被宣布为非军事区。尽管这样一种结果无疑会让美国人不安，但是戈尔巴乔夫希望让里根确信，苏联主要关心的是亚洲地区的和平，不会涉足"地区性冲突"和"军事集团"。[9]或许正是这种考量最终阻止了戈尔巴乔夫去与北京接触，又或者可能他感觉在这个问题上，自己并没有强大到足以压倒阿赫罗梅耶夫。

他向政治局宣称，苏联不可能在军控谈判停滞不前的情况下，完成它的内部转变。他承认他没有经济战略："就目前而言，我们面临的问题比答案还多。"但他这样说的出发点是苏联缺少一个高度发达的经济。苏联经济充其量是"弱发达的"。[10]在与中央委员会的各位书记和各部委领导交谈时，他强调了苏联在生产力方面与西方的差距。他曾收到一份报告，写到一家日本缝纫公司600人生产的产品，苏联需要90万名工人才能完成。政治局不得不展示出列宁和彼得大帝那样的果断：开除效率低下的管理者。戈尔巴乔夫说，斯大林提拔年轻人担任重要职位的想法是正确的："人的潜力是好东西。我们要扫走垃圾。"[11]在公开政务的政策方面，戈尔巴乔夫说："人民支持这样做，而且在这些理念的辅助下，我们会粉碎阻碍。在公开性（glasnost）问题上，不能有任何妥协，因为我们正在全世界的注视下脱去旧衣。听着，我们才是做出改变之人。我们事实上是在中和反苏联主义。这是我们的优势，不是弱点。"[12]

政治局反复从戈尔巴乔夫那里听闻苏联经济形势严峻且还在恶化的说法。夏季时，雷日科夫拿出了令人沮丧的经济数据佐证了这一说法。现在，苏联每年粮食消费的1/5依赖进口，耗费260亿卢布。[13]戈尔巴乔夫立即考虑终止从美国购买粮食。[14]在1985年秋季和1986年7月之间，世界石油价格暴跌了70%。一场经济危机正在酝酿。苏联国家外债从70亿美元猛增至110亿美元。另外，禁酒运动开始后，伏特加酒销量下滑，国家税收也遭到了减损。[15]雷日科夫说道，苏联将不得不削减对技术现代化的投资。戈尔巴乔夫有些郁闷，总结说："结果就是我们只能做些奴隶做的工作——获取原材料，把它们提供给其他国家。甚至保加利亚也向我们供应机器，以换取原材料。"[16]总体讨论内容与政治局在1985年前听到的没有什么差别。新颖之处就在于生动的细节描述。雷日科夫和戈尔巴乔夫认为没有必要含糊其辞。

一切都取决于美国对其外交政策的反应。1986年7月4日，密特朗在华盛顿与里根见面时，敦促需要重新开启美国与苏联的直接对话，表达了自己对完全消除核武器这一理念的疑虑。他多次对战略防御计划表示怀疑，并且警告里根不要将法国武装纳入任何计划与戈尔巴乔夫达成的条约中。这是法国的基本立场，里根冷静地听着。他想要与莫斯科重启谈判。至少在这一点上，他与密特朗是不谋而合的。[17]

1986年7月7日，戈尔巴乔夫欢迎密特朗来到莫斯科，并获悉法国反对其近期的提案。密特朗强调说，尽管里根坚持发展防御计划，但他是真正致力于世界和平事业的。在密特朗看来，问题在于苏联和美国各说各话："总的来说，美国人想在不放弃战略防御计划的前提下谈判。而你则是想让他们不经谈判就放弃战略防御计划。这样不可能有进展。"[18]他劝告戈尔巴乔夫，如果他想达成协议，就需要改变想法。1月宣言并不足以成为谈判的基础。如果不就常规武器达成谅解，戈尔巴乔夫就无法在核武器方面与美国达成协议。此外，他还必须认真考虑西方国家对SS-25洲际弹道导弹、克拉斯诺亚尔斯克雷达站和未来核查安排的担忧。[19]密特朗是在告诫戈尔巴乔夫在会见里根之前要解决的问题。戈尔巴乔夫说他正在等里根回复其近期的一封信；强调说苏联领导层现在愿意签署军备协议，但条件是美国将防御计划限制在实验室研究范围之内。[20]

里根总统直到 1986 年 7 月 21 日才草拟了对上个月总书记的信的回复，并咨询了政府的意见。他还让手下官员去征求美国国会和北约盟友对回复内容的看法。[21] 他在 1986 年 7 月 25 日签发了回信。信中立场一如既往：战略防御计划不暗藏任何进攻性目的。他主张美国有权利在未来 5 年继续防御计划的研究和试验；重申一旦这项技术的可行性得到证实，将与大家分享技术成果。他呼吁制订计划削减所有类别的进攻性核武器。他想减掉一半的战略性核武器库存。[22]

苏联领导层评估了里根的外交政策。1986 年 7 月底，他们组建了由主要相关部门组成的工作组——成员有谢瓦尔德纳泽、切布里科夫、索科洛夫、多勃雷宁、梅德韦杰夫和雅科夫列夫，给出了一份犀利的分析。里根正试图用把苏联拉入区域冲突和加剧军备竞赛来"拖垮"苏联；其目的显而易见，那就是扰乱政治局改善社会和经济的进程。[23] 他认为每一个非社会主义国家和地区都在美国的"重要利益"范围之内。他使用各种手段去帮扶阿富汗、尼加拉瓜、安哥拉和柬埔寨的反革命叛乱；派遣美国军队打击格林纳达、黎巴嫩和利比亚。此外，他还利用经济杠杆来管束其他北约国家和其他盟友。他灵活地应对变幻莫测的世界局势。在萨尔瓦多、海地和菲律宾民众的不满情绪日益高涨之时，美国对推翻独裁右翼政权示以支持。在工作组看来，多种手段相结合证明了里根政府是"新全球性干涉主义"的实践者。[24]

工作组给苏联和其他社会主义国家的建议是继续推进社会和经济建设，与此同时将它们的军事力量保持在"必要水平"。这无可争议。报告奇怪的地方主要在于未提及世界范围内有苏联武力或财力卷入的任何"热点地区"。这种遗漏是有原因的。工作组希望强调的是要适当考虑"我们的资源和可能性",减少对"发展中国家"的援助。[25] 鉴于中国同样对美国的新全球干涉主义心怀忧虑,工作组建议莫斯科应努力与北京和解。学术交流说不定是明智的第一步。报告继续提到,政治局应该"利用我们与那些担心里根政府的冒险主义行动会导致国际形势急剧恶化的西方(包括美国)政界的合作"。要与所有左翼党派合作;要系统性利用媒体来提出一个适当辩论的话题。[26]

政治局赞同这一分析。[27] 这是激进主义的一次胜利,因为谢瓦尔德纳泽被准许去尝试终止美苏双方干涉撒哈拉以南非洲的战争。他已经在敦促非洲国民大会放弃武装斗争。[28] 与此同时,雅科夫列夫也说服了戈尔巴乔夫通过再次申明单方面中止核爆炸试验,来唤起美国民众的反战舆论。这样做的意图在于给美国政府中的鹰派制造麻烦。[29] 戈尔巴乔夫几乎不用怎么劝说,而且利加乔夫(Ligachëv)给了他大力支持。利加乔夫命令媒体的编辑们发起一场有力的宣传运动,让里根难以继续允许整个春季在内达华沙漠中进行的核试验。苏联准备抓住时机,把自己塑造成世界和平的真正推动者。[30]

几个月以来,戈尔巴乔夫一直希望把亚洲更多地推向其外交政策的中心地带。[31] 7 月 28 日,他在到访苏联远东地区的符拉迪沃斯托克(海参崴)时,宣布了改善苏联与东亚国家关系的意愿。他突出了和平的必要性,并称赞了不结盟运动在东亚地区所做出的努力。他说已经到了美国和苏联像关注欧洲那般关注亚洲的时候了。尽管他没有赞扬美国人,但是他的演讲也十分温和,没有过多的批判。除此之外,他还强调了想要与中国建立合作性关系,指出两国在经济联系和太空探索方面都有合作的机会。作为其良好意愿的保证，戈尔巴乔夫强调莫斯科将在其亚洲领土只保留最低限度的武装力量；承诺不会增加中程弹道核导弹数量。他呼吁推动整个印度洋地区的非军事化，并且宣布苏联领导层"已经准备好让苏联军队回家"，撤离阿富汗。但是条件是那些正在资助反阿富汗政府叛乱的国家必须停止干涉行为。戈尔巴乔夫又在主动发起出人意料的动议。站在太平洋边上，他表露出了对世界政治缓慢的变化节奏的不耐烦。[32]

美国国务院有理由对和平进程的停滞感到恼怒。舒尔茨每每向里根总统解释自己与温伯格的不合，似乎都能得到里根的共鸣。但是总统从未就此采取行动。8 月 5 日，恼羞成怒的舒尔茨忍无可忍，便提交了辞呈。不巧里根当天被安排做体检去了。白宫办公厅主任唐纳德·里甘给舒尔茨位于斯坦福大学校园的家中打电话，恳求他留下来。舒尔茨回复说："工作环境让人感到无望。我发现组建一支安全方面的队伍太难了。这是一个让人疲惫不堪的局面。总是遭到攻击。没有人支持我。我感觉我是一个局外人，单打独斗。可能换成别人，会做得更好一些。"里甘认为国际舞台上的一场大"博弈"即将到来，这给舒尔茨留下了深刻的印象。白宫需要一个"不偏离、不低效、不诽谤"的团结一致的内阁。里甘还补充道，总统就要"平息各种争论"。舒尔茨明白这一切。事实上，是他怀疑里根不会以必要的坚定态度采取行动，才决定辞职的。但是，他态度缓和下来，同意过些日子再谈；一返回华盛顿，他就撤回了辞职信，为下一阶段的斗争做好准备。[33]

1986 年 6 月 16 日，当原定的谈判在日内瓦重新开始时，里根签署了一项指导美国代表团的指令。代表团谈判者将着重强调美国研究、建设和试验防御计划的权利。里根希望从 1991 年开始部署该计划；他想要重申与苏联共享技术的承诺。[34] 在另一项指令中，他强调其"大战略"是要在防止苏联全球力量扩张的同时，避免核战爆发。威慑将成为美国政策的核心。阻止中国与苏联关系缓和也仍符合美国的利益。在抓紧继续推进战略防御计划的同时，美国战略核力量的现代化应该被放在优先地位。[35]

与此同时，在格里涅夫斯基指出美国十分重视就欧洲大规模军队行动建立协商一致的通报和核查程序之后，戈尔巴乔夫正在从他的总参谋部获取新的让步。戈尔巴乔夫赞成这样做。他让扎伊科夫和阿赫罗梅耶夫制定出合适的指导方针。阿赫罗梅耶夫安静地拒绝服从，而且在 1986 年 6 月 21 日的扎伊科夫委员会会议上，气氛也十分不和谐。政治局委员兼外交部部长谢瓦尔德纳泽激烈地辩称美国的要求是没有害处的。阿赫罗梅耶夫的抵抗在当天土崩瓦解。[36] 然而，总参谋部和克格勃仍旧担忧美国的检查员会窥探苏联军事设施。[37] 他们指责格里涅夫斯基偏离了他的指令范围。国防部部长索科洛夫呼吁苏共中央控制委员会调查此事。格里涅夫斯基向谢瓦尔德纳泽承认，在一些技术层面，他逾越了指令。谢瓦尔德纳泽本人曾鼓励其部门在修正外交政策方面大胆而激进，而且他讨厌让其他人因为追随他而受苦。相反，他去找戈尔巴乔夫，重申了支持新通报和核查程序的主张。戈尔巴乔夫因而驳回了对格里涅夫斯基的指控。[38]

阿赫罗梅耶夫告诉格里涅夫斯基，伏尔加河以东的很多苏军师团在兵力和装备上都处于劣势，"我们不能让外国人看到所有这些差耻"。格里涅夫斯基反驳道，他本人作为一名爱国者，对核查程序表示欢迎，因为它可以减少师团数量，并且保证余下师团得到适当供给。[39]

政治局委员们于 1986 年 8 月 7 日会面听取他们的反对意见。

当格里涅夫斯基说核查将能使苏联发现美国武装部队的关键信息时，阿赫罗梅耶夫气得涨红了脸，怒斥格里涅夫斯基犯下了叛国罪。[40] 戈尔巴乔夫听不下去了，说："好吧，那我们这里有什么？你是总参谋长，现在你去想法子整顿军队，这样就不需要邀请美国人来让我们的军队变得有秩序。"[41] 他提醒阿赫罗梅耶夫注意，是政治领导人，而不是军事指挥官，做最终的决定——并且他告诫他要坚守自己适当的职责范围。政治局同意并认为没有必要进行举手表决。离开会场时，阿赫罗梅耶夫冲着格里涅夫斯基大喊道："武装部队永远，永远，永远都不会原谅你的！"[42] 那天晚上，格里涅夫斯基说服谢瓦尔德纳泽安排阿赫罗梅耶夫前往斯德哥尔摩，为核查制度发声。如果苏联元帅口头表示支持，美国人将会深受感动。政治局赞同这一想法。[43] 虽然阿赫罗梅耶夫发着脾气到了瑞典，但是他仍然认真地履行了自己的职责，这让美国代表团向华盛顿汇报时，说了他不少好话。[44]

阿赫罗梅耶夫与戈尔巴乔夫的关系得以维系的原因在于，政治局坚持认为除非美国人同意苏联关于战略防御计划的条款，否则两国不会达成核武器协议。[45] 尽管阿赫罗梅耶夫是1月宣言第一个版本的作者，但是他一直对达成削减军备条约的可能性持怀疑态度。他认为美国人不太可能会接受戈尔巴乔夫的让步。他愿意等着看看里根会作何反应。

1986年9月2日，华盛顿和莫斯科之间出现了一个新难题，苏联当局逮捕了一名在莫斯科当记者的俄裔美国人尼古拉斯·丹尼洛夫（Nicholas Daniloff）。他们指控他是一名中情局特工。美国政府否认了这一指控，并警告说除非释放丹尼洛夫，否则里根和戈尔巴乔夫的峰会就会取消。双方开始激烈地相互指责。虽然严格说来，丹尼洛夫并不是间谍，但毋庸置疑的是，他将从苏联市民那里得到的信息传给了美国大使馆。他不知道的是，中情局也牵涉其中。中情局莫斯科站站长斯特罗姆博（Strombaugh）在莫斯科打电话时曾不小心提到了丹尼洛夫这个名字。克格勃因此断定，丹尼洛夫是一名情报特工。戈尔巴乔夫给里根写了一封简短的信，声称他们不应该让这种干扰军备谈判的事情发生。中央情报局的工作失误让里根和舒尔茨感到震惊。但是，里根仍然决定确保这位无辜的美国人免于牢狱之灾。9月12日，美苏达成妥协，丹尼洛夫被交付给美国大使馆，同时一位苏联间谍——根纳季·扎哈罗夫（Gennadi Zakharov）被释放出狱，并被转交给了驻纽约的苏联外交官。

9月18日，谢瓦尔德纳泽飞往美国，准备在联合国全体大会发表演讲。他在接下来的两天与舒尔茨举行了会谈，并将戈尔巴乔夫的信转交给了里根。戈尔巴乔夫着重讲了强化《反弹道导弹条约》和将战略防御计划限制在实验室里的愿望。他强调在将英国和法国核导弹排除在其近期提案之外方面，他是多么灵活。他要求在当年晚些时候举行的正式峰会召开之前，先与里根见面——他觉得伦敦或雷克雅未克是不错的地点。[46]

舒尔茨向谢瓦尔德纳泽保证，里根理解苏联对战略防御计划的担忧。他描述了切尔诺贝利灾难让美国人何等惊恐，说所有人都明白任何一种核战都会是一场灾难。舒尔茨开玩笑说，只要他能说服珀尔，美国政府就能达成一致意见——他又补充道，如果珀尔生出了事端，他会扭断他的头。[47]珀尔到达会场时，谢瓦尔德纳泽打趣说，重型火炮来了。真是一语中的。珀尔质问道为什么克里姆林宫要建设克拉斯诺亚尔斯克雷达站，违背《反弹道导弹条约》。谢瓦尔德纳泽说，如果美国人愿意探讨一下他们在格陵兰岛的雷达站，那么苏联愿意谈一谈克拉斯诺亚尔斯克。[48]他要求珀尔重新考虑一下其对卡斯特罗领导的古巴的敌意（珀尔，仅此一次，选择了不作回应）。[49] 地区争端受到关注；但是谢瓦尔德纳泽和舒尔茨只在两伊战争问题上立场一致——即便如此，他们也不同意发表一份联合声明。针对其他地区冲突，双方产生了争吵。美国人认为只要古巴从安哥拉撤军，非洲南部就会一切太平，谢瓦尔德纳泽一方对这一观点十分恼怒。唯一让谢瓦尔德纳泽感到安慰的是，舒尔茨没有提及阿富汗问题。[50] 里根也对此只字未提，但他还是强调了对战略防御计划的坚持。当总统同意戈尔巴乔夫在峰会前见面的提议时，一缕微光照了进来。

在地点选择上，大家又争执了起来。舒尔茨猜想里根会更中意伦敦，在那里他可以联系撒切尔夫人。相反，他却为雷克雅未克展开"游说"。[51] 戈尔巴乔夫同意定在雷克雅未克。雷克雅未克是一个中立国家的首都，与美国东海岸和俄罗斯中部的距离大致相等，而且其地理位置上的孤立性将使领导人免于打扰。

戈尔巴乔夫并没有过于乐观地看待自己面临的机遇。1986年9月26日，他对谢瓦尔德纳泽和其他领导人说，很多重要的美国人希望加剧国际紧张局势，防止苏联增强自身实力："所以，同志们，没人会帮助咱们的。"[52] 他决定在雷克雅未克大胆一搏，让规划组——切布里科夫、扎伊科夫、科瓦廖夫、阿赫罗梅耶夫和切尔尼亚耶夫——起草里根不可能立即拒绝的提案。[53]1986年10月3日，在克里米亚短暂休息之后，戈尔巴乔夫与切尔尼亚耶夫议论着在会面之前，他还可以做些什么。切尔尼亚耶夫强调了大胆和简单的好处；他建议戈尔巴乔夫借助号召快速且大幅度地削减核武器库存，让里根无路可退。在他看来，戈尔巴乔夫应该赞成里根针对中程核武器的"零点方案"，并提议在削减军备的第一阶段适当减少战略武器。切尔尼亚耶夫说，如果戈尔巴乔夫能说服里根放弃测试实验室成果的权利，战略防御计划就不再是威胁。[54]

1986 年 10 月 4 日，在对规划组讲话时，戈尔巴乔夫专注于内外政策的联系上："我们的目标是瓦解下一阶段的军备竞赛。如果我们不这样做，我们面临的危险就会继续增大。但是我们在具体问题上，甚至是重要的问题上都没有做出妥协，因而我们正在丧失对真正重要问题的把控。我们将会被拖进一场非可持续性的竞赛，而且由于我们的发展潜力有限，我们将会成为失败的一方。"[55]戈尔巴乔夫的目的在于探测出美国人的战略防御计划究竟在多大程度上是在说大话，此外他会警告说，苏联能够做出有效回应。他将呼吁将战略武器数量减半——这会让美国人很尴尬，因为他们只赞成削减30%。[56]在中程导弹方面，由于潘兴-2导弹就像手枪一样指着苏联的头，因此戈尔巴乔夫想把全部的中程导弹撤出欧洲。他愿意推迟有关法国和英国的核力量以及苏联部署在亚洲领土上的导弹的谈判。[57]他要求起草关于地区冲突、化学武器和人权的新草案。[58]在人权方面，他打算把重点放在美国的侵权问题上。他想呈现出苏联好的一面。他计划放松苏联在出境签证方面的规定，允许离开苏联的移民自由地回来旅行。[59]他让规划组着手设计适合一位总书记阅读的材料，而不是给专业的武器谈判专家。[60]

戈尔巴乔夫命令苏联媒体不要把希望抬得过高。[61]加拿大前总理皮埃尔·特鲁多曾建议他记住里根所受到的限制。"某些势力"让他得以入主白宫，他不可能忽视这些势力。[62]美国的苏联问题专家、从波兰叛逃出来的塞沃林·比亚勒（Seweryn Bialer）告诉雅科夫列夫，戈尔巴乔夫如果想用花言巧语诱使里根放弃战略防御计划，那么他是在白费力气[63]（当然，戈尔巴乔夫也认识到了这一点）。加拿大总理布莱恩·马尔罗尼向谢瓦尔德纳泽保证说，里根真心希望和平，值得信赖。但令人不安的是，他还说，在与美国人打交道时，他有时感觉自己就像一个精神分析师！马尔罗尼警告说，苏联侵犯人权问题一直是两个超级大国和解的重要阻碍。按照他的说法，里根真的相信美国军事实力在1981年以前就已经衰落了。谢瓦尔德纳泽承诺说，戈尔巴乔夫将本着灵活多变的精神前往雷克雅未克，带着很多"让步"抵达。[64]

政治局在1986年10月6日议程表上的第一件事就是苏联核潜艇舰队中的一艘核潜艇在马尾藻海消失了。有人担心美国可能会进入潜艇，获取技术秘密。葛罗米柯想要宣布还没有发生环境损害。切尔诺贝利发生事故之后，这不是戈尔巴乔夫想要听到的建议。他要说的只是"专家们正在研究事故后果"。[65]

政治局的规划组——此时包括扎伊科夫、切布里科夫、索科洛夫、多勃雷宁、雅科夫列夫和科瓦廖夫——递交了戈尔巴乔夫此前要求的谈判方针。他们强调美国的公众舆论正迫切要求美国政府与苏联达成协议。规划组建议戈尔巴乔夫把削减军备的方方面面都联系起来。[66]戈尔巴乔夫让政治局委员们在下次开会前对此做出回应。[67]当他们在10月8日再次聚集起来时，他承认谈判有可能会破裂。但他仍然持乐观态度。他认为，里根明白美国"鹰派"的建议会让自己在全世界的舆论中得不到任何好处。葛罗米柯发表意见说，之前在欧洲部署SS-20导弹的决策是"一个非常低级的错误"。这是外交部前部长一次令人难忘的论调转变。至于谈判策略，利加乔夫同意戈尔巴乔夫的提议，就是提出一揽子方案，把苏联的要求都整合在一起。但是，他也认识到如果里根显得很尴尬和棘手，那么戈尔巴乔夫就需要在雷克雅未克保持一定程度的灵活性；他建议如果总书记同意双方削减一部分核武器，苏联领导层应予以接受。关键是要保持住势头，以后取得进展。[68]

谢瓦尔德纳泽仍然认为，美国人会坚持把切割一揽子计划作为未来取得进展的条件。他比戈尔巴乔夫在更晚近的时间里与他们交流过，而且明白里根早已把自己的"个人声誉"放在防御计划上。[69]他希望能够说服戈尔巴乔夫停止要求美国人用放弃战略防御计划来换取裁减核装备的协议。[70]相反，总书记并不这么认为，他的目标是在一个单一的综合方案的基础上进行谈判。他指望着自己能说服总统将防御计划的研究和测试限制在实验室里。里根真的想要一份美苏双方大幅度削减核武器的奖励吗？他希望把总统拉入他的裁军计划轨道上。

/ 第二十章　雷克雅未克峰会

随着雷克雅未克峰会日益临近，华盛顿的准备工作紧锣密鼓地进行着。苏珊·马西（Suzanne Massie）问里根想从俄国人那里得到什么，里根脱口而出："我想摆脱那些原子武器，所有！"[1] 1986 年 10 月 2 日，里根任命里甘和波因德克斯特掌管最终确定的几个计划小组。他让他们谋划一些策略，以使他把自己的立场告知戈尔巴乔夫。[2] 舒尔茨因联合国的事务留在了纽约，因而写信给里根，建议他不要带太多人参加与戈尔巴乔夫的讨论会。他提议说，里根应该把与其一同前往冰岛的主要人员限定为波因德克斯特、里甘和舒尔茨本人。舒尔茨敦促里根抓住主动权。他预计这次会面很有可能会解决当前在中程核武器上所面临的难题，进而把谈判推进到战略武器上。他还劝告里根，要对戈尔巴乔夫可能会攻击他在 5 月 27 日发表的宣告——《第二轮限制战略武器谈判条约》到期后，美国可能不会再恪守该条约——有所准备。尽管如此，他仍强调说有理由乐观地对待此次会面。自就任总统以来，里根就坚决反对迎合苏联的要求。现在，里根从一贯的坚持中收获回报的机会来了。[3]

里根的好朋友巴尼·奥德菲尔德（Barney Oldfield）祝他旅途愉快。奥德菲尔德回忆说，他最后一次飞往凯夫拉维克机场还是在 1953 年，当时的工作是去解决一个版税纠纷，让当地无线电台停止向美国军事基地的部队播放平·克劳斯贝（Bing Crosby）的《白色的圣诞节》。里根听完给他讲了一个反共产主义的笑话，并且向他推荐了自己刚刚读完的汤姆·克兰西（Tom Clancy）最新的惊悚小说《红色风暴》（*Red Storm Rising*）。[4] 他的朋友，电影演员查尔顿·海斯顿（Charlton Heston），给他寄了封短笺，建议他："去了冰岛，不要眨眼。"[5] 尽管海斯顿的口吻友善而充满敬意，但是他毫无疑问与总统的保守主义官员们有着一样的担心：里根可能会在冰岛做出不恰当的让步。里根将这句忠告铭记在心，并把他的发言人莱恩·诺夫齐格（Lyn Nofziger）叫来，在总统生活区单独见面。正常的程序是其他人也应在场，以防偏离官方政策路线。里根想要和某个说话不会转弯抹角的人来一次坦诚、私密的聊天。一向直言不讳的诺夫齐格回忆说，许多里根主义支持者都担心他可能无法抵抗住戈尔巴乔夫，以及戈尔巴乔夫"可能会威吓他"。里根告诉诺夫齐格无须担心，他在美国演员工会工作的时候就已经知道怎样和共产主义者打交道；他相信自己能对付总书记。[6]

焦虑不安的情绪继续在当初助他竞选成功的很多政治家和支持者当中蔓延。这次峰会的前景促使爱德华·特勒（Edward Teller）和国会议员吉姆·考特尔（Jim Courter）敦促他为战略防御计划增加资金；而且还解释说，他们担心苏联可能会资助和研发相同的项目。[7] 离散在外的立陶宛人呼吁他要求戈尔巴乔夫废弃斯大林在20世纪40年代对他们国家的合并。[8] 里根对这些要求并没有放在心上，直到《新闻周刊》（*Newsweek*）的保守主义专栏作家乔治·威尔（George Will）写了一篇文章，嘲讽"莽撞地冲向峰会"。总统决定邀请他到白宫谈话。见面后，里根就指出近些年来，没有哪一位总统能像他那样有决心挫败苏联领导层。他的镇定自若打消了威尔的疑虑，也让媒体界的骚动平息下来。[9] 此外，里根还努力打消国会中很多议员的疑虑。按照峰会前的传统，他向由发言人蒂普·奥尼尔（Tip O'Neill）和参议员罗伯特·多尔（Robert Dole）领导的小组做个人简单汇报。他希望借此让国会各党派都相信，总统坚定而坦诚地对待自己的目标。里根强调他对美国国家利益的构想一直都是开诚布公的。他承诺在冰岛不会做出任何让人们感到意外的事情。[10]

当然，美国政府中没有人能预测到苏联领导人会做什么以及怎么做。克里姆林宫在雷克雅未克对话开始前，一直讳莫如深，没有透露任何消息。戈尔巴乔夫行事谨慎，不再像之前那般张扬。他在做什么？华盛顿的担忧是他喜欢制造惊喜，在雷克雅未克可能也会这样做。1986 年 9 月下旬到访纽约时，戈尔巴乔夫的一位顾问——学者格奥尔基·阿尔巴托夫（Georgi Arbatov）告诉亨利·基辛格，谢瓦尔德纳泽不久之后就会带着戈尔巴乔夫的新理念过来解决战略防御计划问题。基辛格立即打电话给国务院，告诉他们这一消息。[11]谢瓦尔德纳泽对加拿大人说，戈尔巴乔夫将带着一些"妥协变体"去冰岛。[12]然而，这只是让美国人确信，总书记正在策划一些计谋，因此总统和他的同行人员需要时刻保持警惕。波因德克斯特认为戈尔巴乔夫将试图"破坏西方对苏联采取更强硬政策的共识"。戈尔巴乔夫曾暗示愿意在与美谈判时不涉及英法核武器库存问题。或许他还会进一步在战略防御计划上改变立场。里根的官员们每每讨论可能的结果，都会产生分歧。[13]在冰岛会面之前，戈尔巴乔夫已经在心理上获得了优势，美国方面开始担心他可能会战胜总统。

美国方面的焦躁不安是可以理解的。总书记违反了举行峰会的规矩，即双方应提前告知对方己方议程。他认为，他有很大的机会凭借自己的思想和个性来影响里根——而这正是美国右翼所担心和惧怕的。在他看来，里根在他们的秘密通信中避开了他用于公开场合的反共产主义论调。[14]里根本人则担心会受到他自己的保守主义同事和支持者的批判。他禁止官员在没有得到他的允许的情况下对媒体透露消息——他要避免重蹈温伯格在日内瓦峰会之前制造麻烦的覆辙。10月7日，总统在国家安全规划小组举行了一次筹备性讨论会，温伯格和凯西出席了会议。[15]他们两人都不会去冰岛。里根打算带着舒尔茨以及站在他这边的一小队人前往。另外，他还想表现得更商务一些，尽量少参加社交活动。里根压抑了自己对此次峰会任何高的期望。尽管希望是一次建设性的对话，但他并没有指望在冰岛签署协议。[16]

10月9日，苏联和美国代表团飞往凯夫拉维克机场。冰岛海军阻止了绿色和平组织的船只"天狼星"号进入雷克雅未克港口，因为在切布里科夫的建议下，戈尔巴乔夫和他的随从人员住进了两艘苏联船只里，其中包括一艘客轮"格奥尔基·奥茨号"（Georgi Ots）。这是一种防止被窃听的预警措施。[17]里根住在美国大使的宅邸，其他同行官员则入住了附近的霍尔特酒店，并在旁边的学校大楼里设立了办公室。总统在第二天一早会见了他的高级官员们。[18]他和舒尔茨在"气泡"（"bubble"）里谈了很久，那是一种反窃听装备，用一种5英寸厚的透明塑料制成，里面可以同时容纳6人。里根开玩笑地说："天呐，看看，如果放一个小水泥塑像进去，再把它倒满水，我们就可以在里面养金鱼了。"里面空间狭小，相对而坐的官员们膝盖顶着膝盖。[19]舒尔茨仔细检查已商定好的谈判立场细节，即坚持总统在日内瓦峰会上提出的立场。[20]其他政府部门则对舒尔茨能在远离美国的地方如此近距离地接触里根十分嫉妒。舒尔茨预料到会有一些麻烦事。果不其然，中央情报局的一份报告被交到了总统面前，指出苏联指挥官们正在考虑暗杀戈尔巴乔夫。这在美国代表团中引起轩然大波。当然，它的本意正是如此。[21]

在接下来的一整天里，双方代表团都在为两位领导人的会面做准备。一大堆的简报文件被送到了"格奥尔基·奥茨号"和霍尔特酒店。[22] 戈尔巴乔夫和里根对他们的谈判策略做了最后的调整。里根与舒尔茨、波因德克斯特和里甘一同吃了晚饭。美国大使馆和苏联客船里的情绪越来越高昂。虽然这并不是一次正式的"峰会",但是总统和总书记都感受到了人们的期待所带来的压力。他们两人都喜欢有妻子陪伴左右,但是只有赖莎来到了雷克雅末克。她一醒来就去游览了冰岛的间歇泉。[23] 南希·里根后悔她错过了这趟旅行;她指责赖莎"有点儿高人一等"。[24]

按照约定,1986 年 10 月 11 日,总统将扮演东道主的角色,在霍夫蒂酒店举行第一次会面,上午 10 点 40 分,他迎接了戈尔巴乔夫。他们私下谈了 1 个小时,一致同意将核查作为任何新条约的重要部分。这是一个不错的开头。舒尔茨和谢瓦尔德纳泽之后加入了他们。正是在这时,一些具体的提案才被摆到桌面上讨论,戈尔巴乔夫拿出了与近期政治局讨论结果相一致的新方案。他呼吁立即将战略核武器库存削减一半,马上全面清除欧洲的中程导弹。他没有坚持让法国和英国的武器也被囊括到这一进程之中;作为回报,他要求里根放弃对苏联将所有导弹撤出其亚洲领土的要求。此外,他还希望开启就射程在 1000 公里之内的导弹的谈判。他呼吁双方保证遵守《反弹道导弹条约》所规定的义务。与此同时,他当着里根的面明确表示,只要被限定在实验室之内,他可以允许开展外太空反弹道导弹防御项目的研究和试验工作。[25]

舒尔茨立即领会到,戈尔巴乔夫刚刚给出了一份"让人感动的"提案。[26] 但是,就像一位扑克玩家,他掩藏住了自己的愉悦,而且无论如何,都会是总统来发美国这边的牌。巧合的是,戈尔巴乔夫的建议也让里根心生好感。但作为一名有着丰富经验的工会谈判代表,他仍面无表情,让人难以摸透:他认为没有必要放松对苏联代表团的施压。

里根提了几个问题。他指出苏联领导人可能会顺势而为，偷偷地把他们部署在亚洲的中程核导弹向西移动，瞄准西欧。他还提倡对《反导弹弹道条约》做最宽泛的解释。他重申了一经完成，就分享战略防御计划的郑重承诺，并将此视为对世界和平的关键贡献："这么做的原因是我们无法保证未来某个人——一个疯子，比如希特勒——不会去试着制造核武器。"[27] 戈尔巴乔夫说，他希望这只是一些初步的言论，并呼吁进行建设性的对话。里根向戈尔巴乔夫保证，他的真实打算是在所有弹道核导弹被清除之后，再部署新的战略防御系统。因此他认为，苏联不应该担心会遭到第一次核打击。[28] 虽然里根认为这是一种和解的姿态，但是戈尔巴乔夫仍旧对防御计划不让步，而且不明白为什么里根对他的担忧无动于衷。随着争论继续，苏联在实验室问题上的让步也无人提及了。

两个代表团暂时休会去吃午饭，美国代表团转移到霍夫蒂酒店的"气泡"里探讨早上的进展。舒尔茨和其他官员精神振奋。尼采称这是近 25 年来苏联给出的最好条件。就连珀尔也承认，戈尔巴乔夫针对欧洲的导弹提了一个值得注意的建议，即便美国人仍要担心克里姆林宫可能会突然将其在亚洲领土的导弹转移到欧洲部分。[29]

下午，戈尔巴乔夫问里根是否接受将战略核导弹数量削减一半的提议。里根说接受，但有一个附加条件是任何协议都应使美苏双方保有同等的军事力量——简单削减一半将让苏联得以保留下的核弹头远远多于美国。他坚持其在欧洲和亚洲全面清除中程导弹的主张。[30] 戈尔巴乔夫问是不是如果苏联方面找到办法减少美国对苏联部署在亚洲的导弹的忧虑，里根就会考虑将他的"零点方案"限制在欧洲范围之内。此外，他还要求里根领会到他的灵活性，也就是指在战略防御计划实验室测试方面，他主动做出了让步。[31] 在承认美国在金融资源方面占据优势地位的同时，戈尔巴乔夫也预测说，苏联科学家将会发明一些方法去反击美国的防御计划。他并不相信里根会兑现其共享研究成果的承诺。如果美国人禁止将奶制品工业的技术转移给莫斯科，那么苏联领导人为什么要相信反导弹设备会不同呢？他辩称，无论如何，总统都没有理解他的整个战略防御计划真正意味着什么。这个老旧的话题仍让他们产生分歧。[32]

舒尔茨看到了好的一面。当天晚上，坐在豪华轿车里返回霍尔特酒店时，他朝着助理希尔大声说道："查理，这真是激动人心的一天！居然谈了这么多！"[33] 由尼采和阿赫罗梅耶夫领导的武器削减工作组尝试在第二天谈判开始前缩小分歧。霍夫蒂酒店里的讨论一直持续到下半夜。双方代表团占据着二楼，里根和戈尔巴乔夫会面的房间在一楼。在楼梯尽头，美国人的房间在左侧，苏联人的房间在右侧[34]（冰岛人很有政治幽默感）。美国代表团的"气泡"装备让人眼前一亮，但是其他设备就乏善可陈。理查德·珀尔不得不卸下门板，放在浴缸上，作为临时的桌子。他和其他同事不想接通他们的电子打印机电源，担心克格勃可能会监测到他们正在打印的内容。这真是一项紧张而繁重的工作。在霍夫蒂酒店，美国人只带了一名专业秘书；而且复写纸很快就用完了，不得不向苏联代表团借一些过来。舒尔茨听到阿赫罗梅耶夫开玩笑地说道："好吧，苏联技术又一次解救了他们！"[35]

阿赫罗梅耶夫基本上不会让他的同僚插话。[36] 但是他为了达成一份协议没日没夜地工作，当大家气急败坏时，是他让大家冷静下来。[37] 珀尔注意到他是多么尽心尽力。尼采在美国代表团里没有像阿赫罗梅耶夫那样的威望。事实上，疑神疑鬼的罗尼迫使他起草了没有考虑戈尔巴乔夫夏天时提出的让步的草案。凌晨2点时，会议暂停，美国代表团成员们来到了霍尔特酒店舒尔茨的房间里，理清思绪。尼采的汇报惹恼了舒尔茨，舒尔茨说："我自己的代表团居然和我对着干。"最终大家决定不去叫醒里根。相反，舒尔茨让尼采返回谈判桌前，在3点双方到齐后，开始适当地谈判。[38] 尼采和阿赫罗梅耶夫就评估双方战略核武器规模的方法达成了一致意见；因为涉及大量不同型号和性能的武器，所以评估工作极其复杂。谈判的障碍不难猜到。阿赫罗梅耶夫反对战略防御计划，尼采则反对苏联在其亚洲部分部署核导弹。10小时过后，这些问题仍然没有得到解决。[39]

早上起床后，戈尔巴乔夫很清楚地知道，只有他和里根才能打破僵局。谈判再次开始，他的开场白这样说道，正如《圣经》所写，上帝创造世界需要七天的时间，会谈才刚刚进入第二天，还有很多工作要做。里根回应说，既然是星期天，美苏两方的成员们都工作了这么长时间，应该好好休息一下。[40] 在对工作组的工作陷入僵局表示遗憾之后，戈尔巴乔夫明确地对里根说，如果他认为苏联比美国更需要削减军备的话，那他就错了。苏联高层不会屈服，而且雷克雅未克会谈提供的机会不会再有第二次。[41] 在快速和谢瓦尔德纳泽商议之后，戈尔巴乔夫宣布苏联将同意在亚洲仅保留100枚核弹头。他要求里根做出同等的让步，即承诺美国在未来十年里继续遵守《反弹道导弹条约》。他指出他已经表示了善意，接受了美国在实验室范围内测试战略防御计划的权利。[42] 里根回复说，防御计划的全部目的是使发动核战争完全不可能，进而让签订条约成为多余之事。双方都不肯退让。[43]

总统告诉总书记，美国和苏联即便"互不信任对方"，也可

/ 216

以成为"友好的竞争者"。[44] 他欣赏戈尔巴乔夫与前几任总书记的不同，不会大谈以构建一个共产主义世界为己任。这些言论并没有起到安抚戈尔巴乔夫的作用，相反，他注意到里根在媒体报道中仍然相信苏联是一个邪恶帝国。随着气氛越来越焦灼，舒尔茨把讨论议题转移到制定一份关于战略和中程武器的联合声明上。戈尔巴乔夫和里根至少可以在这一点上达成一致。[45]

两位领导人都感到十分沮丧，戈尔巴乔夫非常惋惜他们错过了一次历史性机遇。里根将话题转到了人权和经济上。他问道，为什么苏联没有履行《长期粮食协议》所规定的义务，购买最低限额的美国小麦。戈尔巴乔夫坦率地回复说，世界油价的崩溃限制了莫斯科的购买机会。[46]

总统和总书记在当天下午举行了闭幕会谈。舒尔茨在此之前与谢瓦尔德纳泽进行了会谈，最后一次尝试就战略防御计划达成共识。双方缩小了分歧，但是依然未能完全消除它。现在只有里根或戈尔巴乔夫转变立场，协议才能达成。戈尔巴乔夫想要再试一次。他宣读了一份提案，在未来五年里，将所有的研究、开发和试验都限定在《反弹道导弹条约》的框架之内——而且在同一时间内，苏联和美国将战略进攻性武器数量削减一半。他呼吁在十年之后，完全清除此类武器。里根听后回应说，他希望在未来那个时间点上，美国能够部署它的战略防御计划。戈尔巴乔夫拒绝做出更多的退让。谈判再一次陷入僵局。[47] 里根不理解为什么苏联反对他部署一个纯粹的防御性系统；戈尔巴乔夫问，一旦全世界的进攻性核武器都被消除，为什么美国还需要这样一个系统。双方距离达成协议如此之近，距离决定性地消除自20世纪40年代后期一直笼罩着全世界的威胁是如此之近。

再回到防御计划上，戈尔巴乔夫恳请里根明白，下一位美国总统可能会改变他和里根达成的任何政策协议。苏联需要依据可靠的预判制订计划。里根回复说，他要做的是，规避"某些人追赶上来并且想要重新开发核武器"的危险。[48] 他接着问道，为什么苏联政府拒绝拆除克拉斯诺亚尔斯克的预警雷达站；他还表示，美国军队"没有抵抗核武器进攻的单一防御手段"。10 年之后，他强调说，他本人将变成一个年迈的老人。他盼望着那时与戈尔巴乔夫一同重返冰岛，每人手里拿着各自国家的最后一枚核导弹，然后"他们将为全世界举行一场盛大的派对"。里根还开玩笑说，如果要每天担心被苏联导弹攻击，那他肯定活不到 100 岁。[49] 休息时间到了，双方代表团各有 1 个小时的时间进行最后的内部协商。会议重新开始后，里根谈到了"美国人内部相处遇到的麻烦"。[50] 两位领导人开始变得乐观起来。他们在战略和中程导弹方面近乎达成谅解，并相信双方代表团在日内瓦能够解决必要的细节问题。在霍夫蒂酒店，双方谈判的确取得了很大成果。[51]

戈尔巴乔夫做了最后一次尝试，急切地要求里根就战略防御计划做出让步。里根说，他不能对美国人民食言；他否认了美国想要在太空部署武器，并且再次申明在实验室之外测试这项技术是必要的。戈尔巴乔夫反击说，这项计划很明显会牵涉太空武器。里根没有退让。当戈尔巴乔夫问这是不是他的最终决定时，里根给出了肯定的回答，并热切地要求戈尔巴乔夫去了解美国的政治程序。他说，如果苏联人民批评总书记，他们就要去坐牢。戈尔巴乔夫回应说，里根应该去看看现在苏联媒体正在报道的东西。里根认为那都是一些浮夸之词，不应理会，并提醒戈尔巴乔夫注意，美国的政治右翼（包括记者们）正在"对他口诛笔伐"。无论如何，战略防御计划对他而言都太重要了。戈尔巴乔夫说，里根离成为一位伟大的总统仅有几步之遥，当美国和苏联人民纷纷对他报以赞许，又何必为右翼的批判而烦恼。谢瓦尔德纳泽补充说，未来的世世代代都不会原谅今天在雷克雅未克的失败。里根仍旧无动于衷，拒绝让步。他给国务卿写了张纸条："乔治，我是对的吗？"舒尔茨写了"是"，还加了一条下划线。[52]

他们的离别之言有种辛酸的意味。根据苏联的记录，里根说："很遗憾，我们不得不这样离开。我们差一点就能够达成共识。无论如何，我想你并不想达成一份协议。我很遗憾。"戈尔巴乔夫同样沮丧，回应说："我也很遗憾谈判以这样的方式结束。我想要一份协议，而且竭尽了全力。"里根总结说："我不知道何时会再有这样的机会，也不知道我们是否很快会再次相见。"戈尔巴乔夫说："我也不知道。"[53]美方的记录则没有这么具体，只是说在总书记让里根转达他对里根夫人的敬意之后，总统就站了起来。[54]在外面的楼梯上，他们再次聊了起来。里根说："我仍然认为我们可以达成协议。"戈尔巴乔夫冷淡地回复道："我并不认为你想要这份协议。我不知道还能做些什么。"里根立马说："你本可以说'是的'。"之后戈尔巴乔夫总结性地回了一句："我们不会再见面了。"[55]

里根直奔"空军一号"，错过了为自己在谈判中的表现做辩护的机会。这是个前所未有的疏忽。众所周知，这位"伟大的沟通者"（The Great Communicator）在寻找机会向美国公众解释自己方面有着非凡的能力。他在日记中安慰自己："好吧，下一步就看他的了，我相信当他看到全世界的反应时，就会改变主意的。"[56]他真的非常失望，也筋疲力尽。戈尔巴乔夫同样感觉如此，但他还是克服了自己的坏情绪，在一个半小时之后举行了一场新闻发布会。他说明了自己的初衷，以及整个谈判过程，不断强调苏联领导层为了和平做出了多少努力。尽管没有直接批评，但他强调里根错失了实现其"零点方案"的机会。[57] 舒尔茨意识到戈尔巴乔夫的发言会在全世界范围内给美国的事业造成损害。他也安排了一场记者见面会，并宣布雷克雅未克峰会对美国、盟友和全球和平而言，都是一次胜利。在当天晚些时候的新闻发布会上，他赞颂了里根总统的"杰出"表现，并为他坚守自己对战略防御计划的承诺而喝彩。他避免了对戈尔巴乔夫的任何指责，说："我认为他们都是心怀诚意而来。"他没有排除两国领导人最终将会签署协议的可能性。[58]

插　曲

雷克雅未克会议是"首脑峰会之前"的会议。后来，所有人在认识到它的重要性之后，都称它为一次峰会。戈尔巴乔夫在会上第一次系统性地、详细地说明了苏联关于核武器的谈判立场。这使得他和里根能够仔细审视他们之间的很多分歧。的确，他们差点儿就达成了一份总体协议。但是戈尔巴乔夫太过强硬，而里根也丝毫不退让。每个人都感到非常失望。

在苏联民航总局返回莫斯科的航班上，戈尔巴乔夫思考着里根的所作所为。在他看来，美国的保守主义团体肯定在加以阻挠，以至于总统无法真正"自由地做决定"。他认为"西方的某些政治圈子"有一种根本性的误解："第一，俄国人害怕战略防御计划，因而可以做出任何让步；第二，与美国相比，我们对裁军的兴趣更大。"然而不可否认，这次峰会取得了很多进展。苏联和美国已经在原则上同意了大幅度削减远程和中程核武器的计划。双方仍有机会取得进一步的进展，因而戈尔巴乔夫认为这就证明了他坚持全面的一揽子方案的决定是合理的。他在《反弹道导弹条约》和战略防御计划两个方面给里根施加压力。他强迫美国人公开他们的思想基础。他认为他已经向欧洲人和世界其他地方的人民证明了，真正阻碍达成核裁军条约的是美国，而不是苏联。[1]

里根身心俱疲地回到了美国，但他同样相信自己追求的事业是正确的。第二天在黄金时段发表电视演讲时，他认为戈尔巴乔夫用战略防御计划破坏了此次会谈。接着又补充道："我仍旧乐观地相信双方是可以找到解决办法的。大门还是敞开的，消除核威胁的机会仍近在咫尺。"[2]他说，克里姆林宫需要迈出第一步。

白宫将坚定地执行其外交政策："与其把一份糟糕的协议带回家，还不如不签署任何协议。"[3]

很多政治右翼人士早已准备好谴责他。其中一个叫诺曼·波德霍雷茨（Norman Podhoretz）的人因里根挺直了腰板反对戈尔巴乔夫而感到如释重负："啊，上帝守护着美国；但事实是，里根的确开始沉迷于军备谈判了……而且削减核武器会对苏联更有利。可以说，对苏联而言，军备是他们经济的一部分，但更多是一种压力。"[4]乔治·F.威尔对里根在冰岛放弃与苏联的大交易表示感谢。他在《新闻周刊》上发表的文章仍旧延续了美国保守派的老腔调："安全的配方是保持你的火药不受潮，而且要有很多火药。"[5]威廉·F.巴克利（William F. Buckley）写了一封私信，说："只是想告诉你，承蒙天恩，你没有辜负我们对你的信任。"除此之外，他还在《国家评论》上发表了一篇颂词。[6]在政府内部，人们缄口不言，以示对总统的忠诚。但是很多人与波德霍雷茨和威尔持有同样的观点。理查德·珀尔在向爱丽舍宫通报谈判进展时，丝毫没有掩饰自己的看法。他显然认为里根坚持全面清除核导弹是一种灾难之举；他很感激总统提出了戈尔巴乔夫难以接受的条件，从而避免了灾难。[7]

安抚玛格丽特·撒切尔就不是那么简单了。1986年10月13日她与里根通话，当听到美国人已经和苏联探讨了全面清除核导弹时，她大发雷霆。她挑明这样做会让西欧陷入任凭苏联摆布的境地，因为苏联在常规武力和化学武器方面占据巨大的优势。撒切尔夫人坚持英国要保有其独立的核力量，以便让苏联人永远记得"一些英国导弹可能随时到达"。唯一让她感到宽慰的事情是，里根拒绝在战略防御计划上退让。在撒切尔夫人看来，这避免了北约的内部分裂。她让里根不要抱有美国有盟友是理所当然之事的幻觉。冰岛的谈判动摇了她对里根的信任。[8]

　　撒切尔夫人邀请密特朗到伦敦来，在那里她导演了对雷克雅未克会晤的猛烈抨击。里根的所作所为让她心烦意乱："一个字我都不信——他脱离现实了！总会有新的武器冲破所谓的战略防御计划盾牌。"她指责他毫无准备就去了冰岛。她担心戈尔巴乔夫可能会成功地让美国脱离北约。美国会冒毁灭芝加哥的风险，而仅仅去挽救巴黎吗？密特朗赞同撒切尔夫人的看法。他对民意调查的结果嗤之以鼻，嘲笑人们认为里根在冰岛态度坚决、立场坚定。他说真实情况恰恰相反。他指出，如果雷克雅未克达成了协议，他就会批准生产化学武器——会采取一切措施确保法国的安全。这一切都让撒切尔夫人很满意（这是与法国合作的蜜月期）。密特朗试着让她平静下来，坚称峰会将不会产生任何实际效果："不要担心。俄国人不可能略过战略防御计划问题。他们不会达成共识的。"她心平气和地讲了几句，但随后又大发雷霆："在雷克雅未克发生的一切就是一场灾难！"[9]

　　她收到了访问戴维营与里根会谈的邀请函。她曾希望在峰会召开之前访问美国，但是雷克雅未克会晤抢先了一步。[10]尽管在电话里撒切尔夫人毫不客气，但里根还是急切地欢迎她的到来。他从未介意过她的火性子。事实上，他喜欢这样，并且在随同人员加入会面之前，他还安排了与撒切尔夫人一对一的会谈。[11]撒切尔夫人及其顾问希望利用总统和首相之间的友好情谊。他们打算让里根认识到他在冰岛的立场的危险性。撒切尔夫人打算直言不讳。如果他真的要大幅度削减核武器，那么欧洲会因莫斯科在常规和化学武器上的数量优势而陷入不稳定。大家都明白，北约国家不可能会同意出钱改革它们的武装力量，以此来抵抗苏联的军事优势。[12]她和里根发表了一份联合声明，重申国防政策中的核威慑原则，甚至指明了常规武器和化学武器的不平衡；而且，里根私下里还向撒切尔夫人保证，美国将继续向英国提供三叉戟核导弹。[13]

无论怎样，她返回欧洲时比离家时要平静一些。她在爱丽舍宫告知了密特朗具体情况。现在，她承认在冰岛并没有发生什么灾难性事件。挽救了局势的是俄国人对战略防御计划的强硬态度。在她看来，俄国人这样做很愚蠢，这个为里根所钟爱的项目永远不会实现超过 20% 的效力。戈尔巴乔夫两手空空地回了家。她对这一结果很是欢喜。[14] 密特朗和她一样，决意保有核导弹，以抵御苏联军队的进攻。他告诉助理们，在雷克雅未克，"我们与灾难擦肩而过"。[15] 伦敦和巴黎政府的担忧很快在波恩产生了共鸣。西欧领导人担心如果美国人准备单纯地依靠战略防御计划，那么他们将转向——虽然并非故意——一种孤立主义政策。舒尔茨于峰会结束次日，在布鲁塞尔向北约盟友做汇报时，就听到了这种观点。他尽其所能地打消他们的疑虑；在返回华盛顿途中，他发了封电报给里根，强调说雷克雅未克会谈取得的进展赢得了他们的喝彩。[16]

舒尔茨希望总统不要低估自己在冰岛所取得的成就。他想呈现出一片欢乐景象。美苏双方就裁减不同种类核武器所达成的共识是前所未有的。舒尔茨又发了一封电报，重点说了他"确信，尤其是今天在布鲁塞尔与我们的盟友开完会之后，你事实上已经取得了惊人的成功"。[17] 他认为里根已经步步紧逼戈尔巴乔夫，让他做出了现在不可能反悔的重大让步。[18] 里根无意再关注这件事情。因此，舒尔茨不得不肩负起防止政府陷入困境的重任。[19] 他忙碌地穿梭于各大电视台，还在全国新闻俱乐部的午宴上发表演讲。[20] 他不断强调里根在峰会上取得的进展。在接下来的几周里，他继续在全国各地宣讲——1986 年 10 月 31 日在旧金山和洛杉矶做了两场演讲。[21] 他的主张是苏联之所以愿意谈判，全都是因为美国军事实力的增强和战略防御计划的向前推进。[22]

电视主持人和新闻专栏作家仍然对这种言论持怀疑态度，并认为舒尔茨对他们有所隐瞒。《华尔街日报》没有支持舒尔茨。《纽约时报》的编辑们也同样感到沮丧。在保守派圈子之外，很少有什么评论人士庆贺冰岛的胜利——而大多数保守主义者也只是对里根断然回绝戈尔巴乔夫的条件感到满意，而不是抱有什么积极乐观的态度。[23]

戈尔巴乔夫对里根的表现很不满意。在第一次向政治局汇报，讲到总统是如何丢弃了一次清除所有核武器的机会时，他满脸怒容。在他眼中，里根是"一个阶级敌人"，有着"异常的原始主义、类人猿的外表和智力缺陷"。戈尔巴乔夫视美国政府为一群"没有良知、没有道德之人"。美国人认为他之所以极力想促成协议，仅仅是因为苏联经济出现了问题，戈尔巴乔夫对此愤懑不已。他要教训他们一下："他们不知道我们会如何对付战略防御计划。"但即便如此，他从冰岛回来后，仍旧变成了"一个更乐观的乐观主义者"。他坚持着原来的战略，即让美国人接受一个全面的"一揽子计划"。他抓住了全球媒体的主动权，有望争取到西欧、反战运动和中立国家的支持，这些都让他增强了信心。[24] 政治局对听到的话很满意。唯一的警告来自扎伊科夫，他要求戈尔巴乔夫宣布苏联领导层不会减少对国防工业的支持。戈尔巴乔夫答应了这一要求。利加乔夫赞赏戈尔巴乔夫成功越过了西方政治领导人，而向全体民众发出呼吁。甚至葛罗米柯和切布里科夫也对政治局批准戈尔巴乔夫的总体决定表示认可。[25]

谢瓦尔德纳泽去往布加勒斯特向华约组织的其他外交部部长做汇报。他没有表露自己对戈尔巴乔夫策略的任何保留意见[26]，而且在与助手们讲话时，他对阿赫罗梅耶夫大加指责。他告诉他们总参谋长"背叛"了苏联领导层，他与珀尔合谋阻挡双方做出"妥协"。[27] 但事实上，他十分清楚问题在于戈尔巴乔夫坚持为一个全面的一揽子方案讨价还价。他讨厌一般的裁军问题被战略防御计划所"绑架"。然而，戈尔巴乔夫是总书记，谢瓦尔德纳泽明白他必须在自己制定的规则框架内行事。[28] 但是阿赫罗梅耶夫是如何施加这种影响力的呢？一直关注外交部事务的阿达米申认为戈尔巴乔夫一直不愿给他的军事指挥官施加太多压力。他似乎感觉需要把他们拉拢过来。尽管承认困难重重，但是阿达米申仍然认为总书记错过了机会："他的一个弱点就是允许自己分心。他在雷克雅未克就分了心。他在追逐天空中的大鸟时，忘记了手中攥着的小鸟。"[29]

　　戈尔巴乔夫和谢瓦尔德纳泽至少一致认为，在雷克雅未克峰会结束后，他们不应该停滞不前。1986 年 10 月 14 日，杜比宁（Dubinin）大使与舒尔茨进行了会谈，并向其转达了戈尔巴乔夫和谢瓦尔德纳泽的问候——峰会结束后，他与他们交谈过。戈尔巴乔夫想要让舒尔茨知道，他对在冰岛"良好的气氛"和"真正的进步"很满意。杜比宁得到的指示是探查里根反对将试验限定在实验室范围之内的原因是什么——他向舒尔茨解释说，戈尔巴乔夫认为这是一个让步，它会让美国人得以实践他们所渴望的所有研究。在此之后，苏联和美国领导人就可以在几年的时间里研究出一份双方均可接受的协议。戈尔巴乔夫愿意扩大"实验室"一词的定义范畴，以便涵盖试验试射场。但他的一个关键的前提条件是，美国人不得在外太空进行试验。他给舒尔茨传递的信息是，他已经在这个问题上表现出了灵活性，而且这种灵活性本应使在冰岛达成协议成为可能。他希望里根及其官员现在能够意识到他的提案的真诚 。杜比宁尝试着重启谈判，问谢瓦尔德纳泽何时可以再次与舒尔茨见面。[30]

戈尔巴乔夫打算继续让白宫难以拒绝他的提议。苏联允许美国对太空防御计划进行实验室研究，里根及其官员却对此提议缄默不语，这让戈尔巴乔夫感到极其失落。[31]他希望能够劝说西欧人向里根施加压力。本着这个目的，他计划出访伦敦和巴黎。谢瓦尔德纳泽也应该来一次欧洲之旅。他们力争减弱战略防御计划对苏联的威胁。[32]然而，事实上戈尔巴乔夫在当年冬天的工作安排使他无法抽身离开莫斯科。相反，谢瓦尔德纳泽得以到访维也纳，并与北约领导人举行了会谈。1986年11月4日，他恳请英国外交大臣杰弗里·豪明白，戈尔巴乔夫已经在防御计划上做出了很大的让步。[33]谢瓦尔德纳泽尽职尽责地执行着苏联官方的外交政策。[34]私下里，他敦促戈尔巴乔夫改变策略。必须尝试其他方法——而且，越快越好。

束缚住戈尔巴乔夫的因素之一是，他认为他需要得到总参谋部的支持。他明白阿赫罗梅耶夫从雷克雅未克回来后就遇到了麻烦。尽管政治局认为他是军事特权的坚定捍卫者，但在其他指挥官看来，他做了太多让步。他进退两难。在他向总参谋部军事学院发表演讲，并提出苏联的新军事思想之后，这一局面恶化得难以收拾。他赞成两个超级大国都将国防重点转向防御性战略规划，当务之急应该是防止爆发任何形式的战争。阿赫罗梅耶夫宣布放弃立即且全方位地报复美国的袭击的传统理念，提倡可能会持续几个星期的防御行动，这让整个学院大吃一惊。只有防御行动失败，他才会准许发动对美国城市群的核进攻。[35]阿赫罗梅耶夫颠覆了苏联的军事信条。演讲过程中，全场鸦雀无声。但是他的演讲一结束，就遭到了两个小时的挞伐。军官们一致恶语相向。阿赫罗梅耶夫意识到，如果他想继续当一个有实权的总参谋长，就不得不将学院人员纳入起草小组。[36]

他从来就不是一个无忧无虑的改革者。但是他意识到，时代变了，政治领导层不会再给武装部队 1985 年之前享有的自主权。他认为，他可以通过与戈尔巴乔夫讨价还价，来争取更多的自主权，而不是把他当作敌人。

这意味着政治局和总参谋部之间的紧张关系将会继续。双方都知道对方打的是什么主意。在政治局内部，委员们在研究关于雷克雅未克的报告时，气氛也是越来越紧张。1986 年 10 月 30 日，经历过无数次峰会的葛罗米柯自离开外交部后，第一次提出了批评。他不反对达成削减军备协议的目标，但要求给出在实验室研究和试验战略防御计划的明确定义。葛罗米柯暗示了一种担忧，也就是美国人可能会胜过戈尔巴乔夫。这激怒了戈尔巴乔夫，他回应道："那么，我们要做什么呢？终止谈判吗？"葛罗米柯没有退让，争论说要停止在要么全有要么全无的一揽子方案的基础上进行谈判。戈尔巴乔夫一心一意地坚持着他的策略。而且，他还认为其个人的贡献是至关重要的，说："日内瓦峰会将不会解决任何问题。那就是垃圾！"[37] 在他看来，峰会是美苏关系取得进展的唯一关键点。在战略防御计划可部署之前的几年时间里，他想吸引西欧政府联合发动一场反对该计划的运动。与此同时，他建议说，苏联必须看上去在谈判中占据强有力的位置。[38]

整个政治局一直都明白，问题就在于苏联经济面临巨大困难。与在里根面前伪装的样子不同，戈尔巴乔夫在与各部长谈话时，承认了财政预算仍然极度依赖油气出口，而且技术和生产能力长期落后。[39] 他认为，早就应该进行大刀阔斧的改革了。他告诉他们，他不会再批准新的大型项目，也不会提高工资。他唯一

/ 228

的条件是在社会有待从改革中取得物质利益时，零售价格应该保持稳定。但是，如果东欧和其他社会主义国家请求援助怎么办？戈尔巴乔夫毅然决然地说："不要给任何人承诺，不管他们要多少。"[40]

里根看不出缓和自己的立场会有什么好处。波因德克斯特支持他，并注意到杜比宁的暗示：苏联的谈判立场可能会有一些"弹性"。[41]总统等待着事态的发展。在他看来，如果美国主动让步，苏联会简单地收入囊中，而不会给美国任何重要的回报。他感觉到克里姆林宫至少开始直面它的问题了——冰岛谈判已经表明，苏联领导人意识到他们需要让苏联融入世界经济当中。他认为美国占据了上风。里根的想法是通过加快美国军队的现代化和继续防御计划的研究来保持主动。苏联政治正处于大动荡之中。白宫要做好准备应对戈尔巴乔夫突然在美国的条件下崩溃的可能性。里根命令参谋长联席会议在国防部的指导下，准备一份应急计划；他要求在 1986 年 12 月之前提交进展报告。此外，他还指示中情局密切注意政治局政策的任何新变化。[42]他的意思是要阻止戈尔巴乔夫设定谈判框架。如果克里姆林宫领导人想要和美国签订削减军备条约，他们就得满足他的基本条件。里根确认了在雷克雅未克联合工作小组商定的武器配额和类别清单。他决心让苏联方面忠于他们已经做出的妥协。[43]

就在里根等待着他的施压产生效果之时，美国政府又陷入了内部纷争。温伯格不喜欢听到关于冰岛会谈的讨论，试图在接下来的几周里强化美国的立场。温伯格反对这样的看法，即美国代表团在日内瓦峰会上应该针对在《反弹道导弹条约》框架下可以做什么这一问题进行谈判。他要求完全自由地进行战略防御计划的研发工作。舒尔茨不明白在这一问题上，美苏双方为什么连讨论都不可以。[44]除此之外，温伯格还敦促总统强调建立起可信赖的核查程序这一条件。如果美国同意削减军备，就必须确保拥有强有力的防御措施。他警告说，不要让人感觉美国为了一纸协议，就愿意退让。温伯格倡导实施强硬的政策。[45]凯西一如既往地与温伯格站在一边，他讨厌做出任何明确的清除全部核武器能力的承诺。凯西指出，并不是只有美国和苏联拥有这种武器；他力劝政府不要对如何实现有核国家之间的合作抱有太乐观的态度。在未来的岁月里，世界仍将充满危险。[46]

舒尔茨解释了美国乐观主义的根本原因。他称里根已经成功逼迫苏联领导人同意大幅度削减核武器。他们还从根本上接受了里根在1984年与莫斯科谈判时制定的"四部分"议程（four-part agenda）。戈尔巴乔夫现在意识到了，如果他不在人权、地区冲突和双边交流上让步的话，就不可能在裁军上取得进展。美国政府应该做好恢复谈判的准备。[47]

考虑到这一点，他为里根实现美国的议程起草了一份"概念性计划"。战略核武库应当削减一半，中程武器应该全部清除。这应在5年内（三阶段中的第一阶段）完成，并辅之以商定好的核查程序。假如戈尔巴乔夫同意将战略防御计划问题从进攻性核武器的谈判中除去，那么美国方面就应当承诺在未来10年里遵守《反导弹导弹条约》。第一阶段应促进国际"公民对公民"的交流，而且应取消对外国广播和出版物的限制。苏联和美国应停止干涉地区性冲突。在之后的5年内，即第二阶段，舒尔茨提议将双方的战略核武库从6000枚核弹头削减至"小规模剩余战略力量"。还要实现人和信息的跨国界自由流动，保证言论自由。在第三阶段，也就是最后阶段，应实现"一个无核、无大规模毁灭性武器的世界，建立法律实施机制"。国际贸易的一切阻碍都要被铲除。[48]

舒尔茨的提案是对戈尔巴乔夫在 1986 年 1 月宣布的"三阶段"计划的延迟反应。白宫里几乎没有人支持这一提案——而且并不仅仅是温伯格和凯西。也许，想要恢复谈判过程的人都有这样一种认知，即政治局会拒绝这些提议。他们顶多会进行很好的政治宣传。要求信息自由、言论自由和旅行自由是完全合理的，但在当前也是不切实际的：这相当于要求苏联领导人让他们的国家去共产化。

多变的政治图景让美国政府的工作更加复杂化。1986 年 11 月 4 日，民主党赢得中期选举的胜利，共和党失去了对参议院的控制。这对里根的外交政策前景而言，还算不上一场劫难，因为最激烈反对与苏联和解的对手是共和党人。但是，里根仍然不得不阻止戈尔巴乔夫以世界上伟大的和平缔造者的姿态游说民主党参议员的做法。舒尔茨又一次尝试重启与苏联领导人的会谈。他建议开展一场运动，凸显克里姆林宫对人权的践踏。与此同时，他也警告要注意北约内部对美国外交政策的日益担忧。伦敦、巴黎和波恩可能都宣布支持美国与苏联打交道的方式，但是在私下里，每当里根与戈尔巴乔夫谈及消除所有核导弹时，它们都表现出忧虑和恐惧。撒切尔夫人坚持不懈地提醒大家注意这样做的危险。消除核武器将使西欧暴露于苏联常规武力的巨大优势之下。来自东方的军事威胁不会消失，反而会越来越多。舒尔茨知道，这些观点毋庸置疑。他告诉里根，需要立即起草提案，以防戈尔巴乔夫在北约内部插入楔子。[49]

对总统的政策感到不安的，并不只有西欧国家领导人。里根自己的很多官员也都认为，他太冒险了。温伯格和凯西赞同撒切尔夫人的主张。除他们之外，还有其他人也持同一立场。波因德克斯特一贯认为，消除所有核武器是灾难性的做法；在他看来，相互确保摧毁才是维护世界和平的最佳途径。尼采倾向于恢复与苏联谈判，但是担心戈尔巴乔夫之所以想要摆脱核武器，只是为了将西欧置于苏联的坦克和军队之下。国务院的欧洲专家也认为，雷克雅未克谈判将激怒美国的盟友——罗珊·里奇韦（Rozanne Ridgway）半开玩笑地说："很多人正开始爱上那些炸弹。"[50]里根被告诫道，参谋长联席会议可能会要求增加军事预算：如果总统想减少核武器数量，那么军队必定要求增加常规部队的师团数量。[51]舒尔茨赞同冰岛会谈之后有必要制订新的军事计划。他提议减少国家福利支出，以便筹集实现其建议所需的费用。[52]

里根没有回应，如何为核裁军买单的问题被搁置起来。[53]但有一件事他坚定不移：坚决不能依靠相互确保摧毁战略。全球事务必须构筑于不同的基础之上。在这一点上，里根从未动摇过。

第三部分

1986年11月初，黎巴嫩的一份报纸披露了美国政府官员和伊朗政府之间的非法交易，这让总统经历了一场政治地震。媒体很快发现，国家安全委员会官员奥利弗·诺思上校（Colonel Oliver North）曾秘密组织向伊朗出售武器，而不顾从1979年开始实施的贸易禁运政策。他们的交易，具体说来是德黑兰当局同意利用他们的影响力来释放在黎巴嫩被扣为人质的美国公民。诺思将出售武器所得的利润转移给了尼加拉瓜反丹尼尔·奥尔特加（Daniel Ortega）领导的桑地诺解放阵线政府的叛乱分子。美国政府企图推翻威胁到美国在中美洲势力的革命者奥尔特加，因而诺思认为他这样做符合总统的意愿。

诺思的伊朗计划绕过了向美国参议院申请经费以插足尼加拉瓜内战的程序。记者们很快就揭露了一连串的非法武器交易，很明显这些交易严重违反了宪法。另外，与诺思合谋的总统国家安全事务助理波因德克斯特于1986年11月24日辞去了职务。他们的不光彩行径在媒体上引发了热烈的讨论。白宫一片混乱。有人猜测，有证据表明总统也参与其中。里根明白到了"清君侧"的时候，他撤掉了唐纳德·里甘，改任霍华德·贝克（Howard Baker）为白宫办公厅主任。人们纷纷质疑，总统周围的环境是否能够让他冷静地执行外交政策。里根强调说他仍权力在握，并没有对共产主义示弱。1986年11月26日，在对白宫高级官员的讲话中，他说："你们知道，在全国观众面前说了那些话之后，我忍不住地想，对这届政府而言，用实力来实现和平不只是一项政策。它是一个承诺，一个我们已经答应人民的承诺，一个我们要恪守的承诺。"他宣布，确保美国的军事备战状态和坚持战略防御计划是他不会改变的首要工作。[1]

1986 年 11 月 28 日，里根批准部署另一架配有巡航导弹的 B-52 轰炸机，这让美国评论家感觉到担忧。这一举措超出了《第二轮限制战略武器谈判条约》所允许的范围，与苏联的谈判有破裂的风险。苏联外交部副部长亚历山大·别斯梅尔特内赫（Alexander Bessmertnykh）准备了一份外交照会，大意是苏联不会再让自己受限于条约义务。他得到了外交部其他人的支持，也包括科尔尼延科和阿赫罗梅耶夫。然而，专家们却分析认为如果考虑到苏联部署的核潜艇，美国人可能并没有违反条约。苏共中央国防部的卡塔耶夫建议，里根正试图通过激起苏联的恶意反应，来打乱苏联的阵脚——他在政治局做出决策之前，将自己的想法告诉了谢瓦尔德纳泽和扎伊科夫。[2]

戈尔巴乔夫听了两方观点。别斯梅尔特内赫对美国人的行为怒火中烧："所以，我们对此要无动于衷吗？要给他们点颜色瞧瞧！……"总参谋部也持一样的看法，并暗示如果美国继续照此行事，那么苏联应重新回到扩充核武库的政策上来。[3]但当天，卡塔耶夫获得了胜利。戈尔巴乔夫想避免贸然决策，称里根处于转移民众对于伊朗门事件的关注、恢复自己的权威的当口，所以才做出这一轻率的外交举措。戈尔巴乔夫认为总统的决定是"破坏性的"，并有悖于在雷克雅未克达成的谅解。在他看来，美国人现在可能会实施另一场军事"冒险"，对象可能是尼加拉瓜或者叙利亚。他推断，苏联领导层应该毅然决然地反对美国行径，但仍要继续出席日内瓦谈判。他希望用政治宣传来塑造美国和欧洲的民众舆论。（他曾天真地说《苏联生活》杂志在美国产生的影响力让联邦调查局都很担忧。到底是谁在给他灌输这种谎言？）[4]政治局赞同他慎重回应部署 B-52 轰炸机一事，谢瓦尔德纳泽则着手说服美国人遵守《第二轮限制战略武器谈判条约》。[5]

戈尔巴乔夫说，挫败里根的一个方法是在莫斯科举行一次国际人权大会。除了释放被流放到高尔基市的安德烈·萨哈罗夫，他还想批准一系列进一步的举措。戈尔巴乔夫问，为什么有人请求出国待三个月，结果只批准了四个星期。人们决定不再返回苏联，就真的是一种灾难吗？他说，对苏联而言，摆脱"乌合之众"也是一件好事。持不同政见者奥尔洛夫（Orlov）和夏兰斯基在1986年获释，并被允许移民，苏联的国家安全并没有因此而受到损害。[6]谢瓦尔德纳泽任命阿达米申负责改革人权政策，并让他不要理会克格勃的阻挠。与此同时，他还指示格里涅夫斯基在斯德哥尔摩谈判时，无须屈从于军事集团的要求。总参谋部和国防部不再决定议程。他让阿达米申和格里涅夫斯基成了改革外交政策事业中的"攻城锤"。[7]

1986年12月19日，戈尔巴乔夫与谢瓦尔德纳泽和外交部的其他主要官员，讨论了非洲南部、黎巴嫩和尼加拉瓜问题。之后，戈尔巴乔夫聚焦于美国因素："当前的美国政府是最保守的，也是最难以预测的。它正在犯下严重的错误。"他以利比亚和格林纳达为例，遗憾地指出美国军事"冒险"的弱点。在避免做出任何过度反应的同时，他希望能够利用当前局势，谋取政治利益。谢瓦尔德纳泽同意这一点，但他警告不要过于单纯地看待当下的外国领导人。他强调受益于英国的"沙文主义浪潮"，撒切尔夫人现在正处于强有力的政治地位。另外，他还指出要密切关注加里·哈特（Gary Hart）——1988年美国总统选举民主党候选人的有力竞争者。[8]戈尔巴乔夫在几天前就向哈特发出了到访莫斯科的邀请。[9]没人知道谁会赢得大选，但是苏联领导层必须做好准备应对一切可能。[10] 尽管如此，戈尔巴乔夫仍进退两难。虽然美国政府中的混乱局面让他心感宽慰，但他依旧回答不了"美国到底想要什么？"[11]

分析报告已经为"五巨头"准备好了，有猜测认为美国国内政治问题越来越多，里根可能难以保住总统之位。[12] 苏联官员曾下令调查，但难以得出明确结论。美国驻苏联大使阿瑟·哈特曼（Arthur Hartman）解释说，"零点方案"一直仅适用于某些特定的核武器类型，而不是所有核武器。[13] 苏联对外贸易部部长在1986年12月与美国前总统尼克松会谈时，问到如何再次启动与里根的武器谈判。杜比宁大使在新年之后，又一次问到了这一问题。尼克松支支吾吾地给出的建议是：戈尔巴乔夫应该直接与总统沟通。[14]

戈尔巴乔夫为下一次中央委员会全体会议做准备时，主要解决的是苏联国内问题。他已经开始迫使总参谋部和国防部进行改革。现在，他要按自己的观点，改革苏联工业中的军事部分。出于这一考虑，他召集大型企业负责人及其部委领导人在1987年1月19日开会。他直言不讳地指出他们没有满足国家对民用物资的需求。工作重心要发生重大转变。[15] 改革的必要性在中央委员会全体会议上得到确认。戈尔巴乔夫提出了一系列激进举措，并被采纳。党内职位将真正地由选举产生。在地方苏维埃层面，将实行差额选举。一项新国有企业法得以通过，它使工人能够自主选择他们的管理人员，影响生产组织模式。苏共领导层将实行自由制度，以填补苏联历史上的这一"空白"，戈尔巴乔夫还谴责了斯大林时期的暴行和勃列日涅夫统治下的"停滞"。[16] 由于重点被放在了国内改革上，因此戈尔巴乔夫谈及外交政策时寥寥几句，并无新意，在将工厂转用于非军事目的方面更是只字未提。尽管如此，但几十年来，还没有哪次全体大会规划出了如此的改革前景。虽然很多细节问题还未商定，但改革的方向是毋庸置疑的。

麻烦的是，里根仍未在舒尔茨和温伯格长期的外交政策分歧之间做出选择。温伯格着手激怒克里姆林宫。1月中旬，他向媒体披露了自己正如何劝导里根向公众宣布，他选择两种关于战略防御计划的竞争性方案中的哪一个。[17] 他在支持开发一种新的动能武器系统以增强美国的军事实力之时，就清楚地知道这将违反《反弹道导弹条约》。[18] 他私下里找到总统，充分利用总统对那些没有全力支持防御计划的人的不安。这是温伯格过去一直使用的战术，也是让舒尔茨和尼采忍无可忍的伎俩。正如尼采指出的那样，温伯格咄咄逼人地为防御计划呐喊，可能会导致美国国会反对这一计划的意外结果。没有了充足的资金支持，它就会自行消亡——而且，除了戈尔巴乔夫，没有人会从这样的结果中受益。舒尔茨不耐烦地得出结论："与温伯格的最终对决就要来了。"[19]

1月26日，在国家安全规划小组会议上，温伯格主张对《反弹道导弹条约》做出使部署防御计划合理化的解释。大家都知道，这样做会毁掉与苏联的谈判。会议最终决定让法律顾问亚伯拉罕·索费尔（Abraham Sofaer）对条约可能允许或禁止的内容做出客观的评判。[20] 这并没有让温伯格冷静下来。在2月3日总统与其高级顾问的会议上，温伯格再次呼吁美国有权部署防御计划。舒尔茨不得不在会议中途离开。在舒尔茨离席的情况下，里根提出美国应该推进部署，但不必公开披露信息。总统国家安全事务助理卡卢奇对此解释说，如果不更改1985年10月制定的《国家安全决策指令》，就不可能采取上述做法，而且需要告知国会。里根不为所动，继续给众人施加压力，直到尼采警告说不要违反宪法，他才停下来。[21] 温伯格仍然锲而不舍，拒绝失败。原定计划是在20世纪末21世纪初部署防御计划。2月4日，温伯格向国会拨款委员会建议，希望美国能够更早地开始部署。[22] 他还力争强化巴黎统筹委员会对苏联的限制，以阻止苏联获得生物科技、通信系统和动能等类别的产品。[23]

终于，舒尔茨把一只手放在了方向盘上，他语气强硬地给里根写信，提醒他"显然，即时部署即便从概念上讲，也是不可能的"。他指出，草率的声明可能会在国内外引发麻烦。他说，必须保证索费尔不受干扰地完成评判。舒尔茨在与总统的谈话中继续提到了这一点，他不厌其烦地重申自己的观点，直到确信自己得到了总统的认可。[24] 在媒体面前，他直截了当地表达了自己对提前部署的怀疑态度。所有人都明白他盯上了温伯格。[25]

世界各地发生的事件让舒尔茨有所宽慰。苏联领导层想要从阿富汗撤军。东欧不再是一潭死水。他感觉到共产主义阵营开始分裂，于是安排副国务卿约翰·怀特海德（John Whitehead）访问这一地区（舒尔茨不得不去安抚国务院和国家安全委员会的不安情绪，他们担心怀特海德的访问可能会强化共产主义领导人的权威）。[26] 与舒尔茨的看法一致，西欧领导人也认为西方对东欧国家的影响力是有可能提高的，问题在于怎样着手落实。密特朗敦促要谨慎一些。至于波兰，他认为雅鲁泽尔斯基要好于任何其他潜在的继任者。科尔劝告密特朗，说戈尔巴乔夫可能更容易与昂纳克接洽。他有一种印象——一种错误的印象，即东德领导人在克里姆林宫享有很高的声誉；他还提醒说，胡萨克更有可能在他的政策中要花招。在可操作的层面，科尔想要提高对波兰的援助。也许，他和他的情报部门并不像此刻看起来那样孤陋寡闻——他真正的计划是说服密特朗赞同西德政府的决定。[27]

　　囿于美国政府内部纷争，里根无法批准明确的行动计划，因而西欧国家针对苏联的举措并没有维持太久。如果说总统有什么战略，那就是等着苏联屈服于他在日内瓦和雷克雅未克提出的条件。这很合温伯格的胃口，他在 1987 年 1 月 11 日对媒体说，他不会介意取消莫斯科夏季峰会。[28]他建议说，战略防御计划应该是美国核武库的补充，而不是替代品；他讲话的腔调就好像里根消除所有核弹头的意图是错误的。[29]温伯格警告说，苏联秘密计划在未来 3 年内研发一种陆基反导弹系统。[30]2 月 17 日在出席参议院军事委员会（Senate Armed Services Committee）会议时，他预测，美国很快将对《反导弹弹道条约》做出全新的宽泛的解读。但他未提及索费尔正在审议条约。他给人的感觉是，他的个人偏好已经成了官方政策。[31]在 2 月 24 日接受《纽约时报》采访时，他说他相信防御计划系统最早可在 1994 年投入使用。他强调说："很多人认为我们还没有决定这样做。总统想要部署。"[32]

　　独立的科学机构私下里都在质疑温伯格的预言。科学研究实验室（Science Research Laboratory）的托马斯·H.约翰逊（Thomas H. Johnson）对此一直心存怀疑，他劝告国家安全委员会的马特洛克，说部署不可能早于世纪之交完成。然而，问题在于温伯格依靠的是防御计划官员提供的信息，这些信息都言过其实。约翰逊说，美国还从未用少于 8 年的时间来部署新研制的军事系统——而且我们没有任何理由认为防御计划能更早地付诸实践。[33]

　　但是，这些都是隐于幕后的。美国政府里没有人站出来反驳温伯格。结果就是莫斯科政界出现恐慌。对苏联领导人而言，美国似乎执意要加剧军备竞赛——或者至少温伯格不久之后就会说服总统采纳这一政策。要采取措施阻止这种局面的发生。如果温伯格得逞，苏联将不得不放弃经济改革，加大对军事技术的财政支持力度。谢瓦尔德纳泽没能让戈尔巴乔夫相信，如果他坚持单一的一揽子裁军方案，就不会取得任何成果。按谢瓦尔德纳泽的理解，美国人从来不会屈从于这样的要求。自雷克雅未克峰会以来，他就一直苦恼于戈尔巴乔夫的谈判策略。后来与美国人的接触让他坚信，他是对的，戈尔巴乔夫是错的。然而，只有当政治局里有其他委员与他持同一立场，愿意站出来，并且对领导层有一定的影响力时，他才能改变当前的政策。

事实证明，温伯格的行动无意中助了谢瓦尔德纳泽一臂之力。早在1987年1月20日，"五巨头"聚集起来考虑来自美国的最新消息时，他们就一致同意反对戈尔巴乔夫的谈判策略。他的僵化与刻板不仅是靠不住的，而且是非常危险的，要马上改变政策方向。扎伊科夫及其他人赞成改变。所有相关机构也都同意采取一种新的谈判姿态。即便是国防部部长索科洛夫也赞同解除一揽子谈判方案，以便能够单独就欧洲的中程核武器达成协议。他们一致认为，雷克雅未克峰会达成的关于其他类别武器的谅解应该得到遵守。"五巨头"的首要工作是避免里根政府撕破《反弹道导弹条约》。如果温伯格如愿以偿，美苏就不可能在日内瓦谈判中取得任何成果。苏联迫切地需要表现出愿意妥协的开放态度。它必须强化那些希望在瑞士取得成功的美国国会议员的影响力。[34]

戈尔巴乔夫并不知道在2月26日的政治局会议上将会遭遇什么。在详细梳理了日内瓦峰会的难题之后，他能做的只有提议邀请舒尔茨到莫斯科商议这些困难。这一提议未能打动葛罗米柯，他一再声称苏联要改变谈判姿态。他主张分解苏联的一揽子方案，以便能单独就中程核导弹问题达成协议。葛罗米柯没有为自己之前支持在东欧部署 SS-20 导弹而道歉。[35] 他终究未能改变戈尔巴乔夫的看法，在戈尔巴乔夫眼中，里根只是伪装成想要世界和平的样子，实际上是在用战略防御计划威胁苏联。[36] 利加乔夫赞同葛罗米柯的观点——这在政治局还未出现过。[37] 雅科夫列夫则站在了其他人一边。然而在继续夸赞戈尔巴乔夫在雷克雅未克的谈判策略的同时，他给了他一份备忘录，说"伊朗门事件"之后，形势已经发生了变化。现在，赢得世界舆论，让里根和温伯格难以阻止美苏签订协议的最佳方法就是分解一揽子计划。如果美国人拒绝谈判，执意不妥协的态度就会让他们的名誉受损。雅科夫列夫嘲讽那些预测苏联经济崩溃、民意崩塌的西方苏联问题专家：在他看来，苏联未来经济形势一片大好。[38]

政治局正在证明自己权力的至高无上性，因而对总书记而言，在保守派和改革派如此团结一致反对他时，一意孤行实在不是明智之举。经过长时间的讨论，戈尔巴乔夫让了步，采纳了葛罗米柯推荐的方案。自1985年以来，还没有发生过这样的事情。政治局明白这一让步对戈尔巴乔夫而言是多么苛刻：他正在放弃自己一年多以来全力捍卫的立场。但是他最终认清了局势，明白过来，政治局也毫不迟疑地同意改变政策。[39] 对此，苏联政府没有做出任何公开的声明。领导层希望维持其镇定自若、冷静沉着的形象。然而，如果想让政策调整产生作用，就必须向美国人透露些风声。一个让人费解的方法被设计出来。两天后，2月28日，戈尔巴乔夫以苏联国防委员会主席的身份向西方国家发表了一份声明。他在谈及战略防御计划时，没有提到研究和试验，这实属第一次。现在，他唯一的怨声就是反对未来部署防御计划。[40] 他寄希望于白宫会欣然接受他的举动，并以建设性的精神重启谈判。毫无疑问，里根看到了他朝着妥协的方向迈进了多少。

尽管葛罗米柯主导了政治局的辩论，但他的势力仍处于衰退之中。政策的改变对谢瓦尔德纳泽一派而言，算得上一场胜利。谢瓦尔德纳泽本人拒绝庆祝，他明白要想苏联改革成功，就必须维护总书记的威望。每当他的手下挑剔苏联外交政策的反复无常时，他都会让他们闭嘴，让他们接受"循序渐进"的理念。他愿意打一场持久战。[41]

里根小心翼翼地对待戈尔巴乔夫的示好，正如他在日记里写的那样："这看起来不错，但是在弄清楚他们对核查的态度之前，我们绝对不能太得意。"[42] 他拒绝像在冰岛那样，贸然进行直接谈判。无论如何，他正因"伊朗门事件"的后续事宜而忙得焦头烂额。在写给朋友的信中，他几乎几周都没有提到苏联，此时美国媒体的注意力也都放在诺思上校、德黑兰和尼加拉瓜反政府武装的丑闻上。[43] 公众对其苏联政策日益关注。戈尔巴乔夫听说在3月，美国国防部6名前部长联名上书总统和国会，呼吁遵守对《反弹道导弹条约》的传统解释，这让他感到很满意。参议员山姆·纳恩（Sam Nunn），即参议院军事委员会主席，也对这一倡议表示支持。[44] 里根仍不让步。但他至少决定派舒尔茨前往莫斯科去寻找机会。并不是所有政府官员都赞成这次出访，其中一些人怀疑舒尔茨可能会向苏联做出不适当的让步。温伯格建议总统限制国务卿在莫斯科的谈判权力。[45] 里根同意了，并在4月9日签署了一项指令，规定舒尔茨可以说些什么，以及必须在指令范围之内行事。[46]

温伯格坚决主张，事实证明耐心地、强硬地与苏联打交道是有效的。戈尔巴乔夫屈服过一次，美国应该继续以同样的方式对待他。过早退让是有悖美国利益的。[47]

政府里其他官员则倾向于采取一种更积极可行的姿态。最终决定扩大与苏贸易规模，批准对苏出口油气工业设备。[48] 美国的制造商们此前一直在给政府施加压力，他们抱怨日本人可以与苏联签合同，而他们却不得不退避三舍。[49] 但是，政府仍对苏联未能履行从美国中西部农民那里定期、定额购买粮食的义务感到恼火。[50] 从1987 年 2 月开始，美苏就这一问题展开了新一轮会谈。[51] 自里根撤销谷物出口禁令以来，苏联已经成为美国粮食的第二大出口市场，而且白宫也不敢怠慢国内的农业游说集团。[52] 所有美国官员都清楚地知道莫斯科为什么无法履行合同义务。沙特阿拉伯人出于自身原因，向世界市场大量投入他们的石化出口商品，造成苏联能源产品价格的持续走低。美国人认识到这一事件的影响，但没有下任何极端的定论。他们总是担心政治局可能会无视苏联的经济困境，重新开始与美国的军备竞赛。华盛顿是不会冒险的。

舒尔茨带着里根的私人信件来到了莫斯科，戈尔巴乔夫对信中的和解语气感到很高兴。里根仍旧抱怨苏联在人权问题上"还有很多工作要做"，针对地区性冲突的对话"无果而终"。[53] 但与此同时，他热切盼望在达成裁减军备共识上取得进展。对戈尔巴乔夫而言，问题在于美苏双方还未开始清除各自全部的短程导弹，美国却正在增加其包括兰斯导弹在内的短程导弹储备。尽管舒尔茨认为他可以在这一问题上让步，但是他又提了一个新条件：对其他类别核武器设定"分类限制"（sub-limits）。戈尔巴乔夫立刻指责他背离了雷克雅未克共识。舒尔茨没有反驳他；他也没有回应戈尔巴乔夫直接抛出的美国和苏联是否已经达到"战略平衡"的问题。他强调的是美苏达成重要协议的现实可能性。[54] 戈尔巴乔夫没有提他最近要分解军备谈判一揽子计划的想法。相反，他要求舒尔茨充分理解他在冰岛允许战略防御计划进行实验室研究所表现出来的灵活性。似乎感觉到了自己正在破坏谈话气氛，他又向舒尔茨保证，他仍"愿意在对话的基础上寻求妥协"。[55]

戈尔巴乔夫声称自己已经斥责过美国人："那么，发生了什么？什么也没发生。你到底能做什么？我理解不了你的所作所为究竟意味着什么。你说你正观察到苏联的重大改变，但是你却不去修正你们的政策。"他斥责舒尔茨和里根视苏联最新的提案为"烫手山芋"。戈尔巴乔夫也对美国对苏联间谍的抗议不以为然："你知道我们，我们知道你。这是一件好事。"他下结论说，即便美苏有可能达成中程核导弹协议，取得进一步的共识也是几乎不可能的。[56]谢瓦尔德纳泽报告称，舒尔茨强调一切取决于美国国会的认可。戈尔巴乔夫开玩笑说，即便签了协议，扎伊科夫也会用省下来的财政资金制造其他类别的导弹，制造麻烦。他对苏联领导人的路线方针充满自信："我们坚持正确的路线。他们不会不和我们接触。我们会坚持下去。"[57]

谢瓦尔德纳泽在外交部内部发布了指导方针。5月2日，他对下属们说："我们的力量不在于火箭的数量，而在于稳定而强大的经济。与其说是发射导弹保证了一国安全，倒不如说是高劳动生产率、农作物产量或者壮年种马的繁殖力。"他列举了1985年之前苏联领导层犯下的严重"错误"：在欧洲部署SS-20导弹、制造化学武器、入侵阿富汗和在柬埔寨的政策。他遗憾地说，1975年签订《赫尔辛基最后文件》之后，苏联在认真对待人权问题上晚了10年。对战略防御计划，谢瓦尔德纳泽也满腹牢骚："我们弄清楚它究竟是什么了吗？即便是从军事角度，即便到现在，我们也是不清不楚。更何况，对这一计划的批判也不是我们说的，而是西方国家，我们只是在借用别人的话。"他正在调制一杯外交政策的新式鸡尾酒，即便观众不喜欢鸡尾酒的口味，他依然要求他们畅所欲言。没有人反驳他。但谢瓦尔德纳泽心知肚明，并不是每个人都同意他的观点。他尚未清理掉所有的因循守旧者。然而，他胸有成竹。毕竟戈尔巴乔夫是与他站在一起的。他们二人开启的外交政策改革将会持续下去。[58]

他们善于顺应时势、抓住时机，当然也有运气成分。5月28日，在波罗的海与莫斯科之间的苏联领空发生了一起离奇事件。西德青年马赛厄斯·鲁斯特（Mathias Rust）驾驶着一架塞斯纳飞机从赫尔辛基起飞，之后擅自从塔林向东一点的位置飞入了苏联领空。他不切实际地想直接给戈尔巴乔夫送去一封声明，告诉他怎样才能给世界带来和平。那天多云。为了避开华约的雷达设施，他以很低的高度飞行，并最终成功到达莫斯科，降落在红场。在早些年，他可能就会被拦截，甚至是击落，但是当高层国防官员收到空中入侵的警报时，他们却不愿意攻击塞斯纳。他们回想起了击毁韩国客机KAL007之后所引发的骚动。鲁斯特一出驾驶舱就被逮捕了。他急切地向克格勃审讯官解释自己的想法，苏联起初怀疑他参与了一个巨大的国际阴谋。全世界的新闻媒体都在嘲笑共产主义的治安。强大的苏联从未如此愚蠢过。它的军备谈判官员还在讨论如何在不减损苏联防御能力的情况下减少世界大战的威胁，苏联早期预警系统却被证明一无是处。

戈尔巴乔夫这时碰巧在东柏林出席华约政治协商委员会的会议。会上，他谈到要认识到欧洲的武装力量是"不平衡的"。如果苏联和盟友想要与北约和解，那么华约武装力量在数量上占优势就是不合理的。[59]戈尔巴乔夫接到了关于西德青年事件的电报，立刻向其他领导人承认这是极大的耻辱。[60]尽管东欧领导人尝试着表示同情，但他们的每句话都像是往伤口上撒盐。日夫科夫评论说，如果一架运动飞机能避开苏联的雷达网络，那么敌人的导弹同样可以[61]（也许保加利亚领导人这么说是在故意嘲笑他的苏联同僚）。但是耻辱只是事物两面性中的一面。鲁斯特的飞行对克里姆林宫里的改革派来说，纯属偶然事件。戈尔巴乔夫和谢瓦尔德纳泽立刻发现他们找寻已久的机会来了：驯服总参谋部和国防部。谢瓦尔德纳泽在酒店房间里，高兴地开了一瓶白兰地庆祝。[62]

5月30日，戈尔巴乔夫在莫斯科召开政治局会议，他要求国防部部长索科洛夫说明那位年轻的德国飞行员是如何飞了那么远却没有被发现的。索科洛夫结结巴巴地复述着各地区的解释，考验着大家的耐心。戈尔巴乔夫只是在一旁听着，而其他人则不相信整个军事指挥系统里居然没有人认为应该进行干预。索科洛夫变得不知所措。切布里科夫解释说，尽管克格勃有责任保护国家陆地和沿海区域的安全，但是空中安全是由武装部队独立负责；他不希望他领导下的克格勃受到鲁斯特冒险行为的不利影响。扎伊科夫，这位军事工业监管人，坚持认为国防机构使用的技术设备没有任何问题。谢瓦尔德纳泽说，苏联军队已经太长时间不受管控了，享受太多自由了。他建议，更换高层领导人。直到这时，索科洛夫才明白，政治局其他人正等着他辞职。他极不情愿地答应了。一直在旁观这场"屠杀"的戈尔巴乔夫，感谢了索科洛夫多年来的工作，并要求他继续留在岗位上，直到任命了新人选。[63]

戈尔巴乔夫不相信鲁斯特口中自己和平使命的故事，无视了外国的宽恕请求。这位年轻人违反了法律，理应受到惩罚。[64]与此同时，戈尔巴乔夫重申了他在东柏林提出的观点，苏联要接受美国关于华约在欧洲的武器占据数量优势的申诉。[65]谢瓦尔德纳泽也持同一看法。在他看来，只有苏联公开承认它在欧洲拥有比北约更多的中程核导弹，才有可能签订裁军条约。[66]

因为鲁斯特事件，总参谋部和国防部突然间失去了任何反抗的权利。军队开始大规模地裁员。戈尔巴乔夫毫不留情。他向政治局咆哮道，这个匪夷所思的事件表明了为什么总参谋部反对与美国就武器核查达成协议："因为这样我们就发现不了军队里的混乱了。"[67]他选择用德米特里·亚佐夫（Dmitri Yazov）代替索科洛夫——很显然，亚佐夫因为表达了自己对诗人普希金的倾慕，而获得了赖莎·戈尔巴乔夫的偏爱。全军数百名高层指挥官被迫退休。进一步与美国和解的趋势越来越清晰了。这一切让大西洋另一侧的国家欢喜不已，舒尔茨得以告知里根，克里姆林宫终于愿意单独就中程和短程核武器谈判并达成协议了。6月13日，总统签署了一份新的国家安全指令，认为苏联的屈服是他在雷克雅未克制定出的路线的胜利。[68]

同一天，谢瓦尔德纳泽在外交部召开了一次规划会议。所有人都一直认为，苏联坚持在其亚洲范围内部署百枚导弹，并不具有什么真正的优势。别斯梅尔特内赫说，按照日内瓦谈判的情况来看，美国人可能会威吓中国人说苏联已经开始把他们当作敌人。会议结束时，谢瓦尔德纳泽让他的下属们"准备提出这一问题，而不必顾虑总参谋部"。[69]他径直找到戈尔巴乔夫，要求撤除苏联亚洲地区的所有导弹。[70]谢瓦尔德纳泽已经成功让戈尔巴乔夫分解了雷克雅未克谈判时的一揽子计划，他还想走得更远，即让戈尔巴乔夫同意撤出亚洲的核武器。戈尔巴乔夫拒绝了。他已经羞辱了国防部，因此现在绝不是再惹怒军队的时候。尽管他与谢瓦尔德纳泽一样致力于实现全面无核化，但他希望在政治上谨慎地向前推进。和往常一样，他既想拉拢追随者，也想争取怀疑他的人的支持。

一个非同寻常的四人组推动着世界政治局势走向缓和。美国方面是里根和舒尔茨；他们的苏联对手则是戈尔巴乔夫和谢瓦尔德纳泽。[1]里根和戈尔巴乔夫在日内瓦和雷克雅未克开启了政治和解进程，自1986年以来进展十分迅速。无论是总统还是总书记，都不会将全部时间放在外交政策方面，很多时候是由国务卿和外交部部长将总体规划和设想塞到国家议程表上。舒尔茨和谢瓦尔德纳泽一直都在鼓励他们的领导人在削减军备的谈判中更加大胆一些。

说实话，里根和戈尔巴乔夫必须考虑到方方面面的因素，而且双方谁都不可能置有影响力的支持者团体的意见于不顾。此外，他们还必须感觉到可以放心地信任对方。早期举行的一些峰会让里根相信，如果他想要实现在全球范围内清除核武器，那么没有比戈尔巴乔夫更合适的搭档。1987年5月，他对芬兰总统毛诺·科伊维斯托（Mauno Koivisto）说："与其说戈尔巴乔夫有兴趣与我们发展一种良性关系，不如说是被苏联国内经济形势所迫。"他还补充道："我们很久之前知道的他都知道，比如苏联的经济简直是一团糟。"[2]里根并不在意戈尔巴乔夫是不是以他喜欢的面貌出现在公众面前。在他眼中，关键点在于苏联领导人愿意做出美国人所要求的众多改变。慢慢地，里根倒向了舒尔茨，而不是温伯格和凯西。但是，他仍然讨厌陷入与其团队成员的争吵之中。有一次，舒尔茨给了他一份演讲草稿，总统没有直接提出批评。他只是说："对了，乔治。我仔细看了稿子。不错的。但是我不会照它演讲。"这几乎就是里根总统的严厉否决了，而后他们共同重写了演讲稿。[3]

美国政府里的人都不太了解里根，更不用说苏联领导层。因为面对面地见过里根，所以戈尔巴乔夫和谢瓦尔德纳泽认为他们才最有可能解开里根这个谜团。[4] 总书记第一个认识到苏联媒体对里根的描述是歪曲的、夸张的。[5] 这位总统的魅力是无法否认的。里根曾在联合国大会上赢得了第三世界领导人的掌声。[6] 他身上有些与众不同的特质，戈尔巴乔夫必须与他合作下去。当然，这从来不会是一帆风顺的。戈尔巴乔夫说，总统的所作所为有时更像是一名电影演员，而不是政治家。[7] 他向华约成员国领导人保证，里根在美国没有实权。按照戈尔巴乔夫的说法，是少数政治官员——事实上主要是舒尔茨——在操控着美国。[8] 过不了多久，舒尔茨就会矫正他的这种观点；但也许戈尔巴乔夫只是在迎合那些想要听他攻击总统的观众的需求罢了。

每当在世界媒体上谈及里根时，戈尔巴乔夫都很克制、谨慎。尽管总统持续发表严厉的反苏演讲，但是总书记欣慰地发现，每当他谈及里根的言论，美国官员都不会为他们的总统辩护。[9] 戈尔巴乔夫和谢瓦尔德纳泽都对华盛顿内部关于对苏政策的纷争保持着警觉。温伯格和舒尔茨之间的较量很好理解，正如谢瓦尔德纳泽指出的那样："不只是我们有部门内部问题。"[10]

里根总是会说一些抨击性的言论。在 1986 年 9 月 19 日与谢瓦尔德纳泽会面时，他严词攻击马克思、"邪恶帝国"和克格勃。[11] 一年后，他惹得戈尔巴乔夫大叫起来："你不是检察官，我也不是被告人。你不是老师，我更不是小学生。反过来说，也是一样的。如果继续这样，我们什么也干不成。"[12] 里根对苏联人权记录的批判激怒了谢瓦尔德纳泽，后者明确表达了自己的不满。[13] 他认为美国的态度导致了"（美苏）不可能进行讨论"。他对助理们说，按照里根的说法，总统正在努力散播福音。[14] 美国人仍旧对地区性冲突、践踏人权和武器控制提出异议——里根带着准备好的声明出席了会面，声明的内容接近于对苏联的控诉。[15] 舒尔茨也同样坚持己见；他不会再让自己像 1985 年 11 月初见戈尔巴乔夫时那样，受到苏方的威吓。在 1987 年 4 月访问莫斯科时，舒尔茨参加了一个犹太逾越节圣餐仪式。戈尔巴乔夫对他咆哮道："你住在美国：管你的美国去吧！"另外，他还补充说："派你们的大使来我们的中央委员会，学习学习应该如何改变你的国家。你见见那些让你恼火的事，就会忽视那群快乐的犹太人！"舒尔茨坚持了自己的立场。要总书记告诉美国人应该如何举止得体的时候已经过去了。[16]

当里根认为关系缓和符合美国国家利益之后，气氛就变得轻松起来。戈尔巴乔夫承认总统来自"美国资本主义最保守的部分"，是"军工综合体的老板"；但是，他也看到里根有一种能力，"纯粹地表达出普通人的人性、兴趣和希望"。[17] 里根向谢瓦尔德纳泽吐露，如果总统和总书记能够通力合作，就会有一个特殊的机会；他宣称："我们是唯一能够拯救世界的人。"[18] 肯尼斯·阿迪莱曼后来总结说，白宫和克里姆林宫里很多人都认为："他们是在梦境当中。"[19] 里根给戈尔巴乔夫寄过一些亲笔信，努力降低他们之间交流的正式程度。写信时只需要记录员和翻译在场，里根频繁召集他们过来写信，因而对戈尔巴乔夫有了更深的了解。[20] 里根几乎不懂俄语，在苏珊娜·马西的提示下，只能记住一句俄语古谚语："信任但核查。"（Doveryai, no proveryai）[21] 英语对戈尔巴乔夫而言，也是一片未知领域，但不知为何，他们能够相谈甚欢，而且里根向美国公众称赞总书记是一位值得尊敬的领导人。

里根与谢瓦尔德纳泽就没有这样投缘了。1985 年 9 月 28 日，他们第一次见面，里根呼吁超越官僚层面来进行对话。谢瓦尔德纳泽生气地回应说："我和舒尔茨都不是官僚。"[22] 过了几天，里根试着讲一些爱尔兰笑话来缓和一下气氛。多勃雷宁大使则说了关于格鲁吉亚人的奇闻逸事。这对于来自格鲁吉亚的谢瓦尔德纳泽而言，可算不上什么宽心的话，他讨厌任何基于民族成见的笑话，厌恶俄罗斯人对格鲁吉亚人民的傲慢态度。然而，他明白，除非能融入这愉悦的氛围，否则他永远无法与总统友好相处。他向里根保证，他不是一个满腹牢骚、愁眉苦脸的人，并提到了他认为非常搞笑的与副总统布什有关的趣闻。[23] 渐渐地，他和总统的关系改善了很多。在 1988 年 3 月与白宫谈判的困难时刻，里根大声叫嚷着："也许我应该待在好莱坞。"谢瓦尔德纳泽则回应说："但那样的话，就不可能有中短程导弹条约了。"[24]

/ 252

美国人奋力争取签署协议。1987 年秋天，他们认为戈尔巴乔夫在拖延时间，舒尔茨对谢瓦尔德纳泽直言不讳：如果戈尔巴乔夫拒绝让步，那么他就不得不与下任白宫主人打交道——言外之意是这样做将有悖于苏联利益。[25] 苏联领导人此时则在担心里根的健康情况可能会恶化。谢瓦尔德纳泽的一名助理在 9 月 15 日注意到："里根已经精力耗尽。他只坚持了 15 分钟。他打着呵欠，眼睛无神，看起来可怜巴巴的。"[26] 的确，如果会议持续 45 分钟，里根就会看上去疲惫不堪、心不在焉。[27] 后来的几年里，有人推测他此时是不是已经受到了阿尔茨海默病的影响。温伯格相信他在任时精神矍铄。[28] 理查德·艾伦记得直到 1991 年，里根才显现出记忆力减退的迹象。[29] 马丁·安德森认为 1989 年里根在墨西哥从马上摔下来可能导致了他的智力减退——这位前总统头部遭到重击，需要进行开颅手术来缓解肿胀。[30]

美苏都希望双方关系能变得更和睦一些。里根对戈尔巴乔夫所做出的让步从不大吹大擂，这无疑强化了总统和总书记之间的友谊。一旦赢得了胜利，他只会把自己的愉悦和满足写在日记里。对他而言，结果才是最重要的。[31]

里根问了谢瓦尔德纳泽一连串关于苏联历史的问题。这让谈话中有了一些有趣的互动。当舒尔茨提及谢瓦尔德纳泽关于美国对苏联一无所知的一些言论时，里根想到了美国独立战争，说："我们也是从武装起义开始的！"[32]里根向谢瓦尔德纳泽询问了列宁和斯大林之间的关联。谢瓦尔德纳泽含糊地承认了列宁没有实现他想要的一切。他承认苏联的农业"效率低下"，但是紧接着就转换了话题，说起了自己比其他外交部部长更擅长酿酒。里根建议苏联引入农业私有化。里根阅读了关于苏联内部反对戈尔巴乔夫的报告，并问到是不是与他在国会面临的情况很相似。谢瓦尔德纳泽否认两者之间有任何相似之处。他说，戈尔巴乔夫的问题更多是思想的转变，而不是有组织的反对；他感伤地说："在民主的环境下会更难操作。"谢瓦尔德纳泽又回到了农业问题上，声称格鲁吉亚近一半的农业产量是个人生产出来的。[33]

要是在莫斯科，他是不会这样自吹自擂的。但是气氛轻松了许多，谢瓦尔德纳泽笑嘻嘻地要求里根把温伯格调到卫生部。里根对此没有生气，这表明了美苏关系正在好转。[34]

对苏联和美国领导人而言，葛罗米柯和他的冷酷是一个取乐的话柄。撒切尔夫人也是大家嘲弄的对象。里根开玩笑说，当她去天堂时，上帝问她："最近怎么样，我的女儿？"撒切尔夫人会回答说："首先，我不是你的女儿；其次，你坐在了我的位置上！"[35]（谢瓦尔德纳泽称，他在1985年9月第一次与里根会面时，里根讲了同样的笑话。）[36]在1988年夏天的莫斯科峰会上，戈尔巴乔夫讲了老爷爷和老奶奶发现一个装着一颗鸡蛋的小篮子的故事。一只三头龙突然破壳而出，老人们内心的喜悦烟消云散。里根也讲了一个故事，说一个男人在生产车厢的工厂里工作，却发现生产出来的成品不是车厢，而是机关枪。[37] 这些玩笑让里根和戈尔巴乔夫笑声连连。然而，即便如此，戈尔巴乔夫也不会使用亲近的称呼；他的直觉是仍要与美国人保持一定的距离。[38] 因而，两人关系能否更进一步，就取决于年长一些的里根的主动性了。直到此次峰会，里根才终于问了戈尔巴乔夫，他能否将自己视为朋友。[39]

至于两位第一夫人的关系，只能说是表面融洽。不止南希一人发现赖莎难以相处。英国大使罗德里克·布雷思韦特形容她"穿着让人惊讶的高跟鞋，步履蹒跚"，看起来"整过容，像洋娃娃一下，发出像鸟一样的声音"。她的傲慢为众人所诟病。在招待宴会上见到她时，布雷思韦特试着通过帮助她记起自己是谁来找到聊天话题。但这样做莫名其妙地惹恼了赖莎，她厉声斥责道："我可没得什么硬化症。"[40] 她总是会抓住机会失之偏颇地把美国和苏联比较一番。在舒尔茨的夫人奥比陪同她游览华盛顿时，赖莎表现出了十足的厌倦——她拒绝下车看一看林肯纪念碑。她的焦躁也是出了名的。在招待会上与众人握手之后，她会伸手拿小包湿巾擦拭。美国方面将她的这种行为称为本丢·彼拉多① 综合征（Pontius Pilate syndrome）。[41] 美国人习惯于他们自己的第一夫人在公开露面时沉默寡言，因而他们对赖莎固执己见的情绪爆发十分厌恶。[42] 但是，在戈尔巴乔夫眼中，他的妻子

---

① 本丢·彼拉多（？~41 年），罗马帝国犹太行省的执政官（26~36 年在位）。根据新约圣经所述，曾多次审问耶稣，原本不认为耶稣犯了什么罪，却在仇视耶稣的犹太宗教领袖的压力下，将耶稣钉死在十字架上。彼拉多是一个胆小怕事、唯利是图、脾气暴躁的人。

远不止在欧洲和北美的那种形象，她在身边对他而言就是一种安慰。

并不是所有人都不喜欢赖莎。1986年11月访问印度时，她的"哲学好奇心"就得到了大家的认可。[43] 但是当大家对她抱有明确的期待时，问题就出现了。她变得气势汹汹，而且很容易感到厌倦。她总是滔滔不绝。在傲慢无礼的外表之下，她是一个忧郁的观察者，希望她的丈夫和国家一切都好。

1988年12月，在联合国大会发表重要演讲之前，戈尔巴乔夫集合了在纽约的苏联工作人员，当众温柔而充满敬意地咨询赖莎的意见，并且丝毫不觉得尴尬。[44] 赖莎慢慢地学着不那么咄咄逼人。例如，在1989年4月戈尔巴乔夫和撒切尔夫人在唐宁街10号外拍照时，她特意站到了边侧。[45] 她尝试着不穿华丽的服装，以免激怒普通的苏联电视观众。在同一次伦敦之行中，在戈尔巴乔夫于市政厅发表演讲时，她决定不戴帽子和手套（很显然，撒切尔夫人为了顾及赖莎的感受，也没有戴帽子和手套）。[46] 1988年5月，在赖莎于纽约观看哈莱姆芭蕾舞团的表演时，苏联外交官阿纳托利·阿达米申坐在了她旁边；直到此时，阿达米申才成为她的支持者。她饱含深情地呼喊道："……但是我们正在经历多么艰难的时期啊！"从那一刻起，阿达米申才开始看到：她曾是一个从偏远边疆省份来到莫斯科的贫穷女孩，靠自己的努力获得了成功。[47] 然而，普通的俄国人看不到赖莎脆弱的一面。他们认为她爱出风头、咄咄逼人，尽管事实上戈尔巴乔夫迫切需要她这样一位政治知己。

奥比·舒尔茨和纳努莉·谢瓦尔德纳泽都满足于待在聚光灯之外，而且在1985年见面之后就建立了良好关系。这两对夫妇相处得很融洽。谢瓦尔德纳泽和夫人都是情致敏感的人——纳努莉平日里在他们的女儿上班时，照看着患有自闭症的外孙女。[48]
奥比曾是一名护士，很同情她。她们的友谊与赖莎和南希之间的
冷淡形成了鲜明对比。

谢瓦尔德纳泽很喜欢和舒尔茨待在一起，他认为舒尔茨在
国际关系方面有着比里根的其他高级官员更"现实"的观点。[49]
1985 年 9 月，他向舒尔茨吐露说自己曾在纽约买了一瓶伏特加
酒，而在莫斯科买这种酒要排上好几个小时的队。[50] 谢瓦尔德纳
泽悉心与舒尔茨维持着"良好的工作关系"，即便在经历了雷克
雅未克峰会的失望之后，仍然如此。[51] 他不止一次半警告、半恳
求地说："不要插手搞糟高加索的问题。"[52] 舒尔茨也以热忱和友
好回馈谢瓦尔德纳泽。1987 年 4 月，他在莫斯科的晚宴上给了
谢瓦尔德纳泽一个惊喜：

> 然后有些人向我敬酒，我说："我不会那么做的。"所
> 以我达成了目的——我拿到了歌曲《我心中的格鲁吉亚》
> （*Georgia On My Mind*）的乐谱和已经被翻译成俄语的歌
> 词。我的表演时间到了，我把它给了谢瓦尔德纳泽……接
> 着，我播放了伤感恋歌歌手演唱这首歌的唱片。再接着，我
> 们大使馆三个说俄语的年轻人唱起了这首歌。最后，我演唱
> 了这首歌。这就是我的祝酒词。他很喜欢。他非常喜欢……
> 他说了一些非常有趣的话。他说："谢谢你，乔治。这让我
> 感觉受到了尊重。"我认为这的确是一个有趣的回应。而且，
> 这次祝酒对我们的谈判也很有帮助。它就像是打破了坚冰，
> 改变了气氛。[53]

那三位演唱者分别是杰克·马特洛克、汤姆·西蒙斯和一位

美国官方翻译。[54] 谢瓦尔德纳泽觉得这是一次非常感人的经历。[55]

舒尔茨对他们正取得的进展感到高兴。谢瓦尔德纳泽也热情洋溢地赞同："我们的一位朋友……问我是否愿意再次飞往华盛顿完成谈判。我对他说：'我甚至愿意和舒尔茨一起去火星旅行。'这次我来到了华盛顿，但火星并不是不可行的。"[56] 舒尔茨可以看到，苏联领导层正摸索着应付美国政治环境的方法。他注意到政治局希望邀请美国国会的领导人到莫斯科，于是建议说邀请一个人数多些的代表团会帮助你们获得必要的支持。[57] 他公开把谢瓦尔德纳泽称作"我的朋友谢瓦尔德纳泽"。[58] 随着华盛顿和莫斯科之间伙伴关系的深化，舒尔茨大胆地就公共关系问题给戈尔巴乔夫提出了建议。1987 年 12 月，戈尔巴乔夫出席了在华盛顿举行的一场新闻发布会，并对自己的表现感到很得意。舒尔茨则认为戈尔巴乔夫的讲话杂乱无章，带有偏向性；他说戈尔巴乔夫需要改变自己的风格，否则就可能失去美国观众。戈尔巴乔夫接受了这一批评，笑着握住舒尔茨的手，并上下摆动。[59]

这反映出戈尔巴乔夫意识到舒尔茨对实现双边协议发挥着重要的作用。在 1986 年 4 月的政治局会议上，戈尔巴乔夫赞赏地称舒尔茨是一位"特殊的人物"，他知道"政治始于泥沼"。他和舒尔茨进行了无数次艰难的讨论。然而，戈尔巴乔夫已经明白，说服他比威吓他更有效。[60]

舒尔茨不遗余力地谈判，此外他还参与基本的思想辩论。在早期，为了他与谢瓦尔德纳泽的一次会面，他和查尔斯·希尔在飞越大西洋途中，准备了一份反对封闭社会的论点列表。[61] 为了 1987 年 4 月与戈尔巴乔夫的会谈，他随身带着一些图表，用以解释苏联是如何与世界经济趋势背道而驰的。[62] 1988 年 3 月，他又向戈尔巴乔夫预测性地说明到 20 世纪末，美苏两国经济会如何发展。舒尔茨指着图表说，美国和苏联在全球生产中所占的份额不久之后就会下滑。这对克里姆林宫的影响将是极其严重的。[63] 舒尔茨多年来就一直在谈论信息时代；他认为共产主义领导人面临一个选择：恐惧信息技术的颠覆潜力还是跟上经济变化的步伐。[64] 很明显，戈尔巴乔夫并没有试图驳斥这一分析。他认识到有必要了解全世界正在发生什么；他显然也接受——如果舒尔茨的预测是正确的——超级大国之间的合作符合它们的共同利益。[65]

外交部也在研究舒尔茨所谓的"信息革命"是什么。[66] 然而，现实中的变化微乎其微。苏联领导人虽然在对话中点头晃脑，但是他们并没有付诸实践。舒尔茨没有对他们彻底丧失希望，正如他后来回忆的那样：

> 他们被迷住了。我们组建了一个工作小组，我叫来了一个人——迪克·索伦（Dick Sollen）是我的政策规划人员——他们也另找来了一个人。因此，他们尝试着开发这种物质（信息），而且我认为它最终是产生了影响的。例如，他们对移民的态度有所改变；因为我简要地对他们说："在信息时代，如果你维持着一个封闭的、割裂开来的社会，就会落后，因为其他所有人都在交换思想，信息如同闪电般每时每刻都在移动。所以，你们必须打开国门。"[67]

1988 年 4 月，舒尔茨又一次试着告诉戈尔巴乔夫，美国的人均电脑数量是苏联的 48 倍。舒尔茨说了一句最不具有外交色彩的评论——只是莫斯科的核武器阻止了美国人像对待巴拿马那样对待苏联。[68] 通常情况下，他会更圆滑老练一些。他珍惜与戈尔巴乔夫和谢瓦尔德纳泽之间的政治和知识互信氛围。

　　尽管不时会恼羞成怒，但美国和苏联领导人之间的关系还是不错的。政治、经济和意识形态的重大利益正在经受考验，双方都认为对方要去更多地了解和认识己方。然而，不管是戈尔巴乔夫还是谢瓦尔德纳泽，他们都不再大肆布道共产主义的优点，这无疑具有一定的意义。他们倾向于把精力集中在实际的谈判当中。事实上，是他们在谈判中做出了让步。美国政府列出涉及多个方面的条件——并不只是核武器，还包括人权和地区冲突。里根暗示，他本人及其官员并没有在国内受到与莫斯科签署协议的压力。戈尔巴乔夫让政治局相信了，他没有在苏联的重大利益上委曲求全；他和谢瓦尔德纳泽在尽职尽责地与美国人维持友好关系。里根和舒尔茨意识到苏联领导人正在积极配合，因此极力避免在公开场合羞辱他们。让苏联方面不断让步总好过让谈判陷入停滞。无论如何，他们开始发现，他们与戈尔巴乔夫和谢瓦尔德纳泽相处得非常愉快。他们一同组成了终结冷战的"四巨头"。

/ 第二十四章　认识敌人

世界政治风云变幻，美国官员认为有必要用事实检验自己的设想。不幸的是，克里姆林宫继续设置神秘屏障。然而，1986 年 6 月中旬，总统国家安全事务助理约翰·波因德克斯特从下属杰克·马特洛克那里收到了一份惊人的备忘录，柏林墙似乎出现了一丝裂隙。备忘录还随附着一份外交政策简报，似乎是阿纳托利·切尔尼亚耶夫写给戈尔巴乔夫的。可能是一个克里姆林宫"间谍"把它交给了美国人。但事实上，那是马特洛克自己写的讽刺性文章，他描述了戈尔巴乔夫当前面临的困境，以此为乐。[1] 波因德克斯特非常喜欢这些文章，并复印了一份送给总统，总统要求从这位"秘密的"线人那里拿到更多的简报。[2]

西方真正的情报机构多年来一直在高效地开展工作。1981年，法国的国土情报监测部门（Directoire de la Surveillance Territoire，简称 DST）招募了克格勃的弗拉基米尔·韦特罗夫中校，后者提供了正在北约国家从事技术间谍活动的特工名字。密特朗把此事告诉了里根，美国人和他们的盟友立即封闭了这一间谍网络。[3] 英国军情六处的表现更令人印象深刻，至少在它的双面特工奥列格·戈迪耶夫斯基（Oleg Gordievski）于 1985 年 7 月飞往英国逃命之前如此。[4] 凯西自豪地汇报说，中央情报局已经征募了上千人加入美国情报事业当中："一些人为了钱，一些人为了自由和权力，还有些人是为了爱国主义。"[5] 美国人不再在莫斯科最高层安插特工：他们最有价值的信息完全来自背叛者。中情局的奥德里奇·艾姆斯（Aldrich Ames）听取了其中最有潜力的背叛者维塔利·尤尔琴科（Vitali Yurchenko）的报告，凯西还邀请尤尔琴科共进晚餐。[6] 不久之后，尤尔琴科突然决定返回莫斯科，克格勃领导层再次对他起了疑心。[7]事实上，艾姆斯自 1985 年 4 月以来就一直在秘密为克格勃效劳；而且即便他不是让尤尔琴科决定离开美国的首要因素，他和其他苏联双面间谍无疑向苏方提供了危害中情局和联邦调查局在苏联行动的情报。克格勃逮捕了至少十位为美国情报机构工作的苏联市民。尽管兰利（指中情局）对苏联渗透的怀疑日渐加深，但无论是凯西，还是之后的中情局局长，都没有对此给予足够的重视，直到 20 世纪 90 年代中期，局面才有所改观。[8]

中情局的通信情报运行得更好一些。由于社会的封闭性，那些外部观察者要想了解苏联，就不得不克服重重障碍；但是凯西声称，美国的先进技术让中情局具备了战胜苏联反制措施的优势。[9]他总是把苏联领导层往最坏处预测，但几乎每次都应验。他的首席苏联专家是弗里茨·厄尔马斯，他形容戈尔巴乔夫在 1986 年中期是一个"新保守主义者，而不是一个自由主义者"，永远不会在军备谈判中做出真正的让步。在厄尔马斯看来，戈尔巴乔夫的目标只是迫使西方松缓防御力量建设。[10]

在整个 1987 年，中情局一直主张如果苏联想要维持世界强国的地位，就必须做出比戈尔巴乔夫所推行的变革更根本的改变。[11]它完全不相信他许下的清除苏联所有核导弹的承诺。[12]另外，中情局还怀疑他是不是一个内部改革者，并认为他永远不会冒"系统性毁灭"的风险。根据中情局的预测，苏联在经济竞争力方面将只会取得微小的改善，但它将持续更新其军事装备，并干涉整个第三世界。戈尔巴乔夫的个人地位也是不稳定的。他可能在政变中被推翻，也可能不得不去应对东欧的严重失序。[13]11 月 24 日，凯西的副手罗伯特·盖茨写了一份简报文件，总结了中情局给总统提出的建议。他强调说，苏联仍在"新奇的"新型武器上投入资源，并在世界各地制造麻烦。美国需要时刻保持警惕。盖茨说苏联领导人之所以要营造一种更友好的国际环境，只是为实现苏联经济现代化赢得喘息之机。他驳斥了莫斯科关于中程导弹的提议，认为那是分裂北约、在西欧争取盟友的拙劣把戏；此外，他也断然否认苏联已经改变了其根本的外交政策目标。[14]

毫无疑问，戈尔巴乔夫非常重视维护自己的全球形象。他写的书《改革与新思维》(*Perestroika: New Thinking for Our Country and the World*)很快就被安排翻译成世界各主要语言，成为畅销书。书中强调了苏联致力于民主化进程。戈尔巴乔夫坚称，改革为组织各个群体提供了新的途径；他希望开辟一条介于资本主义和斯大林式共产主义之间的发展道路。戈尔巴乔夫把他自己推行的苏联秩序改革描绘成全人类最好的生活方式。[15]

/ 260

在戈尔巴乔夫于全世界声名大噪的同时，华盛顿对中情局的表现一直心怀不满。国会联合经济委员会在 1988 年 4 月举行了听证会，主要是担忧中情局一直夸大苏联的经济表现。领导苏联分析办公室的道格拉斯·J. 麦凯钦（Douglas J. MacEachin）反驳说，他的官员们经常强调苏联的经济问题，并指出苏联长期以来都未能开发和吸收新的民用技术。[16] 苏联的计算机能力据称仅仅是美国的 1/10。[17] 苏联分析办公室还预估说，苏联的军事经费占到了苏联国家财政的 15%~17%。（在一次晚宴上，参议员爱德华·肯尼迪给了他这一数据，谢瓦尔德纳泽的估计甚至高达 18%！）[18] 在中情局看来，戈尔巴乔夫还未在经济改革和战略武器现代化之间做出选择——而且在此期间，苏联外债一直在增加。[19] 麦凯钦写信给情报处副处长理查德·克尔（Richard Kerr），强调说他相信苏联政治和社会正承受着巨大压力，而且压力还在日益增大。他坦率地表示，中情局对获取克里姆林宫里的讨论内容是有局限的；他还透露说，中情局专家们对戈尔巴乔夫能否阻止针对他本人和他的改革的政变——可能由利加乔夫或切布里科夫领导——意见不一。但无论如何，所有官员都认为苏联内部的危机正在加剧。[20]

在整个中情局的支持下，凯西发出了关于渗透进美国工业的苏联间谍的警告。他将苏联的技术进步在很大程度上归因于此。[21]他不是唯一强调莫斯科依赖于间谍网络的人。克格勃在给政治局的秘密报告中也这样认为，而且克格勃主席切布里科夫及其继任者克留奇科夫还吹嘘，他们的特工在从美国工厂和实验室窃取机密上技艺超凡。[22]

舒尔茨从未相信中情局在更广泛战线上的报告是公正客观的。从 1986 年 12 月中旬开始，凯西因脑部肿瘤离开工作岗位，盖茨（Gates）成为代理局长，舒尔茨看到了宣扬自己立场的机会。[23]一过完新年，舒尔茨就邀请盖茨到国务院与他探讨。他没有说任何客套话，而是直截了当地指责中情局在报告中掺杂政治偏见。[24]他想要的是特工的第一手信息，而不是特工头子的观点，他知道并非所有中情局的苏联专家都赞同凯西的分析。[25]此外，他还指控中情局的领导层告知总统的事情，却不让国务院知道。[26]盖茨反驳了所有指责。他声称没有对外交部门隐瞒任何信息，并补充说中情局内部意见不一，不是一个完全统一的机构。他让舒尔茨接受这样的现实，即中情局和国务院向来在对苏联局势的判断上存有分歧。盖茨和舒尔茨都表示，双方以后会试着相处得更好一些。舒尔茨开玩笑说："我把你当作我的心理医生，希望你能帮助我好转起来。"[27]

苏联和美国为达成协议加紧工作；但是公共关系领域的斗争

也在恶化，双方都在通过各自的政治宣传渠道开展猛烈攻击。苏联的首要任务是抨击战略防御计划。宣传小册子被匆忙翻译成英文；风格没有早年那样呆板了，也更具煽动性。《是谁在威胁和平》（Whence the Threat to Peace）有了多个版本。字里行间充满了指责："世界和平的威胁来自美国的战争机器、美国政府追求的军国主义政策，以及它凭借其优势地位处理外交事务的行径。"美国对军事优势的追求已经破坏了雷克雅未克的峰会。图勒（Thule）和菲林戴尔斯（Fylingdales）被视为违背了《反弹道导弹条约》。这本宣传册称，美国的大公司视战略防御计划为下金蛋的鹅。武器系统被部署到外太空将打破全球战略平衡，让核战争更可能发生。苏联军事分析人员否认华约军力在数量上胜于北约。[28]苏联科学家反对核威胁保卫和平委员会也持这一立场——罗阿尔德·萨格杰耶夫（Roald Sagdeev）和安德烈·科科申（Andrei Kokoshin）警告说，"有限的核战争"理念是一种危险的无稽之谈。[29]

美国的政治制度认为在一个自由社会出现这种小册子是不可避免的；而且华盛顿的所有人也都认识到，要想在莫斯科出版支持里根的宣传册，就是天方夜谭。但是，里根政府还是对克里姆林宫持续的虚假宣传运动表示了抗议。"苏联的积极措施"完全是在造美国外交政策的谣。共和党国会议员丹·朗格伦（Dan Lungren）强调说，如果苏联领导人真的想要与美国和解，就必须停止这类活动。苏共中央书记处和克格勃利用多种渠道，其中包括西方和平运动，去破坏北约的目标。[30]中情局局长凯西指出，国际友好团体和其他各种各样的"前线组织"是散播政治局政策内容的最佳途径。非洲和其他地区的报纸是克格勃向世界媒体渗透错误信息的另一个渠道。贿赂外国编辑和记者的情况屡见不鲜。另外，伪造美国官方文件也是一种被广泛应用的手段。[31]

里根任命好莱坞电影导演查尔斯·威克（Charles Wick）到美国新闻署工作。威克的任务就是反击苏联领导层。他得到的财政拨款迅速达到了 8.2 亿美元。[32] 他的新闻署和自由欧洲电台每年会得到 10 亿美元拨款，中情局的假情报行动则有 35 亿美元的支持。威克是一个非常不错的选择。尽管对国际事务了解不多，但是威克在最好地展示美国方面有着高超的专业技能。在挑战苏联的虚假宣传上，他也是一位高手——而且这正是他的工作重点所在。

尽管如此，他仍感觉有必要阻止对美国官方活动的诋毁，这种诋毁在全球范围内的公共领域持续蔓延。其中第一种诋毁说，马里兰州德特里克堡的科学家故意发明了艾滋病病毒。《真理报》刊登了一幅美国将军用现金换装有传染性病毒的试管的漫画。漫画中还把每一个细菌都描绘成一个纳粹"夕"字符。第二种诋毁则说，美国已经开发了一种"种族武器"，它只对非洲人和非裔后代致命，对欧洲人的后代没有害处。这种对美国种族军国主义的指控受到了全世界众多媒体的关注（这简直太离谱了，甚至连《真理报》都没有刊登出来）。第三种诋毁是说，美国正在违背 1972 年的生化武器公约，苏联却在尽职尽责地遵守公约。1986 年到 1987 年，苏联媒体充斥着各种指控。它们指控中情局策划了 1978 年圭亚那斯敦镇大惨案，暗杀了奥洛夫·帕尔梅（Olaf Palme）。美国组织被谣传参与用船将危地马拉儿童运到美国，用于器官移植手术。美国似乎是全世界一切罪恶的源头。[33]

美国新闻署持续不停地反击苏联的官方宣传。没有什么比揭穿诡计更能让他们满意的了。积极反共的前共产主义者赫伯特·罗默斯坦（Herb Romerstein）在重要的美国文件上做了特殊标记。这让他查清了克格勃的很多造假文件。苏联对中情局计划暗杀拉吉夫·甘地的指控就是通过这一方法被证明是生编乱造出来的。[34]

罗默斯坦注意到一份苏联报纸刊登了一封读者来信，上面称里根引用了之前纳粹出版的关于苏联的出版物里的语句，在与俄新社主管瓦连京·法林（Valentin Falin）的会议上，他就此事继续发起攻击。有争议的语句是："承诺就好像馅饼的外皮——它们注定要被打破。"俄新社接着又兴致勃勃地写了这一引用与第三帝国的关联。罗默斯坦告诉法林："你上周侮辱了我们，侮辱了我们的总统。"法林坚持认为那句话出自约瑟夫·戈培尔写的一本小册子。"你错了！"罗默斯坦大声叫嚷着，"是列宁说了那句话，不是希特勒！"他举证出写有列宁关于馅饼外皮言论的苏联出版物，法林不得不败下阵来。[35]

莫斯科之所以猛烈攻击里根，是因为里根引用了列宁的"十诫"——事实上，纳粹用这一标题出版过作品。而且，里根的评论的确断章取义，曲解了列宁的"馅饼外皮"之谈（在当时，这是被《纽约时报》发现的）。[36]然而，罗默斯坦已经做出姿态表明，无论何时苏联媒体或克格勃提出站不住脚的言论，美国就会反击报复——而且，如果苏联想要与美国和解，就必须改变自己的行事方式。

苏联当局抓住机会，让受信任的个人给美国媒体讲述苏联的情况。2月，平易近人、英语流利的记者弗拉基米尔·波斯纳（Vladimir Pozner）出现在了美国广播公司新闻频道，就总统的一次演讲发表评论。波斯纳早年大部分时间是在美国度过的，因此他的英语带着纽约口音；后来便跟随家人返回莫斯科，上了大学。他这一代表政治局的举动，在里根政府内部引起了不安。在白宫通讯联络办公室主任帕特·布坎南（Pat Buchanan）的眼中，这就好比 20 世纪 30 年代，在温斯顿·丘吉尔发表无线电广播演说之后，英国广播公司把节目时间给了一位第三帝国小官。[37] 由威克策划的世界网电视频道为美国政府实现目标注入了新活力。[38] 舒尔茨和卡卢奇同意通知苏联人：如果他们想要和解，就必须停止散播谎言。[39] 慢慢地，随着最高级别政治会谈的进行，美苏之间的气氛也明朗起来；而且，苏联媒体开始转向揭露苏联当前和过去的种种弊端，而不是夸大反美宣传。莫斯科的报刊开始批判斯大林和勃列日涅夫时期的政策和实践。对于这个尚未改革的共产主义而言，解禁时期开始了。

访问美国的苏联谈判者努力克服时差，但是可以理解，他们总是感觉困乏。美国人依据美国东部时间，也工作了整整一夜，尽管他们是在莫斯科。苏联总参谋部的工作人员在整个峰会期间都一直坐在办公桌前，他们愉快地称之为"战备状态"。[40] 哪一方做得更好？没有确定的答案，但阿达米申在当时却很肯定："美国人更缜密，也更有目的性；他们知道他们想要什么，也知道用强硬手段去实现目标。似乎，也许我的判断是错误的，我们这一方缺乏需要严格应用于谈判中的知识。"[41]

里根对自己手下的工作就没这么有信心了。他向苏珊娜·马西寻求关于苏联日常生活的信息——正是她教给他"信任但核查"这句俄国谚语。马西是俄国历史和文化方面的一位自由学者，她本人及其前夫写过一本关于沙皇尼古拉二世和妻子亚历珊德拉的畅销书。马西性格活泼而坚定，与总统国家安全事务助理麦克法兰结识，并获得了往莫斯科试探苏联官方是否有意愿重启谈判的任务。1984 年 1 月，通过麦克法兰，她见到了总统，并为他着迷。[42] 里根欣赏她的能力，因为她能让人们了解到苏联公民真正的生活是什么样的。他认为她是"我所知道最伟大的研究苏联人民的学者"。[43] 她称与苏联高层和低层民众都有过直接接触（她甚至说曾收到戈尔巴乔夫的私人信件）。在对戈尔巴乔夫持保留意见的同时，她强调说普通的俄国民众可以自己做决定，不会相信苏联官方的"大谎言"。[44] 1985 年 9 月访问苏联之后，她告诉总统，她常常听到"许多对你表达的善意"。[45] 1986 年 3 月，她表露出自己对戈尔巴乔夫的看法"更倾向于积极的一面"。[46] 舒尔茨不喜欢那些特立独行的人接近总统，但马西是一个例外。他很欣赏她关于苏联宗教复兴迹象的报告。他赞赏她强调了莫斯科正在迅速改变的事实，以及她对打击反对与苏联和解一派的帮助。[47]

当然，并不是所有人都持这一态度。国家安全委员会的卡卢奇非常担心马西的影响力，他要求旁听他们的谈话。里根同意了；他准确地预见到，卡卢奇会发现她并不是往总统耳朵里灌些毫无意义的废话。[48] 然而，得到总统的批准之后，她开始批评美国政府对待苏联的方式。她不同意用逮捕根纳季·扎哈罗夫（Gennadi Zakharov）的方式来报复苏联对尼古拉斯·丹尼洛夫（Nicholas Daniloff）的监禁。卡卢奇回应说，美国不可能"让克格勃控制我们的国家"。[49] 她的技巧是一边恭维奉承总统，一边挑他的官员们的毛病。她总是称赞他对待戈尔巴乔夫的方式；[50] 但是，对美国驻莫斯科大使馆的抱怨连舒尔茨都无法忍耐了。马西批评外交官的俄语很差。舒尔茨说，即便他们俄语流利，她也仍会坚持认为他们缺乏"对伟大的苏联灵魂的理解"。他质疑她从莫斯科带回的信息是否真的来自戈尔巴乔夫。[51] 1986 年末，里根也下结论说，当她鲁莽地要求接替哈特曼为莫斯科大使时，她就有点儿失控了。里根答复说，他已经任命杰克·马特洛克接任

此职，她则继续担任受他信任的顾问。[52] 马西很失望，但接受了
这一决定。她认为，不管怎样，总统应该更经常地与她见面。[53]

　　没有哪位苏联高官或者机构知道里根受其最喜欢的苏联研究
学者古怪的辅导。但是，戈尔巴乔夫无疑对他在赢得西方舆论支
持方面的进展感到非常满意：

> 　　在接触和了解美国多样性的过程中，我们看到，我们的
> 改革已经触及美国社会——一个已经走向反苏联主义极端的
> 社会。人们对一些事情感到沮丧，比如，我们在一些领域落
> 后，而且面临经济困境。但吸引他们的是这样一个事实：（苏
> 联）社会已经在向前走，正在展现它的活力，并受到转变为
> 民主原则的理念的鼓舞。严格说来，正是因为这一点，世界
> 各地的所有人才会想要了解我们是如何与人民相处的。[54]

　　戈尔巴乔夫意识到，美国将会从他那里攫取更多的让步。战
略防御计划不是他唯一担忧的事情。他还担心苏联对美国进口粮
食的依赖，以及与他的几位前任一样，害怕白宫会以此作为一种
政治武器（副总统布什宣称，美国政府从未考虑过这种行动）。[55]
在戈尔巴乔夫看来，外国误解了苏联社会主义。他注意到，美国
政治右翼认为苏联领导人由于认识到苏联的内部困境，正在抛弃
共产主义原则。然而，美国的自由派则认为戈尔巴乔夫正在努力
"挽救社会主义"，正如罗斯福在 20 世纪 30 年代挽救资本主义
一样。尽管戈尔巴乔夫否认了上述两种对苏联改革的解读，但他
也没有解释到底哪里解读错了。[56] 苏联领导层仍然将美国描述为
一个充斥了阶级和种族歧视的国家。谢瓦尔德纳泽明确向舒尔茨
表示，苏联工人享有罢工自由。舒尔茨回应说，莫斯科的工会必

须服从政府生产计划的指示——这并不符合舒尔茨的自由理念。他还否认了种族障碍在美国是不可逾越的，并指出从 1987 年 11 月开始担任总统国家安全事务助理的科林·鲍威尔就是一位黑人。[57]

戈尔巴乔夫和谢瓦尔德纳泽在改革的头三年里，仍忠于马克思列宁主义学说。他们想要改进，而不是毁坏苏联秩序的根基。戈尔巴乔夫的国外经历也没有腐蚀这一满腔热血的承诺。1983 年访问加拿大时，他就已经了解到那里的农民还依靠政府补贴，这似乎让他对市场经济优势产生了长久的怀疑。[58] 在 1986 年 7 月 26 日的政治局会议上，戈尔巴乔夫呼吁同志们不要再为苏联尊重人权记录而道歉。他称，真相是苏联人民享受着在资本主义社会中得不到的保护。他号召再次肯定十月革命的价值。[59]

戈尔巴乔夫已经认识到，克格勃在提供关于美国政策的信息和指导方面做得很差。尽管它利用双料间谍艾姆斯打入中央情报局内部，但是它在政府高层的其他部门没有人力"资产"。它无力提供戈尔巴乔夫不知道的重要情报。每当收到卢比扬卡站发来的关于与美国谈判主要议题的报告时，戈尔巴乔夫都会把报告交给党组织机构评估其可信度。[60] 在 1987 年 2 月的政治局会议上，他抱怨提交给他的关于欧洲共同体的资料质量不高，这就说明了他对克格勃的态度。学术研究机构研究得不够，克格勃的评估也好不到哪里去。一贯坦率的戈尔巴乔夫说，西方的开放资料对制定政策更有用一些。[61] 直到 1991 年夏末戈尔巴乔夫信任的助手瓦季姆·巴卡京（Vadim Bakatin）成为克格勃主席之后，政治领导层才发现，情报机构在收集和处理特工文件上是非常混乱和无能的。切布里科夫和克留奇科夫从他们 48 万名下属那里收到了无数的材料，却大都充斥着意识形态的陈词滥调。[62]

/ 267

戈尔巴乔夫的意识形态立场开始动摇：

> 我们很久之前就被告知资本主义的全球危机即将到来。所以，你如果利用每个机会说"危机"这个词，就绝对不会错！（众人大笑）而且，此时此地，他们也在向我们保证，（美国）政府就要发生一场危机。看看他们是怎样用不可思议的讽刺漫画来报道他们的总统的。但是，人们没有意识到，那里存在一种不同的思想和一种不同的政治进程。我们需要一种短期预测，但是我们也需要一种能够在里根之后延续很多年的预测。[63]

苏联的政治宣传一直宣扬世界资本主义即将瓦解。但是，虽然经历了间歇性危机，发达市场经济还是一代一代地完成了自我更新。政治局是时候抛弃陈旧的、舒适的自我蒙蔽了。

1987年初，戈尔巴乔夫在向政治局讲述一些痛苦的事实时停下来反思：如果改革成功，苏联就必须与外国进行技术合作。[64] 他哀叹苏联经济远远落后于其他国家——甚至芬兰都已经用先进的技术改造了工业，"我们自己的实验室比他们的牲畜饲料工厂还要脏乱"。[65] 他曾和撒切尔夫人探讨苏联的人均收入只有英国的一半的问题："钱都用在哪里了？答案是上层社会和浪费。规划指令并没有从人民的利益出发。那只是官僚政治的纸上谈兵。"[66] 不久之后，他就会承认，真正的数字不是一半，而是三分之一。每当他在政治局发言时，苏联似乎都变得更糟糕。[67] 尽管苏联声称拥有600万名"科学工人"和发达的经济，但是戈尔巴乔夫怀疑在生产性就业上，是否真的有这么多工人。[68] 日本已经跻身世界第一经济强国梯队，联邦德国也是如此。戈尔巴乔夫希望强化与科技水平遥遥领先的西欧国家的合作关系。密特朗向他保证，西欧人打算减少对美国的依赖。[69]

他和谢瓦尔德纳泽仍旧认为美国政府的立场存在弱点。白宫不可能置国会于不顾，尤其在战略防御计划议题上。此外，苏联领导人还怀疑美国经济是否能够如里根所设想的那样蓬勃发展。谢瓦尔德纳泽称，"美国人不可能永久地进行军备竞赛"。[70]但问题在于，美国政府平稳度过了所有的政治风暴；而且尽管经济形势会遭遇困难，但不可否认的是，美国的新工业和科技领域正帮助它在全球竞争中重新位居前列。另外，里根还拥有不错的民意支持度。他远比苏联高层设想的更难以击败。

总统评论说，要是戈尔巴乔夫能够了解美国日常生活的现实，冷战很快就会结束。他曾在乘坐直升机出行、俯瞰购物中心的景象时，向弗兰克·卡卢奇这样说道。[71]并不只有里根这样想。美国的政客，不论民主党还是共和党，都坚信美国价值观和生活方式的优越性。他们常常谴责莫斯科滥用权力。在获得了对苏联人民的新认识之后，他们仍会否认苏联的政权合法性主张。但是，他们中的大多数人的确放弃了这样的假设：相信克里姆林宫里的任何一位统治者都是不安全的。他们开始喜欢和称赞改革者们。有些人甚至爱上了戈尔巴乔夫。里根的右翼批评者认为，总统正在证明自己是一个政治傻瓜或者空想家。他们认为，他已经出卖了自己的原则。然而，他们忽略了重要的一点，那就是里根并没有改变自己对苏联的立场。与以往不同的是，苏联政治高层里发生了一系列根本变化。里根欣然地理解和欢迎这些改变，并试着从美国这边推动它们向前发展。

/ 269

戈尔巴乔夫思考如何彻底改革苏联政治制度时，把美国视为效仿的榜样。政府高层职位候选人应该经过适当审查："看看在美国国会，他们是如何刁难那些总统想任命的部长的。而我们呢，对于谁担任部长这件事，谁问过一个问题？或者参与配合过最高苏维埃委员会的工作？我们只是从报纸上得知，某某某已经被任命为某某职位；但是他是谁，从哪里来，为什么任命他？"[72]

1986 年 1 月访问日本时，谢瓦尔德纳泽对其技术产品感到很羡慕，并对日本对劳动者的关心留下了深刻印象。[73]尽管来自无产阶级革命之地，但他承认日产工厂里的工人受到了比在苏联更好的待遇；工人与管理者之间的合作关系也让他赞叹不已。[74]日本人的工业进步是显而易见、不容置疑的。到 1988 年，戈尔巴乔夫和那些很早就认识到苏联经济问题的官员，相信苏联的全部发展都是基于错误的原则之上："在美国，服务业占到国民收入的 50%，而我们是 11%。我们总是在追求煤炭、石油和建造重型机械。"[75]

除此之外，如果说戈尔巴乔夫及其手下高官不享受西方领导人招待他们的方式，那么他们就不是人类了。载着谢瓦尔德纳泽离开希斯罗机场的戴姆勒汽车凭借豪华的车型深深迷住了他。[76]英国外交大臣位于志奋领（Chevening）的乡间官邸，拥有盖恩斯伯勒的绘画、公园和古董家具，让苏联参观人员叹为观止：相比之下，就连美国富丽堂皇的豪宅似乎也显得朴素了些。[77]奢华不是唯一让苏联人惊叹的地方。1987 年华盛顿峰会闭幕时，美苏双方领导人来到白宫南草坪，在 5000 名观众面前举行欢送仪式。[78]但是，傍晚下起了阵雨，美国总统撑开了一把伞，并举到了妻子的头顶上方。这一举动让苏联人大吃一惊。他们习惯于女人做男人的助手；对他们来说，丈夫——不是普通人，而是一国元首——在公众面前，为自己的妻子是否舒适而操心是一种难以理解的理念。美国日常生活中的这些细节就是两国更大差异的缩影。[79]

在大众眼中，苏联官员的形象是粗鲁笨拙、独断专行、喜欢喝酒。出访外国时，他们时常会印证这一认知。1987年，那些到华盛顿参加峰会的苏联官员住在麦迪逊酒店，酒店为客人们提供了塞满葡萄酒和烈性酒的迷你酒吧。结果是出现了一场饮酒狂欢，最后物资主管科姆拉德·查普林（Comrade Chaplin）不得不让酒店管理人员将酒替换成了饮料。[80] 酒醒之后，麦当劳里的巨无霸和可乐又给他们展示了一个与苏联餐厅截然不同的烹饪世界。他们羡慕那些"非凡且享有全部权利"的美国公民能吃到这样的食物。[81]

戈尔巴乔夫希望证明苏联的领导人从根本上讲与西方国家的领导人并无差别。在1987年年末前往华盛顿之前，他接受了美国全国广播公司（NBC）汤姆·布罗考（Tom Brokaw）的采访，想要借此消除人们的偏见。尽管他在摄像机前表现得轻松自在，但是并没有达到预期效果，主要是因为他的回答杂乱无章、抓不到要点，而且布罗考对戈尔巴乔夫的过分顺从，也在无意间让采访变得更糟糕。但无论如何，戈尔巴乔夫至少把自己塑造成了一个通情达理、和蔼可亲的人物。第二天，他占据了媒体的头版头条。除此之外，他还引发了一次轰动，原因是在前往白宫途中，当行驶到接近康涅狄格大道时，他突然命令司机停下豪华轿车；他希望融入美国民众之中。坐在后面轿车上的谢瓦尔德纳泽注意到了车队突然停了下来，他以为有人企图暗杀；他急忙下车跑向前车，随后就目睹了总书记与美国民众握手的情景。戈尔巴乔夫呼吁民众鼓励美国政治家们向前推进改革大业。安保特工害怕有人可能掏出一把枪来指着戈尔巴乔夫。他们向人群大喊："不要把你们的手插进兜里！"这件事无疑强化了这位苏联领导人蔑视传统的名声。[82]

里根安排了得克萨斯的钢琴家范·克莱本（Van Cliburn）在峰会某天晚上举行独奏会。作为1958年柴可夫斯基钢琴比赛的冠军，克莱本在苏联可谓家喻户晓，而且戈尔巴乔夫也很高兴看到他的名字出现在行程计划上。那真是一次精彩绝伦的演出。克莱本以《星条旗永不落》开场，在演出结束后，赖莎·戈尔巴乔夫要求他弹奏柴可夫斯基的《第一钢琴协奏曲》。这是发自肺腑的请求，但是由于没有管弦乐队，钢琴家不得不拒绝。作为补偿，他演奏了经过他改编的歌曲《莫斯科郊外的晚上》，戈尔巴乔夫夫妇坐在前排跟着唱了起来。钢琴家和总书记在演奏结束时热情拥抱。[83] 另一天晚上，戈尔巴乔夫在苏联大使馆为"美国知识界"举行了招待会。亨利·基辛格和威廉·富尔布莱特（William Fulbright）这样的敌对人物也坐在宾客席当中。另外，一些赞同其政治目标的演员、科学家、歌手、艺术家和小说家也受到了邀请，例如罗伯特·德尼罗（Robert De Niro）、保罗·纽曼（Paul Newman）、卡尔·萨根（Carl Sagan）、约翰·丹沃（John Denver）、小野洋子（Yoko Ono）、诺曼·梅勒（Norman Mailer）和乔伊斯·卡罗尔·欧茨（Joyce Carol Oates）。戈尔巴乔夫与他们交谈、握手和拥抱。不需要别人教他在这种场合该做些什么。[84]

美国的公众人物开始变得渴望赢得苏联官方的信任。经验丰富的反苏科学家爱德华·特勒（Edward Teller）提出了一份倡议，号召在核物理"受控核聚变"方面开展合作研究。他写信给舒尔茨说，安德烈·萨哈罗夫就是能在这方面有所建树的人物（尽管他承认，邀请萨哈罗夫到美国是不切实际的）。[85] 在苏联总参谋长阿赫罗梅耶夫接受美方参谋长联席会议主席威廉·J.克罗上将的邀请访问俄克拉荷马市期间，一名美国原住民赠送给他一个饰有羽毛的印第安头饰，可以明显看出来，他深受感动。[86]
美国人继续努力打破相互限制和不信任的传统。国务院官员理查德·希夫特（Richard Schifter）邀请阿纳托利·阿达米申到家里吃晚饭。希夫特闲聊道，自己对其同事罗兹·里奇韦（Roz Ridgway）离职，并由雷蒙德·塞茨（Raymond Seitz）接替她的工作感到很高兴。他透露了关于美国政府各种内斗的小道消息。阿达米申说美国对阿富汗的政策是荒谬可笑的，他对此没有反驳。这次做客的经历对阿达米申而言，惊喜参半。[87]

苏联社会也发生着广泛的变化。切布里科夫认识到，戈尔巴乔夫的政治改革将使克格勃无法沿用传统的方式处理社会问题。在1986年2月的苏共全国代表大会上，他强调了美国情报机构是如何利用已经大大扩展的国际交流渠道，渗透进苏联的机构当中窃取国家机密的。他重点提到了通过西方无线电广播散播反共产主义理念的方法。此外，他还注意到反对苏联领导层制定的人权政策的政治运动。[88]

仅仅几个月过后，人们在打开收音机听广播时，简直不敢相信自己的耳朵。随着雷克雅未克峰会日益临近，干扰外国广播对戈尔巴乔夫而言，实在是一件尴尬的事情。中央书记处的利加乔夫和克格勃的切布里科夫同意保留美国之音、BBC、北京之声和韩国广播电台。利加乔夫和切布里科夫原则上不反对屏蔽外国电台，但是他们更愿意集中设备和资源去干扰他们最为反对的无线电广播，比如自由之声、自由欧洲电台、以色列之声和德国之声。[89] 到1987年5月，苏联当局已经永久性地终止了对美国之音的干扰。[90] 此外，政治局也逐渐得出结论，对出国旅行的限制损害了苏联的基本利益。谢瓦尔德纳泽指出，那些到国外旅行的苏联公民把很多的创新性想法带到了苏联国内。扩大国际交流渠道只会让苏联受益。[91] 最终，在 1988 年 11 月，苏联领导层决定只要不掌握国家机密，每个苏联公民都享有移居国外的权利。[92]

另一个有趣的现象是美国和苏联的电视节目联合播出，还有现场观众参与其中。这些所谓的"电视桥梁"（telebridges）在 1982 年就已经开始，但当时仅零零散散地在个别地方播出——克里姆林宫不允许它们在莫斯科频道播出。这些节目真正发挥互惠作用是从 1986 年开始，美国公众能够看到和听到俄国人不是机器人，而是与他们一样，是有着普通感情和愿望的人。而苏联观众在观看美国广告时，则发现了一个让他们着迷的消费品世界。[93]

1987 年 7 月 23 日，政治局批准更新苏联的自动电话系统项目，从此苏联与外部世界的联系大大加强。[94] 在大城市里预定时间到特殊电话亭打电话的制度行将结束。通信部打算一年内在"社会主义国家"也实现自动联通，并且在 1992 年之前，让莫斯科居民能够往世界上任何一个国家打电话。尽管承认"既有问题的复杂性"，谢瓦尔德纳泽依旧预测国际舆论将会对这一信息持欢迎态度。葛罗米柯争论说，外国情报机构将利用改革，为它们自己的邪恶目的服务。戈尔巴乔夫不予理睬，政治局也同样如此。[95] 自 1962 年古巴导弹危机以来，总统和总书记之间就一直存在一条高效的"热线"。第一次，数百万的苏联公民能够随时往西方国家打电话。[96] 通信封锁开始解除。前路漫漫，但是没有人能否认从 1985 年开始，苏联发生了显著的变化。

战略防御计划仍然是苏联领导层的痛处。但是，早在雷克雅未克峰会之前，政治局就意识到，里根永远不会放弃他的外太空计划。莫斯科的工作重点是要找到一种办法，限制该计划破坏苏联安全的潜力。可能的选项显而易见。政治局可以甜言蜜语地哄骗白宫，也可以在世界舆论的法庭上公开表示反对，还可以为自己的同类别计划提供资金支持。或者，政治局可以祈祷战略防御计划仅仅是在浪费美国人的时间和金钱。

政治局里面没有一个人打算支持最后那个选项。扎伊科夫、谢瓦尔德纳泽和切布里科夫在 1987 年 1 月 13 日见面讨论美国忧思科学家联盟（Union of Concerned Scientists in America）主席亨利·肯德尔博士（Dr. Henry Kendall）给戈尔巴乔夫的信。肯德尔强调说，尽管总统做出了承诺，但战略防御计划仍具有危险的潜在后果。他的提议是将计划分成两个部分，苏联允许美国人在外太空试验一部分，与此同时在未来 10 年内放弃另一部分的试验。苏联领导人明确指出，美国可以进行探测与跟踪传感器的实验研究，来追求"战略优势"。苏联需要弄清楚战略防御计划的哪些要素具有致命的威胁，并制定出一份削减军备协议以换取美国人放弃它们。[1]基于这一点，政治局与西方所有寻求阻止里根计划的团体取得了联系。莫斯科认识到，甚至在华盛顿，也有可乘之机，民主党政界人士经常批评政府的计划不是好战，就是浪费公共资金；而且，像肯德尔这样的科学家，也可能更赞成政治局关于美国研究项目的背后意图的主张。

苏联的一些重要科学家游说戈尔巴乔夫增加对直接对抗战略防御计划的同类别计划的资金支持。按照他们的建议，戈尔巴乔夫在 1987 年 4 月向苏联共产主义青年团（Komsomol）领导人吹嘘道，苏联已经成功建造了自己的超级计算机。当时在场的韦利霍夫听后，哑口无言。戈尔巴乔夫居然完全相信了那些科学家的胡言乱语。罗阿尔德·萨格杰耶夫写信给戈尔巴乔夫指明了这一点——阿尔巴托夫亲自递交了这封信。其他消息灵通的一流科学家也向戈尔巴乔夫表达了同样的看法。[2] 但是戈尔巴乔夫拒绝干预那些计划的实施。可能，他更愿意相信虚构的皆大欢喜，而不是直面现实。也许是扎伊科夫助长了戈尔巴乔夫的天真。戈尔巴乔夫喜欢谈论将要取得的进步。他在当年 12 月告诉布什："我们的科学家正在制造超级计算机、个人和微型计算机，以及工业用的巨型计算机。"韦利霍夫在他身旁，他便让韦利霍夫详细说明一下预计生产的数量。韦利霍夫支支吾吾地说了数字，大概是刻意为之。[3] 到了 1988 年，在政治局讨论计算机工业时，戈尔巴乔夫才醒悟过来："等等，不要急着下定论。首先确认一下这是不是真的。计算机可不是拖拉机。"[4]

戈尔巴乔夫对位于莫斯科西北部的苏联新型信息技术工业基地泽列诺格勒之行感到很满意。他知道苏联远远落后于美国，但是他确信苏联有足够多的计算机来满足其经济发展的基本需求。泽列诺格勒工作人员的热情给他留下了深刻的印象。他支持他们的主动性。在戈尔巴乔夫看来，苏联很快就会成为工业电子领域的一股力量。[5] 不久之后，他就会意识到科研条件远非最理想的，而且研究人员的生活条件也与所期望的相差甚远。[6]

1987 年 5 月 17 日，国防部部长索科洛夫提醒政治局注意，美国可能最早在 1991~1995 年，就开始试验其计划的部分项目，包括 X 射线激光和核爆炸——他的下属已经阅读了温伯格给美国媒体的消息，并得出了他们自己的结论。索科洛夫敦促要加快苏联对抗性计划的研究进度。政治局并没有被他吓住。[7] 它做出的主要反馈是让马斯柳科夫负责监视美国发生了什么[8]，7 月 10 日，国家军工问题委员会开会审议了这些问题。谢瓦尔德纳泽强调说，"国际社会"一直在担忧战略防御计划；他提议强化苏联的政治宣传运动。主管军备的国防部副部长维塔利·沙巴诺夫（Vitali Shabanov）怀疑大规模的核进攻是否真的可以用非核武器来防御。他还表示，以核武力为基础的防御计划成本更低 。委员会对美国人能否取得成功意见不一。主管总参谋部军备控制事务的尼古拉·切尔沃夫（Nikolai Chervov）指出，将苏联的政策建立在里根计划会失败的假想之上，永远都不会是安全的。[9] 谢瓦尔德纳泽似乎赞同这一观点。8 月 19 日，他说："如果美国人开始发展战略防御计划，我们就不会再束手束脚，我们将退出那个可能达成的削减 50% 战略进攻性武器的协议。"[10]

美国人知道政治局正在秘密地资助它自己的类似计划。在苏联谈判代表试图称美国对发动一场新的军备竞赛负有唯一责任时，美国人就向苏联同行表明了这一点。美国人要求到哈萨克的萨雷沙甘（Sary Shagan）参观苏联的激光实验设备，但遭到了拒绝。[11] 特勒，最初说服里根支持战略防御计划的人物之一，担心苏联的竞争。1987 年 2 月，他对同事弗雷德里克·塞茨（Frederick Seitz）说，关于美国研究机构在干什么、将要干什么，公开的信息实在太多了。苏联对手可能从中找出有用的线索。[12] 由韦利霍夫领导的项目正在加速推进。他得到了戈尔巴乔夫的支持；没有其他科学家能像他一样，在研究该走哪条路的问题上有如此大的影响力。尽管才华横溢，但还是野心打败了理性判断，他轻信了沃尔纳德斯基地球化学研究所（Vernadski Geochemistry Institute）科学家的说法，即他们发明了一种从

10 公里外探测伽马射线的方法。他的朋友兼合著者萨格杰耶夫对他说，这些所谓的成就都是伪造出来的。他把萨格杰耶夫说的话丢到了脑后，向戈尔巴乔夫报告说，沃尔纳德斯基团队有了一个已被证实的发现。[13]

早些年间，对苏联政治领导人而言有诱惑力的东西是全方位地效仿美国战略防御计划。莫斯科的政治已经变了，政治局不再将战略防御计划视为拒绝签署裁军协议的理由。苏联一直质疑美国制造出可靠的核进攻防御体系的可能性，在 1987 年 5 月 8 日的政治局会议上，戈尔巴乔夫重申战略防御计划背后的真正目的是强迫苏联做出竞争性回应，摧毁苏联经济。[14] 他决定不再让美国的计划牵扯他过多的精力。当然，在 9 月份给总统的信中，他再次反对重启一场新的军备竞赛；但他没有直接提到战略防御计划。[15]

舒尔茨注意到了这一细微变化，并提醒里根注意其中的含义。[16] 法国人注意到，尽管戈尔巴乔夫仍旧抵抗美国人的计划，但通常是蜻蜓点水、敷衍了事。[17] 在 1987 年华盛顿峰会上，战略防御计划一直处于边缘位置。一周前被任命为国防部部长的弗兰克·卡卢奇，欢迎阿赫罗梅耶夫到五角大楼参观——对苏联总参谋长而言，这是个非同寻常的时刻。阿赫罗梅耶夫还认识了战略防御计划主任亚伯拉罕森将军。卡卢奇提议对研究基地进行互访；他建议，苏联专家们应该察看斯坦福大学和加利福尼亚州利弗莫尔国家实验室（Livermore National Laboratory）里的设备。阿赫罗梅耶夫没有否认苏联科学家正在研究一项类似的计划。当卡卢奇称没有什么能够阻止防御计划时，阿赫罗梅耶夫也让他明白，苏联最终——即使用 15 年或更多的时间——将开发出一套能与防御计划对抗的系统。韦利霍夫这位唯一参与讨论的科学家，质疑美国激光技术实现其预期结果的可能性；他也对研究人员是否向华盛顿提供真实可信的信息表示了怀疑。[18]

戈尔巴乔夫不愿意再妖魔化防御计划的做法，对公共舆论造成了直接影响。阿赫罗梅耶夫注意到，政治局委员们甚至在他们内部都不再讨论这一计划了。[19]

苏联领导人对于他们的战术改变，没有发表任何声明。他们可能认为，没有任何回报地丢掉一张议价底牌，并不是一件好事。也许，他们也害怕这种示弱会让他们在全球范围内颜面尽失。然而，尽管他们从来没有停止唠叨防御计划，但他们改变了立场这一事实是确定无疑的。后来，1988 年 3 月 2 日，在"五巨头"开会时，扎伊科夫证实，官方政策不会再坚持把防御计划和削减军备的其他问题联系起来。[20] 但是问题在于，没有人通知美国人这一消息。为了能在中程核导弹谈判上取得进展，美国谈判代表粗略勾勒了他们关于"太空试验范围"的想法。其目的是表明愿意考虑对战略计划做出一些限制。戈尔巴乔夫曾在雷克雅未克试图用弹性定义"实验室"研究来吸引里根。美国人现在正试探克里姆林宫能否同意把可允许的范围延伸到太空。总统国家安全事务助理鲍威尔敦促杜比宁大使做出回应，但毫无结果。苏联领导层的策略是在反对防御计划的同时，拒绝做出任何实际让步或者陷入口水战。[21]

/ 278

苏联放松了对里根计划的敌意，美国人感到很高兴。但他们对克拉斯诺亚尔斯克雷达站依然不愿让步。苏联谈判代表们迟迟没有认识到，这对谈判造成了多么糟糕的影响。1986 年 11 月 25 日，中情局副局长罗伯特·盖茨给出了一份尖锐的分析。莫斯科方面逐渐认识到了危险性，并为苏共高层准备了一份背景文件。文件的主要内容让克里姆林宫非常难堪：也就是说，雷达站的确违反了 1972 年签署的《反弹道导弹条约》。[22]

政治局最初的想法是，在俄罗斯远北地区的诺里尔斯克（Norilsk）建造雷达站，以便弥补在遭遇美国核攻击时，苏联早期预警系统的缺陷。但是在冰冻荒地建设雷达站的成本太高了。另外，诺里尔斯克的交通运输被限制在夏季，而且必须依靠河运，所以地址就改到了克拉斯诺亚尔斯克。根据格奥尔基·科尔尼延科的说法，军事指挥官们的选择是诺里尔斯克，但政客们否决了他们的要求。[23] 尼古拉·杰季诺夫（Nikolai Detinov）中校可不是这么认为的。杰季诺夫称，是乌斯季诺夫明确代表国防部和总参谋部，将克拉斯诺亚尔斯克项目交到了政治局。乌斯季诺夫自信地说，放在克拉斯诺亚尔斯克，就能对全世界隐瞒雷达站的真实功能。但是，当安德罗波夫谴责里根的战略防御计划违反了《反弹道导弹条约》时，美国人开始公开反对克拉斯诺亚尔斯克项目。[24] 苏联的回应是，雷达站是为了应对外太空的威胁，而不是防御美国的导弹进攻。美国人从来都不相信这一点——他们是对的。[25]

谢瓦尔德纳泽明白，这件事会破坏他在与美国人谈判上付出的努力；他还意识到苏联领导人不断地否认华约在欧洲的军队数量超过北约，这对他们来说，没有带来任何帮助。[26] 他的观点需要时间来验证。1987 年夏天，政治局试图通过邀请美国国会议员视察克拉斯诺亚尔斯克基地来平息争议。邀请外国人到苏联军事"目标"内部的做法是史无前例的。戈尔巴乔夫正表现出非同寻常的灵活性。但是他失望了。参观者拒绝放弃他们的反对意见，除非他们一致认为苏联当局不会违反条约，否则苏联将无法启用雷达站。[27]

9 月 15 日，在访问华盛顿时，谢瓦尔德纳泽在白宫遭受了里根及其官员更多的指责。[28]他表示，向前推进的唯一方法是美苏双方都依靠自己的防御体系；他补充说，他已经就雷达站的争议质询了亚佐夫（Yazov）。他想要表现得有灵活性、适应性。但是，他并没有给出实际的解决方案，里根只是重申了自己对苏联领导层的要求：要么拆除设施，要么将当前这轮削减军备的谈判置于危险境地。[29]莫斯科给谢瓦尔德纳泽的指示是，不得透露政治局在9月4日已经决定中止克拉斯诺亚尔斯克建设的消息；他此行的目的仅仅在于试探美国的敌意有多大。[30]里根和温伯格非常清楚地表明了反对态度。同年10月，听完谢瓦尔德纳泽的汇报，戈尔巴乔夫宣布一年内暂停建设雷达站。[31]这在一定程度上缓和了争论；而且，里根在1987年12月的峰会上非同寻常地对克拉斯诺亚尔斯克只字未提。

在苏联领导人为舒尔茨1988年2月的莫斯科之行做准备时，"五巨头"提议谢瓦尔德纳泽应该主动提出，只要美国人同意拆除他们在图勒和菲林戴尔斯的"非法"设施，苏联在10年之内就不启用雷达站。[32]这依然没有动摇里根的立场。1988年8月12日，他写信给戈尔巴乔夫，解释说美国的整个政治系统都认为移除克拉斯诺亚尔斯克设施是没有协商余地的。他与国会的观点是完全一致的。如果戈尔巴乔夫想要达成关于核武器的条约，那么他就必须拆除那些雷达设施。[33]戈尔巴乔夫在9月来到克拉斯诺亚尔斯克，提出了一个新主意：将雷达站移交给科学院，建立一个以和平利用外太空为目的的国际合作中心。他写信给白宫解释了自己的计划。[34]里根、舒尔茨和布什立刻回绝了他（这一次，中情局怀疑这是否真的对戈尔巴乔夫是公平的）。[35]不久之后，谢瓦尔德纳泽就在白宫好言讨好里根和舒尔茨。尽管他不能透露政治局的任何具体决定，但他要求他们理解苏联领导人是真正在寻找解决方案。[36]

直到 1989 年秋天，里根离任数月之后，苏联才明确转变了立场，谢瓦尔德纳泽在与布什总统的国务卿詹姆斯·贝克（James Baker）的会谈中，透露了克里姆林宫已经决定完全关闭克拉斯诺亚尔斯克雷达站。[37] 到这时，苏联花了 5.3 亿卢布，建造了一个全新的有着 3 万名居民的城镇。苏联当局放弃了建立研究中心的计划，也放弃了建造民用工厂的想法。当他们支持改成一块流放地时，却没有哪个部委愿意投标建造设施。[38] 到 1989 年 12 月，苏联发布声明，雷达站将在 1991 年的某个时间全部拆除。[39]

除了雷达站，白宫也一直在反对苏联隐瞒其军事开支。克里姆林宫继续在军队规模和武器装备上撒谎。如果戈尔巴乔夫和谢瓦尔德纳泽真的想与美国建立某种伙伴关系，那么这种状态就必须改变。外交部在 1986 年秋天提出了这一问题；10 月 22 日中央委员会就发布了一份命令，要求国防部就哪些信息是可披露的制定方案和一览表。[40] 1987 年 3 月 5 日，阿赫罗梅耶夫回到政治局，他激怒了戈尔巴乔夫："整个世界都在大笑。美国花 3000 亿，我们（只）花 170 亿。而且，我们还保证达到战略平等。"[41] 政治局不再容忍苏联军事游说集团的任何借口。戈尔巴乔夫希望能够严肃、不撒谎地和美国人谈判。

苏共中央国防部在进行一些调查研究的同时，请求继续公布不准确的预算数字。[42] 戈尔巴乔夫对这种遁词十分恼火，要求国防部转变态度。5 月 8 日，他对政治局说，苏联总是隐瞒其驻扎在中欧的部队数量。北约的部队比我们少得多，而且他们是知道这一点的。除非苏联表现出一些诚意，否则美苏之间不可能取得进展。[43] 当葛罗米柯试图反抗时，谢瓦尔德纳泽和雅科夫列夫则站在了戈尔巴乔夫一边。⁴⁴阿赫罗梅耶夫清楚地知道，反对是徒劳的。戈尔巴乔夫向所有人讲了撒切尔夫人的话：在苏联入侵匈牙利、捷克斯洛伐克和阿富汗之后，西方对苏联真的有所恐惧。他认为，苏联制定政策时，必须认真考虑这一点。在高尚地呼吁国际关系的"人性化"的同时，他还要求苏联军事理念从追求战略平等转变为足量够用——而且他想要将军备降到"最低水平"。如果军备竞赛继续进行，那么苏联将不得不变成"一座军事基地"。裁军是唯一可行的选择。戈尔巴乔夫讲到要将苏联在东欧的军事力量减至17万名士兵，并劝美国将其军队撤回大西洋对岸。⁴⁵

7月时，谢瓦尔德纳泽补充了一点，即如果苏联希望他能在国外有效地代表国家做事，那么领导层就必须少一些神秘感。政府、军工机构、军队和克格勃应邀对这一要求发表意见。⁴⁶尽管雷日科夫没有表示反对，但他认为在1989~1990纳税年度之前满足谢瓦尔德纳泽的要求是不可能的。⁴⁷8月6日，政治局同意了这一时间安排。⁴⁸与此同时，它仍然坚持让官方对外宣称，苏联的军事开支只占到国家总开支的4.6%。⁴⁹雅科夫列夫回忆了关于这一主题的一次精彩对话：

> 我记得有一次，扎伊科夫给我打电话说："听着，亚历山大，你知道我们有多少枚弹头吗？"我说："嗯，我想应该是3.9万枚。""不，"他说，"真实情况是4.3万枚。"我问道："你从哪里得来的消息？我们的所有文件里都写着3.9万枚。"他回答说："我一直在寻找国防部里的那些头头儿，但谁也没有找到。最后，我们抓住了一个人，他是武装力量后勤部的一个头头儿。我问他我们有多少枚弹头，他告诉我：

'4.3 万。'"至于其他类型的武器，他们应该也是这样欺骗我们的。天啊，让他们见鬼去吧。[50]

即便是对公开真实数字漠不关心的阿赫罗梅耶夫，也承认有些事情的确出了问题："你知道，最高苏维埃里的任何一位代表都可以向我们的总书记发问，我们如此少的军事预算怎么能和拥有高额军事预算的美国相抗衡。而且，我们的说辞是，我们做任何事情都是基于（与美国人）平等的基础之上。谁会相信我们？"[51]克格勃的切布里科夫认为，如果苏联的专家们能够从美国公开的资料中得知那么多关于加利福尼亚州洛斯阿拉莫斯和利弗莫尔核试验基地发生了什么的信息，那么美国人应被允许视察哈萨克的塞米巴拉金斯克（Semipalatinsk）。[52]

多年含糊不清的问题必须解决。原来，传统预算只是规定了军事人员方面的开支。研究和生产被隐于具有误导性的标题之下。瓦季姆·梅德韦杰夫回忆说，只有四五个人才能看到真实的开支数据。随着会计制度改革的推进，事实表明，军事支出不是占国家财政的5%，而是至少16%——而且，梅德韦杰夫猜测真正的数字应该是 25% 左右。[53]

苏联在核武器数量上的作假阻碍了与美国人的武器谈判。事实上，正如谢瓦尔德纳泽在 1987 年 11 月 9 日对其核心集团解释的那样，苏联的中程导弹比美国的还要多："不平衡是存在的，而且我们都知道这一点。但这不是我们能够公开承认的事情。"[54]阿赫罗梅耶夫再也无力反驳停止作假的主张了。11 月 24 日，美苏在华盛顿重启谈判，舒尔茨和谢瓦尔德纳泽将一些重要的细节问题交由尼采和阿赫罗梅耶夫解决。在尼采同意将视察次数限制在一年 6 次之后，阿赫罗梅耶夫在视察问题上做了让步。但是，他反对美国不愿意让苏联的检查员进入犹他州的一处兵工厂。当他要求检查位于佛罗里达州奥兰多的马丁·玛丽埃塔（Martin Marietta）工厂时，舒尔茨大叫道："那是迪士尼！"尼采补充说，马丁·玛丽埃塔已经不再生产武器了。科林·鲍威尔插了进来，并反驳了尼采。[55] 为了让协议行之有效，双方都需要更加努力。准备工作密集展开。到1988年，苏联方面已经准备好迎接美国观察员视察位于乌拉尔南部的沃特金斯克基地。[56]5月，谢瓦尔德纳泽给了舒尔茨一份关于苏联战略核武器数量的详细报告。由于报告是用俄语写的，所以舒尔茨是看不懂的；但他对苏联的这一进步迹象表达了赞赏。[57]

戈尔巴乔夫下令在雷克雅未克峰会上专注于远程和中程武器，将短程导弹留给了他们的工作组处理。很多工作还没有做，领导人们也知道他们迟早要面对这一问题。短程是指射程在500公里以内。美苏双方都非常清楚，从北约和华约之间的边界线发射一枚所谓的作战－战术核导弹，就足以引发一场世界大战。1987年2月2日，戈尔巴乔夫提议将此类导弹纳入准备从欧洲撤出的中程导弹范围之内。[58] 他的首要工作是消除一切障碍，与美国人达成协议。

虽然美国谈判者同意将此作为一个目标，但是他们担心实现它可能需要很长时间。事实上，他们是在怀疑苏联的诚意。他们怀疑的理由是，苏联在德意志民主共和国和捷克斯洛伐克安装了新型SS-23（"奥卡"）导弹。据设计者说，这些导弹可以覆盖最大400公里的范围，因而是一种短程核武器。美国方面担心的是，苏联可能会找到方法增加其射程，并秘密地绕过将要达成的中程导弹协议。事实上，从技术上讲，增加射程是不可能实现的；但是苏联谈判代表团被禁止泄露这一信息，以防向美方暴露该研究项目的秘密。所有人都明白，根据公开的信息，美国人这样做是有正当理由的。谢瓦尔德纳泽想的是停止生产和部署工作，相反，阿赫罗梅耶夫却建议改造SS-23导弹，以缩短它们的射程。阿赫罗梅耶夫勉强帮了些忙。但扎伊科夫认识到，阿赫罗梅耶夫的提议仍旧无法让美国人满意。舒尔茨不久后就会抵达莫斯科，除非苏联领导层让步，否则舒尔茨就会制造麻烦。[59]

戈尔巴乔夫答应舒尔茨，苏联会清除SS-23导弹——他同意了扎伊科夫的观点，即尽快解决SS-23问题，以便确保双方签署《中程导弹条约》（Intermediate-Range Nuclear Forces Treaty）。他声称，当时阿赫罗梅耶夫也支持他这样做。阿赫罗梅耶夫后来否认了这一说法，称在戈尔巴乔夫做出让步的那一刻，自己并不在现场。[60]除此之外，莫斯科谣言四起，说是谢瓦尔德纳泽逼迫戈尔巴乔夫做出让步，损害了苏联利益。国防部和军事-政治委员会（Military-Political Commission）也充斥着焦虑不安；瓦连尼科夫（Varennikov）从喀布尔返回莫斯科之后，就直奔阿赫罗梅耶夫的办公室。阿赫罗梅耶夫甚至连招呼都没打，就立即声明："瓦连京·伊万诺维奇，错不在我。命令是'上面'给的。"虽然瓦连尼科夫没来得及提SS-23导弹，但阿赫罗梅耶夫很容易就能猜到他脑子里想的是什么。[61]戈尔巴乔夫坚持他做出的承诺，并威胁主要的指挥官们，如果他们试图在苏共全国代表大会上发表反对言论，就施以行政处罚。[62]

无论如何，苏联的技术专家们都没有为那些批判反对之声提供支持；他们确信，戈尔巴乔夫做了正确的事情。欧洲大陆上的核导弹越少越好。[63]甚至连阿赫罗梅耶夫在理性思考这一问题之后，也承认有必要大幅度削减核武器数量。苏共中央国防部的卡塔耶夫一想到一名战地指挥官决定发射一枚短程核武器，以支援东西方对峙边界受到威胁的部队，进而会引发第三次世界大战时，就不寒而栗。[64] 他和军备谈判专家尼古拉·杰季诺夫（Nikolai Detinov）还有一个反对那些批判者的理由。他们都理解戈尔巴乔夫所面临的困境：假如他拒绝撤出 SS-23 导弹，美国人就可以自由部署他们的新型、射程 450 公里的长矛 -2 导弹——结果将是加剧欧洲的军事不安全感。杰季诺夫是一名军人，曾在日内瓦与苏联谈判代表团的外交官们闹翻；他不是那种机械地相信戈尔巴乔夫的理念的人。但是，在那一重要时刻，他相信总书记没有其他明智的选择。[65]

经"五巨头"和政治局的批准，戈尔巴乔夫为了达成削减核武器库存量的双边条约，做了一个又一个让步。大家都认为这是值得付出的代价。里根和他们一样，迫切地想要达成一份协议。但是，戈尔巴乔夫及其同僚比他更需要它——而里根明白这一点。

1987 年 9 月 8 日，美国国家安全规划小组召开会议，为谢瓦尔德纳泽下一次访问华盛顿做准备。大家都兴致勃勃、情绪高涨，因为在里根总统任期结束之前达成战略和中程核武器协议的希望越来越大。[1] 原来一向乐观的舒尔茨却认为现在高兴还为时过早，因为双方尚未签署任何根本协议，但他对美国代表团在日内瓦所取得的进展表示肯定，他说："我们需要做出决策，在谢瓦尔德纳泽来到这里之前，把条约摆在谈判桌上。"[2] 这番话惹恼了温伯格，他反对"在一次会面的压力之下快速做出决定"。舒尔茨没有反驳这一点，他解释说根据他掌握的消息，事实上规划小组一直在对外泄露信息。他认为，如果当天的会面情况为公众所知，那么与苏联谈判很可能就会变得更加复杂。[3] 温伯格听完舒尔茨的评论，十分愤怒。此外，他还反对舒尔茨授予美国代表团在战略武器谈判上一定的灵活性。在温伯格看来，国务院提出的建议无异于向克里姆林宫投降。[4]

里根自然而然地将自己置于国务院与国防部的争吵之外。但他还是表露了自己的偏向：

> 你必须记住，整个事情（与苏联谈判）始于一个理念，那就是这个世界需要摆脱核武器。我们必须记住，我们不可能打赢一场核战争，而且我们也不能打核战。苏联人不想靠战争取胜，而是靠战争的威胁。他们想发出最后通牒，让我们不得不屈服。假如我们能谈谈一些能够打破僵局、避免战争的基本措施。我的意思是，想想看。那些战争的幸存者将会生活在哪里？世界上的大部分地区将会变得不适宜居住。

我们要记住这就是我们要做的事情。我们要共同采取措施，让我们更加明确地认识到，我们需要清除核武器。[5]

似乎感觉到自己所说的话听起来像是政治鸽派的号召，里根又补充道："我的一个朋友告诉我，苏联的政治右翼正开始称呼戈尔巴乔夫为'是的先生'，因为他同意我说的一切。"[6]

温伯格认为总统正沉浸于自己的老旧观点之中，因而他试图重新唤起人们对苏联过去和当前政策的怀疑。他就好像是一位老师在教导一个让他失望的小学生：

> 总统先生，在这一问题上，我们必须慎之又慎，因为我们想要做的是摆脱核武器，假如处理失当，我们就不可能摆脱它们。一旦使用了核武器，我们是无法生活下去的。我们之所以不能彻底清除它们，是因为还没有什么东西能够抵御它们。我们绝不能做那些会限制我们抵御核武器能力的事情。我们要提早防御；我们要捍卫我们的大陆，而不只是几处地点。[7]

根据最新消息，战略防御计划要到 1995 年才能完成准备工作，开始部署。接受苏联谈判者提出的要求是危险的。温伯格并不介意将军备谈判暂停两年或更长的时间。美国必须表现出坚定不移的态度。[8]

虽然里根口头上答应了温伯格，但是细心的会议记录人员却记录道，他"基本上一直在摇头"。他非常想使谈判取得成功。为了安抚温伯格，他做了一个小举动：他承诺，如果美国要与苏联分享战略防御计划技术，那么他将坚决要求获得新型苏联防御系统。温伯格依然不为所动："我不相信我们能做到。"罗伯特·赫雷斯（Robert Herres）将军，参谋长联席会议副主席，同意温伯格的看法："总统先生，交换技术数据有很大的风险。我们的很多技术能很容易地被转换用作他途或用于进攻性目的。"阿德尔曼（Adelman）补充说："总统先生，那将成为西方世界闻所未闻的最大规模的技术转移。与它相比，东芝事件看起来微不足道。他们如果充分了解我们的系统，就会很容易找到对策。"9

坎佩尔曼（Kampelman）说，大家都没有抓住关键点。他认为，经过30个月的紧张谈判，美国代表团在日内瓦已经确保美苏同意在中程导弹方面达成一份"了不起的协议"。他要求做出进一步的妥协，以便争取协议顺利签署。坎佩尔曼希望将战略防御计划限制为一个研究性项目。与往常不同，他说得语无伦次。他知道即便是戈尔巴乔夫，也没有提出如此严苛的条件。他激怒了温伯格；温伯格极力主张美国永远不能放弃部署其研究成果的权利。10总统又一次站在了温伯格的对立面，以期在谈判桌上取得进展；他说："我一直在读《圣经》，里面关于世界末日决战的描述正是一幅众多城市毁灭之景，我认为，我们坚决要避免这种情况发生。一定要避免。"卡卢奇欣然附和道："毫无疑问，我们要避免末日决战。"温伯格察觉到了总统的意志在松懈动摇，于是直言不讳地宣称："解决方法就是战略防御计划！"11会议到此就结束了，舒尔茨和那些想要达成协议的人赢得了胜利。温伯格再也没有从这次失败中恢复过来。几个周之后，他决定辞去职务。

谢瓦尔德纳泽飞到了美国，与里根和舒尔茨会面。他胸有成竹。他对助理们说，现在双方的分歧仅仅是一些"皮毛"问题了。12 1987年9月15日，在白宫会见里根时，他的情绪就没有那么乐观了，因为里根强烈反对苏联军队继续待在阿富汗。他说："如果你想撤出（你们的）军队，那么就撤出来！"谢瓦尔德纳泽也对里根就苏联在人权和东欧方面的政策喋喋不休感到不快。他直截了当地问里根："我们究竟要不要达成协议？"[13]谢瓦尔德纳泽又提出让温伯格联系苏联国防部部长亚佐夫，这让温伯格勃然大怒："如果他们邀请我去红场，公开承认我破坏了《中程导弹条约》，那么我一定去！"温伯格冷静下来之后，说在尼克松任期时，他作为卫生部部长曾与其对手——苏联的卫生部部长彼得罗夫斯基（Petrovski）——相处得很好。谢瓦尔德纳泽对此回应说，很遗憾，接管苏联国防部的并不是彼得罗夫斯基。里根变得越来越哲学化，他说："如果地球上的文明突然遭到其他世界的威胁，美国和苏联会团结一致，是这样吗？"所有人都不知道要如何回应这样一个问题。布什讲了一个笑话："一个行星际宇宙飞船进入了我们的星系。中央情报局对它进行了监视，并听到了下面的对话：'三个臭皮匠顶过一个诸葛亮。'"[14]

/ 288

谢瓦尔德纳泽和舒尔茨当天晚些时候见了面，就双方如何组建工作组来起草《中程导弹条约》的最后细节达成一致。[15]这让谢瓦尔德纳泽感到很开心，他还认为有可能实现将战略武器削减50%的目标。苏联手里仍有些好牌可打。在谢瓦尔德纳泽看来，如果戈尔巴乔夫不喜欢白宫的提议，那么他仍可以不失面子地拒绝参加华盛顿峰会。[16]

1987年9月17日，舒尔茨递交了一份长达60页的要求清单。他力促快速签署条约。正遭受失眠症困扰的谢瓦尔德纳泽拒绝匆忙行事。还有太多的问题需要解决，不能操之过急，要放慢节奏。[17]舒尔茨回复说，如果出现任何拖延，苏联领导层可能就得和接替里根的下一任总统谈判了。苏联和美国之间的事情还是

尽快了结为好。大规模削减军备协议已经伸手可及。当谢瓦尔德
纳泽依旧踟蹰不前时，舒尔茨显得十分恼火。双方一致认为在峰
会召开之前，需要敲定一些重要的细节问题，但是美国人担心，
莫斯科方面不紧不慢，缺乏紧迫感。[18] 对谢瓦尔德纳泽来说，他
希望确保美国制度内部的分歧能够迅速得到解决。苏联不想在华
盛顿举行签字仪式的时候，却得知美国国会拒绝批准条约。苏联
高层不想让总书记的声誉受损。[19] 谢瓦尔德纳泽想让舒尔茨明白，
戈尔巴乔夫及其改革者在苏联国内处于非常困难的境地。他们不
能对每一个国际关系难题都表现得过于妥协。

　　苏联的军事游说集团仍旧在对潜在的危险喋喋不休。总参谋
部同意政府的工作重点是签订一份削减核武器的双边条约。美国
及其盟友担心，后果可能会是苏联常规部队成为西欧的巨大威胁
（这正是阿赫罗梅耶夫在 1986 年 1 月将常规力量排除在他的提
案之外的原因）。里根加快军队现代化步伐。西方国家毫不松懈
地推进现代化进程，苏联方面则担忧北约国家很快将在非核武器
方面取得飞跃。苏联落在了后面。[20]

　　1987 年 10 月 14 日，美国国家安全规划小组很高兴地看到，
苏联领导人不再把战略防御计划视为签署条约的障碍。按坎佩尔
曼的说法，他们已经认识到"他们必须接受它"。卡卢奇解释说：
"谢瓦尔德纳泽来访时正是这样和我说的。"[21] 里根向大家推荐了
一部在戴维营放映的电影，因为它"真正驳斥了科学家们的错误
观点"。这部电影让他对赢得美国民众的支持信心倍增。[22] 温伯
格则警告他不要做出不适当的让步：

　　　　我不要限制。对试验的任何限制都会是严苛的。它只是一
　　个科学问题；你是让我不要去思考。如果我们采取这一态度，

上图：1981 年 1 月，罗纳德·里根在就职典礼上。（里根图书馆协助）

下图：1985 年的国务卿乔治·舒尔茨。在国务院任职 3 年后，他因削减军备谈判缺乏进展而深感受挫。（Photo by Diana Walker/Time & Life Pictures/Getty Images）

上图：苏共中央总书记尤里·安德罗波夫的标准官方照片。实际上，他远不及这张修饰过的照片精神
（Photo by ADN-Bildarchiv/ullsteinbild via Getty Images）

下图：1984 年 12 月，康斯坦丁·契尔年科站在埃塞俄比亚领导人门格斯图·海尔·马里亚姆和
苏共中央国际部部长鲍里斯·波诺马廖夫中间。契尔年科的弓形肩说明他存在呼吸困难的问题。经
过共同商议——包括他本人——他的精神和身体状态均表明他已无法胜任最高党政职位。（AFP/Get
Images）

上图：米哈伊尔·戈尔巴乔夫，苏共中央总书记，1990 年起任苏联总统。（Photo by Sasha Stone/The LIFE Images Collection/Getty Images）

下图：爱德华·谢瓦尔德纳泽，自 1985 年出任苏联外交部部长，直到 1990 年突然辞职。（Photo by Kurita KAKU/Gamma-Rapho via Getty Images）

上图：埃里希·昂纳克在东德街头露面。他最终于1989年10月被自己的政治局解除职务。（Photo by Billhardt/ullsteinbild via Getty Images）

下图：波兰统一工人党领导人沃依切赫·雅鲁泽尔斯基，一位谨慎小心、让人捉摸不透的改革者。（Photo by Chip HIRES/Gamma-Rapho via Getty Images）

上图：苏联改革前，华沙条约组织中的多国指挥官。注意戴着墨镜的雅鲁泽尔斯基——在西伯利亚流放期间，他的视力被冰雪眩光永久性地损伤。（Photo by Keystone-France/Gamma-Keystone via Getty Images）

下图：罗马尼亚统治者尼古拉·齐奥塞斯库，1989 年 12 月被推翻统治并被处决。（Photo by Gianni Ferrari/Cover/Getty Images）

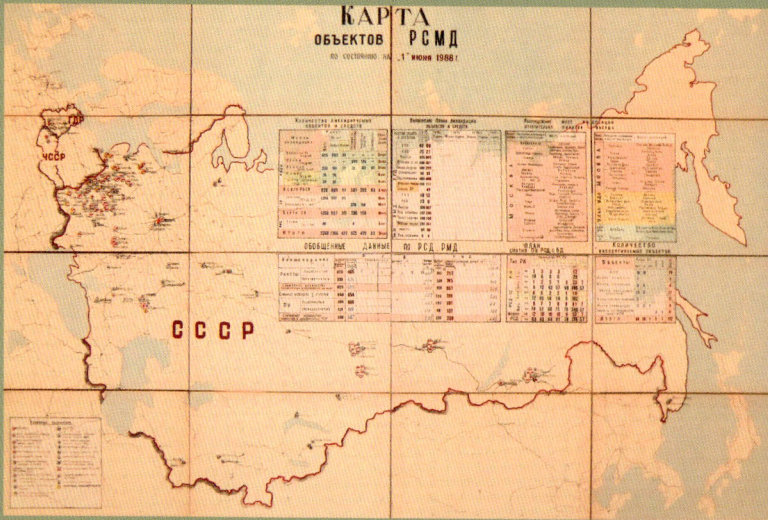

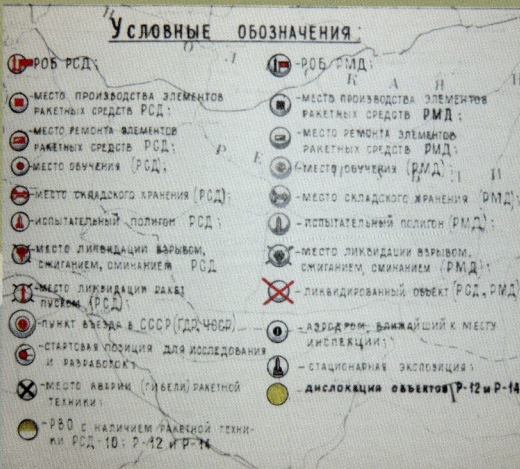

上图：苏联中短程核导弹发射和生产基地的秘密地图。这张地图绘制于1988年，同年，一份关于全面消除中短程核导弹的条约在莫斯科峰会上签署生效。（Kataev Papers，Hoover Institution Archives）

下图：苏联中短程核导弹基地及其辅助设施地图（1988年）中的关键部分。它标明了核武器的生产、修复、训练、储存、试验、液化和研发基地。左栏是中程导弹，右栏是短程导弹。（Kataev Papers，Hoover Institution Archives）

苏联 1988 年中短程核导弹基地地图的细节，可以看出它们在地理上集中分布于
德意志民主共和国境内和苏联的西部地区。（Kataev Papers，Hoover Institution Archives）

THE WHITE HOUSE
WASHINGTON

March 11, 1985

Dear Mr. General Secretary:

As you assume your new responsibilities, I would like to take this opportunity to underscore my hope that we can in the months and years ahead develop a more stable and constructive relationship between our two countries. Our differences are many, and we will need to proceed in a way that takes both differences and common interests into account in seeking to resolve problems and build a new measure of trust and confidence. But history places on us a very heavy responsibility for maintaining and strengthening peace, and I am convinced we have before us new opportunities to do so. Therefore I have requested the Vice President to deliver this letter to you.

I believe our differences can and must be resolved through discussion and negotiation. The international situation demands that we redouble our efforts to find political solutions to the problems we face. I valued my correspondence with Chairman Chernenko, and believe my meetings with First Deputy Prime Minister Gromyko and Mr. Shcherbitsky here in Washington were useful in clarifying views and issues and making it possible to move forward to deal with them in a practical and realistic fashion.

In recent months we have demonstrated that it is possible to resolve problems to mutual benefit. We have had useful exchanges on certain regional issues, and I am sure you

RELEASED

Уважаемый господин Президент,

Я отметил выраженное в Вашем письме от 30 апреля намерение делиться мыслями в нашей переписке с полной откровенностью. Таков и мой настрой. Только так мы можем донести друг до друга существо наших подходов к проблемам мировой политики и двусторонних отношений. При этом я исхожу из того, что мы с Вами будем ориентироваться в обмене мнениями на необходимость продвижения вперед по вопросам принципиального порядка, без чего нельзя рассчитывать на поворот к лучшему в советско-американских отношениях. С необходимостью такого поворота, как я понимаю, Вы тоже согласны.

Настраиваться на что-то меньшее, скажем, на то, чтобы просто удерживать соприкосновенность в каких-то рамках и пытаться как-то перебиваться от кризиса к кризису, — это, на мой взгляд, но перспектива, достойная наших двух держав.

Мы обратили внимание на то, что Вы разделяете мнение о необходимости дать импульс процессу нормализации наших отношений. Это уже немало. Но скажу прямо: вызвали недоумение и озадаченность ряд положений Вашего письма, им, притом, делается особый акцент.

Я имею в виду те обобщения в отношении советской политики, которые содержатся в Вашем письме в связи с прискорбным инцидентом с американскими военнослужащими. Что касается самого инцидента, то хотелось бы надеяться, что разъяснения, сделанные нами, были правильно поняты Американской Стороной.

Теперь о проблемах широкого плана. Я также считаю, что одного лишь согласия об общих принципах недостаточно. Важно, чтобы такое согласие находило отражение и в практических действиях каждой из Сторон. Подчеркиваю, именно каждой из Сторон, поскольку из Вашего письма определенно следует, что Вы усматриваете расхождения между принципами и практикой в действиях Советского Союза.

Это очень далеко от действительности. Ни в чем не соответствует фактам утверждение, будто СССР в своей политике не желает вести дела с США на основе равенства и взаимности. Какую бы область наших взаимоотношений ни взять, при действительно объективной оценке оказывается, что именно Советский Союз последовательно выступает за равенство и взаимность, не ищет для себя преимуществ за счет законных интересов США. И как раз тогда, когда аналогичный подход проявлялся и с Американской Стороны, удавалось приходить к существенным договоренностям.

Его Превосходительству
Рональду У. Рейгану,
Президенту Соединенных Штатов Америки
г. Вашингтон

左图：里根于 1985 年 3 月 11 日写给戈尔巴乔夫的信。在信中，里根祝贺戈尔巴乔夫获任苏联最高领导人，并希望改善美苏双边关系。（Ronald Reagan Presidential Library Archives）

右图：戈尔巴乔夫于 1985 年 6 月 10 日写给里根的信，呼吁"实现我们关系的正常化"。（Ronald Reagan Presidential Library Archives）

上图：1985 年 11 月日内瓦峰会期间，里根与戈尔巴乔夫进行炉边谈话。他们之间的关系好于任何人的预期，却没有达到不久后所需的友好程度。（ Photo by David Hume Kennerly/Getty Images ）

下图：总参谋长谢尔盖·阿赫罗梅耶夫于 1986 年 1 月为苏联政治领导层制作的海报，说明了他的在全球范围内分阶段清除所有核武器的计划。总参谋长的提议成为同月戈尔巴乔夫单边声明的基础。（ Kataev Papers，Hoover Institution Archives ）

上图：1986 年 10 月 11 日，戈尔巴乔夫和里根在雷克雅未克霍夫蒂酒店私下会晤时的紧张时刻。（Images Gro/REX Shutterstock）

下图：1986 年 10 月 11 日，在雷克雅未克峰会的全体人员会议上，戈尔巴乔夫、谢瓦尔德纳泽和舒尔茨神情严肃，而里根却面带微笑。（Images Gro/REX Shutterstock）